Heike Engelke
Geschichte wiederholen

**Image** | Band 118

**Heike Engelke** (Dr. phil. in art.), Kunstwissenschaftlerin und Diplom-Designerin, lebt in Berlin. Sie promovierte an der Hochschule für bildende Künste Hamburg und forscht zu (Re-)Konstruktionen von Geschichte in der Gegenwartskunst.

Heike Engelke

# Geschichte wiederholen

## Strategien des Reenactment in der Gegenwartskunst – Omer Fast, Andrea Geyer und Rod Dickinson

[transcript]

Die vorliegende Arbeit wurde als Dissertation an der Hochschule für bildende Künste Hamburg angefertigt und an dieser im Frühjahr 2016 eingereicht.

**Bibliografische Information der Deutschen Nationalbibliothek**
Die Deutsche Nationalbibliothek verzeichnet diese Publikation in der Deutschen Nationalbibliografie; detaillierte bibliografische Daten sind im Internet über http://dnb.d-nb.de abrufbar.


transcript Verlag | Hermannstraße 26 | D-33602 Bielefeld | live@transcript-verlag.de



Umschlaggestaltung: Kordula Röckenhaus, Bielefeld
Druck: Majuskel Medienproduktion GmbH, Wetzlar
Print-ISBN 978-3-8376-3922-3
PDF-ISBN 978-3-8394-3922-7

Gedruckt auf alterungsbeständigem Papier mit chlorfrei gebleichtem Zellstoff.
Besuchen Sie uns im Internet: *http://www.transcript-verlag.de*
Bitte fordern Sie unser Gesamtverzeichnis und andere Broschüren an unter: *info@transcript-verlag.de*

# Inhalt

**Suchbegriff Reenactment** | 7
Die Positionierung des künstlerischen Reenactment | 17
Same same but different | 19
Was kommt | 25

**Historische Vorläuferformen** | 29
Pageants | 30
Die Erstürmung des Winterpalais | 35

**Populärkulturelles Reenactment** | 39
Inblicknahme | 42
Geschichte vermuten/Period Rush | 43
Geschichtsbilder | 45
Unterscheidungsmerkmale, Widersprüche, Verdachtsmomente | 47
The Battle of Orgreave | 52
A proper post-mortem | 56

**Theoriebildung** | 63
Populäre Volkskultur versus avancierte Kunstpraxis | 63
The Eternal Frame | 65
Reenactment als das Unheimliche des Spektakels | 68
Reenactment als Reproduktion kultureller Spannungen | 71
Performative Bilder/Die Wiedereinschreibung in das Archiv | 73
Nachleben versus Vergegenwärtigung | 76
Silent Walk | 79
Der Möglichkeitssinn der Geschichte | 82
Das historisch Imaginäre | 85
Im Spannungsfeld von Distanz und Teilhabe | 87
Reenactment als Nach-Denken | 90
Reenactment als Re-Aktualisierung | 97

**Omer Fast – Spielberg's List** | 103
Schindlers Liste | 108
Dokudrama | 111

Un-/Darstellbarkeit | 113
Verbot der Bilder | 115
Wider Repräsentation | 118
Für Repräsentation | 123
Bilder trotz allem | 126
In medialen Zwischenräumen nisten | 130
Zeugen zeigen | 136
Unbewusste Strukturmatrizen | 140
Der Zeitzeuge als sozialer Akteur | 142
Die Dualität von Fremd und Eigen | 145
Prothetische Erinnerung | 150
Realitätsstiftende Fiktionen | 154
Nachtrag: Die dritte Erinnerung | 157

**Andrea Geyer – Criminal Case 40/61: Reverb** | 165
Archivarbeit | 170
Exkurs: Die Entstehung des Zeitzeugen | 176
1945/46: Verdoppelte Augenzeugenschaft | 179
1962: Zeitzeugen als Erinnerungsmenschen | 182
Inherent echoes across time | 188

**Rod Dickinson – The Milgram Re-enactment** | 199
Der Versuchsablauf | 204
Kritik und Rechtfertigung | 206
Achtmal in Echtzeit | 211
In search of an author | 219
Exkurs: The Jonestown Re-enactment/
Nocturn: The Waco Re-enactment | 221
Versteckte Kamera | 227
Panoptismus und Kontrollgesellschaften | 231
Zivilisationsbeweise | 234

**Schluss** | 239

**Literatur** | 243
**Abbildungen** | 257
**Danksagung** | 259

# Suchbegriff Reenactment

Lange ist der englische Begriff »Reenactment«, der im Deutschen »Wiederinkraftsetzung«, »Nachspiel«, »Nachvollzug«, aber auch »Lokaltermin« bedeutet, der kollektiven Unterhaltungskultur vorbehalten. Mit ihm wird seit den 1960er Jahren die möglichst detailgetreue Wiederaufführung von historischen Schlachten an ihrem Originalschauplatz bezeichnet. Die moderne Reenactment-Bewegung der letzten Jahrzehnte ist stark auf ein emotionales Nachempfinden der Vergangenheit ausgerichtet. Mithilfe von korrekt nachgebildeten Uniformen und Waffenattrappen versuchen (die meist in Gruppen und Vereinen organisierten) Reenactors, sich in eine historische Figur und einen historisch bedeutsamen Moment hineinzuversetzen.

Mit dem Beginn der 2000er Jahre setzt in dem Bereich der künstlerischen Praktiken ein zunehmender Bezug auf die Reenactments der Freizeitkultur ein. Ein Blick auf die heutige Sachlage zeigt, dass sich Reenactment als feste Größe etabliert hat. Eine eine nicht unbeträchtliche Anzahl an Arbeiten und Projekten widmet sich der verkörpernden Wiederholung von Geschichte.[1] Beispielsweise bittet der amerikanische Doku-

1 | Beispiele hierfür sind unter anderem die Ausstellungen *A Short History of Performance*, Whitechapel Art Gallery, London, Part I vom 15. bis 21. April 2002, Part II vom 18. bis 23 November 2003; *Life. Once More*, Witte de With, Rotterdam, 27. Januar bis 27. März 2005; *Ahistoric Occasion: Artists making History*, Massachusetts Museum of Contemporary Art, North Adams, MA, 22. April bis 27. Mai 2006; *Now Again the Past: Rewind, Replay, Resound*, Carnegie Art Center, Tonawanda, NY, 11. Februar bis 18. März 2006; *Playback_Simulierte Wirklichkeiten*, Edith-Ruß-Haus für Medienkunst, Oldenburg, 3. September bis 5. November 2006; *History Will Repeat Itself*, Kunstwerke, Berlin, 18. November 2007 bis 13. Januar 2008; *Actors & Extras*, ARGOS Centre for Art and Media, Brüssel,15. September bis 19. November 2009; *Marina Abramović: The Artist is Present*,

mentarfilmer Joshua Oppenheimer in *The Act of Killing* (2012) Veteranen der indonesischen »Pancasila Youth«, ihre Gräueltaten vor der Kamera nachzustellen. Der Film setzt sich mit Massakern der Jahre 1955/56 auseinander, bei denen überwiegend Kommunisten ermordet wurden. Seit 2012 entwickelt die Gruppe »Historikerlabor« die Trilogie *Über die Erfindung und Vernichtung des Untermenschen: Der organisierte Mord an Juden, Slawen, Sinti und Roma durch NS-Deutschland* in der die mitwirkenden Wissenschaftler eine Montage aus Erinnerungen, eigenen Kommentaren und historischen Quellen der Wannsee- und der Hungerplan-Konferenz in verteilten Rollen am Originalschauplatz zu deren 70. Jahrestag vortragen. Das fiktive Symposium *Zur Endlösung der Zigeunerfrage* siedeln die Historiker am 16. Dezember 1942 in Berlin-Dahlem an, es vollendet die Veranstaltungsreihe. In *Hate Radio. The Re-Enactment of an RTLM Genocide Radio Show* (2011) lässt der Schweizer Theatermacher Milo Rau Überlebende des ruandischen Genozids im Jahr 1994 einen Auszug aus dem Programm des propagandistischen Radiosenders »Radio-Télévision Libre des Mille Collines« Wort für Wort in einem akkuraten Nachbau des Originalstudios nachspielen. Siebzehn Jahre später findet das Reenacment an dem Originalschauplatz statt. Es folgen weitere Wiederaufführungen in verschiedenen Kunst- und Kulturinstitutionen sowie mehrere Gastspiele auf europäischen Theaterfestivals.

Mit dem Einzug des Reenactment in das Theater stellt sich die Frage, worin die Distinktionskriterien zu diesem liegen. Schließlich ist das »Geschichtstheater«[2] Reenactment ein Rollenspiel im öffentlichen oder halböffentlichen Raum, in dem kostümierte Laiendarsteller vor Publikum während eines begrenzten Zeitraumes Ereignisse, Personen und Handlungen der Vergangenheit nachahmen. Dennoch nehmen die Nachinszenierungen des Reenactment auf konzeptueller Ebene Abstand zum Theater, wie Ulf Otto in dem entsprechenden Lemma des Metzler Lexikon Theatertheorie erläutert:

---

Museum of Modern Art, New York, 14. März bis 31. Mai 2010 und *Moments. Eine Geschichte der Performance in 10 Akten*, Zentrum für Kunst und Medientechnologie, Karlsruhe, 8. März bis 29. April 2012.

**2** | Vgl. zum Begriff »Geschichtstheater« Wolfgang Hochbruck, *Geschichtstheater, Formen der »Living History«. Eine Typologie*, Bielefeld 2013, S. 11.

»Reenactment bezeichnet das Nachstellen eines vergangenen Ereignisses, in dessen Vollzug Historie als Präsenz erlebt werden soll. Der Begriff unterscheidet sich damit von anderen Termini, die sich auf Formen performativer Wiederholung beziehen, durch eine zugrundegelegte Zeitlichkeit, die sich sowohl von linearen als auch zyklischen Geschichtsmodellen dadurch absetzt, dass sie zwar von der historischen Distanz der Gegenwart zur Vergangenheit ausgeht, diese aber im Nachvollzug auszusetzen vermeint. Im R. tritt die Vergangenheit mit dem Anspruch auf, weder durch Wiedergeburt, noch durch Konservierung oder Aktualisierung Eingang in die Gegenwart - und damit Bedeutung für die Zukunft - zu finden, sondern in der Gleichzeitigkeit des Ungleichzeitigen bestehen zu bleiben. Indem R.s die Vergangenheit als etwas gegenwärtig zu Erlebendes inszenieren, bringen sie das mediale Bildreservoir zur Aufführung und lassen diese Aktualisierung gleichsam in das kulturelle Gedächtnis eingehen. Sie realisieren sich daher in einer Spannung von ästhetischer Wiederholung und historischem Dokument, die sich tendenziell der geläufigen Unterscheidung von lebendigem Ereignis und totem Zeugnis entzieht.«[3]

Reenactment wird im Kontext der Kunst-, Theater-, Tanz-, Medien- und Geschichtswissenschaften als eine wichtige Strömung wahrgenommen und diskutiert.[4] Gleichwohl weist der Begriff keine scharfen Konturen auf. Während der Anglizismus eine spezifische Hobbykultur bezeichnet, schwindet seine Klarheit mit der Konjunktur in verschiedenen Disziplinen. Letztendlich entbehrt der Begriff »Reenactment« eine eindeutige Bestimmung, laut Otto kann

»von einer klar eingegrenzten Definition des Begriffs [...] derzeit kaum ausgegangen werden und auch die Differenzierung von teilweise synonym verwende-

---

**3** | Ulf Otto, »Reenactment«, in Erika Fischer-Lichte, Doris Kolesch und Matthias Warstat (Hg.), *Metzler Lexikon Theatertheorie*, Stuttgart/Weimar 2014, S. 287-290, hier S. 287.

**4** | Beispiele hierfür sind unter anderem die Seminarreihe *Experience, Memory, Reenactment* (Februar bis Mai 2004, Rotterdam), die Tagungen *Authentizität/Wiederholung: Künstlerische und kulturelle Manifestationen eines Paradoxes* (Dezember 2010, Berlin), *Verorten, Verkörpern, Vergegenwärtigen. Medienpraktiken des Reenactment* (April 2014, Siegen), *Geschichte als Erlebnis. Performative Praktiken in der Geschichtskultur* (Juli 2014, Potsdam) sowie der Workshop *Topographien des Reenactment* (Dezember 2015, München).

ten Begriffen wie Reinszenierung, Reperformance oder Wiederaufführung fällt uneindeutig aus. Charakteristisch für den Stand der Forschung ist weniger der Bezug auf eine feststehende Größe als vielmehr eine heuristische Verwendung als Suchbegriff, dessen analytische Potentiale, rhetorische Implikationen und theoretische Konsequenzen es noch auszumessen gilt.«[5]

In Museen und Galerien sind künstlerische Arbeiten, die sich Verfahrensweisen des Reenactment aneignen, regelmäßig anzutreffen. Die Beispiele, die sich hierzu anführen lassen, sind zahlreich. Zu ihnen gehören unter anderem Eran Schaerfs multimediales Projekt *fm-scenario – Die Stimme des Hörers* (2012-2015). Hier greifen die künstlerischen Wiederaufführungen nicht auf einen fremden Kontext zurück, vielmehr entwickelt Schaerf Reenactments aus seinem eigenen Projekt. Das erstmals 2002 gesendete Hörspiel *Die Stimme des Hörers* basiert auf einen fiktiven Radiosender, dessen automatischer Moderator Höreranrufe annimmt, die von einem Softwareprogramm bearbeitet und beantwortet werden. Die akustische Inszenierung des Hörspiels entspricht formal einer Nachrichtensendung, bietet jedoch anders als diese ein Register, in denen Personen, Orte oder Kriege aufgelistet sind. Zudem verfügt sie über einen Index, der Wiederholungen von Wörtern aufzeichnet, damit sie später erneut als Diskussionsgrundlage abgespielt werden können. Die Tatsache, dass Reenactment aus der Vereinskultur stammt, findet in *Die Stimme des Hörers* explizit Erwähnung, so bilden Schlachtenreenactments wiederholt den Bezugspunkt für Nachrichtenmeldungen. Zehn Jahre später nutzt Schaerf das Internet als Produktionsort: Auf der Website www.fm-scenario.net, die sich als Online-Studio des fiktiven Nachrichtensenders aus *Die Stimme des Hörers* präsentiert, stellt er ein sich ständig erweiterndes Archiv von Audiomodulen zur Verfügung. Online können Nutzer aus Fragmenten von Schaerfs Hörspielen aus den Jahren 2002-2011 sowie aus neu erstellten Texten eigene Geschichten zusammenstellen, ihre Montage mit anderen Nutzern teilen und zur Sendung bringen. Entsprechend dem Motto des Projekts »Aktuell ist, was sich recyceln lässt«[6], werden immer neue Nachrichtenhörspiele generiert. Ausgehend von der Website entwickelt Schaerf nicht nur Radiosendungen, sondern ebenso Publikationen, Ins-

---

**5** | Otto 2014, S. 288.

**6** | Eran Schaerf, »fm-scenario – Die Stimme des Hörers«, www.fm-scenario.net, letzter Zugriff am 07.12.2015.

tallationen und Performances. Sechs Montagen dienen als Skript für eine Aufführung von vier Performern, die die Texte im Ausstellungsraum vor Kameras, jedoch ohne Publikum verkörpern.[7] Schaerfs Vorgehen verweist auf ein Charakteristikum des Phänomens in Kunst und Freizeit: Es sind die Bilder von damals, die im Reenactment verkörpert werden.

Zugleich formuliert Schaerf die Frage danach, wie Geschichte »gemacht« wird. Die Antwort in *fm-scenario – Die Stimme des Hörers* lautet, dass die Konstruktion von Geschichte ein variabler Prozess ist, in dem die körperliche Intervention des Reenactment nur einen Aspekt darstellt. Das Projekt verweist darauf, dass Geschichte im Unterschied zu der Vergangenheit ein Narrativ ist, das die jeweilige Gegenwart sich von diesem Vergangenen auf der Basis der Rekonstruktion eines bruchstückhaften Wissens gemacht hat. Schließlich stellt www.fm-scenario.net unter anderem die Funktion des »Gedächtnismanagers« zur Verfügung. Sie erlaubt, »politische Ereignisse der Vergangenheit für vergnügungspolitische Zwecke wiederaufzuführen«.[8] Geschichte, so legt das Assistenzprogramm den Nutzern[9] des Online-Studios nahe, sei als offener Vorgang zu verstehen. Aus diversen Blickwinkeln und Interessen heraus könne diese neu angestossen und stets überschrieben werden.

Ein anderes Beispiel ist die von Germano Celant kuratierte Ausstellung *When Attitudes Become Form – Bern 1969/Venice 2013*.[10] Celant

**7** | Folgende Montagen wurden zur Aufführung gebracht: *FM-Scenario – where palms stand – mask delay*, 1. bis 30. September 2012, Haus der Kulturen der Welt, Berlin; *FM-Scenario – Sendesprache – verdeckte Operation – Ansage – Fehler*, 16. Februar bis 1. April 2013, Hartware MedienKunstVerein, Dortmund; *FM-Scenario – szenischer Alltag – Geschlecht – Rotkäppchen – Realitätswettlauf*, 22. Juni bis 25. August 2013, ZKM, Karlsruhe; *FM-Scenario – Vielleicht Identität – Darstellerlose Aufführung*, 14. September bis 10. November 2013, Museum für Konkrete Kunst, Ingolstadt; *FM-Scenario – Armchair – Attention – Life Signal*, 10. April bis 10. Mai 2014, Les Complices*, Zürich; *FM-Scenario – Doppelbesetzung*, 4. September bis 11. Oktober 2015, établissement d'en face projects, Brüssel.

**8** | Schaerf, www.fm-scenario.net

**9** | Es sind stets Personen männlichen und weiblichen Geschlechts gleichermaßen gemeint; aus Gründen der einfacheren Lesbarkeit wird im Folgenden nur die männliche Form verwendet.

**10** | *When Attitudes Become Form – Bern 1969/Venice 2013*, Fondazione Prada, Ca' Corner della Regina, Venedig, 1. Juni bis 3. November 2013.

nimmt die Ausstellung *Live in Your Head. When Attitudes Become Form: Works – Concepts – Processes – Situations – Information* (1969) an der Kunsthalle Bern als Vorbild für eine detailgetreue Reinszenierung. Das Reenactment stellt den Anspruch, das provokative Potenzial der von Harald Szeemann kuratierten Ausstellung zu aktualisieren.[11] Die legendär gewordene Berner Schau erprobte prozessorientierte Produktions- und Präsentationsformen und begründete Szeemanns Ruhm als erster unabhängiger Ausstellungsmacher.

Im Auftrag der Fondazione Prada entsteht 2013 unter der Beratung des Architekten Rem Koolhaas und des Künstlers Thomas Demand in Venedig eine Ausstellungsarchitektur, die möglichst akkurat das damalige Aussehen und die räumlichen Gegebenheiten der Berner Kunsthalle wiederauferstehen lässt. Zwei Drittel der hundertachtundvierzig Original-Exponate trägt der Hauptkurator Celant für das Reenactment zusammen. Insgesamt zweiundvierzig der fehlenden Objekte werden unter der Aufsicht der jeweiligen Künstlern reproduziert. Wo dies nicht möglich ist, markiert eine gestrichelte Linie den Platz des fehlenden Werks im Raum und eine fotografische Dokumentation zeigt die Installation von 1969.

Beatrice von Bismarck bewertet das Reenactment in ihrem Text *Der Teufel trägt Geschichtlichkeit oder Im Look der Provokation: When Attitudes Become Form – Bern 1969/Venice 2013* (2015) eher skeptisch. Sie argumentiert, dass es die konzeptionelle Ausrichtung der Exponate grundlegend verändere. Zielte der Einsatz von vergänglichen Materialien und flüchtigen Ereignissen in den späten 1960er Jahren darauf, sich den Mechanismen des Kunstmarkts zu entziehen, zeige die Reinszenierung das genaue Gegenteil, nämlich eine Stabilisierung der Materialien und damit die Vereinnahmung durch den Markt. Darüber hinaus übernehme Celant die Rolle des 2005 verstorbenen Schweizer Ausstellungsmachers Szeemann, der als zentrale Figur im Kunstbetrieb das Kuratieren in eine eigenständige Profession verwandelt habe. Somit spiegele das Reenactment die Aufwertung der Rolle von Kuratoren sowie den gestiegenen Status dieser Position. Schließlich mache sich eine Verschiebung an der Ausstellung als Ganzes fest. Die zunehmende Loslösung des radikalen Charakters der Berner Ausstellung von den ihn begründenden Eigenschaften finde in

**11** | Vgl. Miucca Prada, »Foreword«, in Germano Celant und Chiara Costa (Hg.), *When Attitudes Become Form – Bern 1969/Venice 2013*, Milan 2013, S. 377-379, hier S. 377.

der venezianischen Reinszenierung ihren vorläufigen Höhepunkt. Vor allem sei es ihr Image und ihre äußere Erscheinungsform, die unabhängig von deren vormaligen Konnotationen aufgegriffen werde und hier weiterwirke. Letztendlich zeuge die möglichst korrekte Übertragung der Ausstellungsarchitektur in einen venezianischen Palast von dieser Bedeutungsentkleidung und Hinwendung zu dem Look der Ausstellung. Als Ergebnis, resümiert die Kunsthistorikerin, werde in Venedig nicht nur eine Ausstellung als reproduzierbares Werk gewertet. Darüber hinaus sei die Neuinszenierung eine Erzählung der rückwirkenden Wertschätzung eines vormals radikalen Ausstellungsprojekts durch den Kunstmarkt und die kunsthistorische Rezeption.[12]

Von Bismarcks Diagnose ist für mich an dieser Stelle gerade deswegen von Interesse, weil sie mit ihrem Fazit einen zentralen Aspekt des Reenactment anspricht. Nicht zuletzt greifen die meisten Reenactments auf historische Momente zurück, deren Bedeutsamkeit fest im kulturellen Gedächtnis verankert ist. Gewissermaßen zielt der Rückgriff immer auf »das Image« seiner historischen Vorlage und ist immer eine zweite rückwirkende Wertschätzung, die auf den Impuls des Wiedererkennens setzt und zu einer fast reflexartigen Suche nach Abweichungen von dem bekannten Original einlädt. Das heißt, Reenactment steht für einen künstlerischen Ansatz, der ohne die Geschichte(n), welche er wiederaufführt, nicht zu denken ist. Reenactment steht niemals für sich allein, sondern geht immer mit »einer Abgrenzung von« einer vorangehenden ästhetischen Setzung einher, deren Re- zu sein es im Namen markiert.

Die Liste der Beispiele lässt sich weiter ergänzen durch Marina Abramovićs viel beachtetes Projekt *Seven Easy Pieces*, das von Aktionen und Performances aus den Jahren zwischen 1965 und 1975 seinen Ausgang nimmt.[13] Im November 2005 trat Abramović an sieben aufeinanderfolgenden Tagen im New Yorker Guggenheim Museum auf, um an den ersten sechs Abenden ein siebenstündiges Reenactment je einer historischen Performance zu präsentierten. Neben fünf Reenactments der

---

**12** | Vgl. Beatrice von Bismarck, »Der Teufel trägt Geschichtlichkeit oder Im Look der Provokation: When Attitudes Become Form – Bern 1969/Venice 2013«, in Eva Kernbauer (Hg.) *Kunstgeschichtlichkeit, Historizität und Anachronie in der Gegenwartskunst*, Paderborn 2015, S. 233-248, hier S. 241-246.

**13** | Marina Abramović, *Seven Easy Pieces*, Guggenheim Museum, New York, 9. bis 15. November 2005.

Performances *Body Pressure* (1974) von Bruce Nauman, *Seedbed* (1972) von Vito Acconci, *Action Pants: Genital Panic* (1969) von Valie Export, *The Conditioning, first of three phases in Self-Portrait(s)* (1973) von Gina Pane und *How to Explain Pictures to a Dead Hare* (1965) von Joseph Beuys führte Abramović ihre eigene Performance *Lips of Thomas* (1975) wieder auf. Die neue Produktion *Entering the Other Side* (2005) schloss die Veranstaltungsreihe am letzten Abend ab.

Zehn Jahre nach ihrem Einsetzen gelten Reenactments von Performances als Selbstkorrektur der Performancetheorie und -praxis, da sie an Arbeiten anknüpfen, deren Rang von der eigenen Unwiederholbarkeit abgeleitet wurde. In ihrem Buch *Performing Remains. Art and War in Times of Theatrical Reenactment* (2011) argumentiert Rebecca Schneider, dass Verschwinden und Bleiben nicht einander widersprechen müssen und wendet sich gegen Peggy Phelans Verpflichtung der Performance auf eine radikale Präsenz. Anfang der 1990er Jahre konstatierte Phelan in *Unmarked. The Politics of Performance* (1993), der zentrale Wesenszug der Performance bestehe in ihrem ständigen Verschwinden und ihrer Nicht-Reproduzierbarkeit. Die Stärke der Performance als ein immer schon flüchtiger Moment liege darin begründet, aufgrund ihrer Widerständigkeit gegen Aufzeichnung und Wiederholung mit den wirtschaftlichen Mechanismen des Kunstmarktes zu brechen. Phelan erhebt Performances zu spurlosen Ereignissen, die keine materiellen Ereignisse zurücklassen und damit weder konsumierbar noch archivierbar sind.[14] Schneider hingegen geht es darum, die Dichotomie von Performance und Archiv aufzulösen und verweist im Rekurs auf Derrida auf die performative Dimension, die jedem Archiv innewohnt.[15] Somit betont sie die Parallelen zwischen dem Akt des Archivierens und dem Akt der Verkörperung im Reenactment, wo die Wiederholungen der historischen Vorbilder Veränderungen hervorbringen und zu neuen eigenständigen Performances führen. Laut Schneider bringe Reenactment nachhaltig das Verhältnis von Original und Kopie, von Aufführung und Wiederholung durcheinander. Damit provoziere es eine alternative Logik, innerhalb derer Ereignisse selbst als Aufbewahrungsform sowie umgekehrt das Archivieren und

**14** | Vgl. Peggy Phelan, *Unmarked. The Politics of Performance*, New York 1993, S. 146-149.

**15** | Vgl. zum Begriff »Performativität« Erika Fischer-Lichte, *Performativität. Eine Einführung*, Bielefeld 2012a, S. 41f.

Wiederholen als Ereignis erscheinen. Folglich plädiert die Theoretikerin in ihrem Text dafür, Performance als Gegenstand historischer Forschung zu betrachten und nicht deren Dokumentationsmaterialien:

»Much as a dramatic script is given to remain for potential future production, or dance steps may be housed in bodily training for acts requiring dancers, materials in the archive are given, too, for the *future* of their (re)enactment. Here it becomes clear: the theatricality of this equation, even the performative bases of the archive, is that it is a house of and for performative repetition, not stasis.«[16]

Tatsächlich möchte Abramović ihre Reenactments als eine Reflexion über die Bedingungen der Geschichtsschreibung von Performance Art verstanden wissen. Dementsprechend lautet ihre Absichtserklärung, mit den *Seven Easy Pieces* Performances erneut aufführen zu wollen, welche sie selbst nicht miterlebt habe, um so zu erkunden, wie sich eine ephemere Kunstform repräsentieren und bewahren lasse.[17]

**16** | Rebecca Schneider, *Performing Remains. Art and War in Times of Theatrical Reenactment*, London/New York 2011, S. 108. Vgl. zu der Kritik an Phelans Ontologie der Performance zudem Philip Auslander, *Liveness: Performance in a Mediatized Culture*, New York 2008. Auslander argumentiert, dass statt einer Opposition ein Verhältnis der gegenseitigen Abhängigkeit und Beeinflussung von Live-Perfomance und mediatisierter Performance besteht, denn als Kategorie sei »Live« erst durch die Erfindung von Reproduktionstechnologien denkbar geworden.

**17** | Wiederholt formuliert Abramović ihr Anliegen, mithilfe von Reenactment das Ziel einer verbesserten Form der Bilddokumentation zu verfolgen, die das Live-Ereignis so exakt wie möglich abbilden soll, um der Nachwelt ein realistisches Bild der historischen Performances zu übermitteln. Die Reenactments werden von der Regisseurin Babette Mangolte mit der Kamera aufgenommen. Der Film *Seven Easy Pieces by Marina Abramović* (2007) kürzt 49 Stunden Performance auf 93 Minuten Laufzeit. Darüber hinaus werden die Wiederaufführungen nach genauen Anweisungen Abramovićs fotografiert. Wie Sandra Umathum betont, mündet Abramovićs Vorhaben jedoch nicht in einem Bruch mit der bestehenden Geschichtsschreibung, sondern schreibt diese fort. Letztendlich greife die Kritik Abramovićs an der bestehenden Musealisierung und Archivierung von Performance Art nicht, eben weil sie auf einer lückenlosen Dokumentation beharre. Die minutiöse Aufzeichnung der Reenactments auratisiere das nicht mehr Einholbare

Wie die vorangegangene kurze Auflistung zeigt, versammeln sich in der Gegenwartskunst unter dem Stichwort »Reenactment« Arbeiten, die mit ganz verschiedenen Mitteln gestaltet werden und deren Einsatzpunkte verschieden sind. Entsprechend der begrifflichen Unschärfe werden unterschiedliche Formate, die sich in Inhalt, Form und Zielsetzung unterscheiden, unter der Bezeichnung zusammengefasst. Vorweg sei gesagt, dass die vorliegende Arbeit nicht anstrebt, eine Definition des Reenactment in der Gegenwartskunst verbindlich zu formulieren. Noch soll sie einem umfassenden Überblick über ein heterogenes Phänomen dienen. Das zu untersuchende Feld ist zu disparat, um es erschöpfend darzulegen. Daher basiert seine Eingrenzung auf der Beobachtung, dass (obwohl es von Beginn an Einwände gegen eine voreilige Vereinfachung gibt[18]) in der zeitgenössischen Debatte und Ausstellungspraxis heterogene Formate zu einem »neuen« Genre verdichtet werden. Ziel meines Vorhabens ist, künstlerische Strategien im Einzelnen zu untersuchen, die das körperlich-sinnliche Nachempfinden von Ereigniszusammenhängen der Geschichte bezwecken. Im Zentrum steht die Analyse ganz bestimmter Verfahrensweisen des künstlerischen Reenactment, um ihnen so auf den Grund zu gehen. Dabei geht es mir nicht um den Nachweis der Behauptung, dass alle Reenactments stets die Ambiguität von Geschichte herausstellen. Vielmehr möchte ich zu zeigen versuchen, wann und inwiefern ganz bestimmte Verfahrensweisen sich »der Gleichzeitigkeit des Ungleichzeitigen« anzunähern, eingesetzt werden. Wo zeigen sich Parallelen und Unterschiede? Was ändert sich von Reenactment zu Reenactment als Frage der künstlerischen Auseinandersetzung mit Geschichte? Welche Fragen richtet das jeweilige Reenactment an sein Original? Welche Medienwechsel finden statt und welche unterschiedlichen Formen der Verkörperungen kommen zum Einsatz?

---

und bestätige die Bildtradition, statt sie in Unordnung zu bringen oder zu destabilisieren. Vgl. Sandra Umathum, »Seven Easy Pieces oder von der Kunst, die Geschichte der Performance Art zu schreiben«, in Jens Roselt und Ulf Otto (Hg.), *Theater als Zeitmaschine. Zur performativen Praxis des Reenactments – Theater und Kulturwissenschaftliche Perspektiven*, Bielefeld 2012, S. 101-124, hier S. 114-120.

**18** | Vgl. hierzu Steve Rushton, »Tweedledum And Tweedeledee Resolved To Have A Battle«, in Anke Bangma, Steve Rushton und Florian Wüst (Hg.), *Experience, Memory, Re-enactment*, Frankfurt am Main 2005, S. 5-12, hier S. 7.

## Die Positionierung des künstlerischen Reenactment

Längst stellt Reenactment in der Gegenwartskunst keine Ausnahmeerscheinung mehr dar. Umso erstaunlicher ist es, dass es sich als Gegenstand umfassender Untersuchungen noch kaum etabliert hat. Freilich gibt es Bemühungen, die Inanspruchnahmen des Reenactment für die Kunst theoretisch zu fundieren und als Genre abzugrenzen. Stellvertretend sei an dieser Stelle nur der prominente Ansatz von Inke Arns erwähnt, die in ihrem Text *History will repeat itself. Strategien des Reenactment in der zeitgenössischen (Medien-)Kunst und Performance* (2007) von der holzschnittartigen These ausgeht, dass Reenactments »die sichere Distanz zwischen abstraktem Wissen und persönlicher Erfahrung, zwischen dem Damals und dem Heute, zwischen dem Anderen und dem Selbst löschen«[19], um eine leibhaftige Erfahrung von medial vermittelter Geschichte zu ermöglichen. In ihrem Versuch einer Typologie hält Arns an der Annahme fest, dass der Gegensatz von »richtiger« (weil körperlicher und damit authentischer) Erinnerung und »falscher« (weil medial eingefärbter) Erinnerung in einer moderenen Medienkultur aufrechtzuerhalten sei. Kurzum, zu dem zentralen Gegenstand der künstlerischen Arbeit erhebe Reenactment sowohl das Thema Erinnerung als auch die Tatsache, dass unser Gedächtnis zunehmend zu einem Bildergedächtnis wird.[20] Auffällig bei Arns sowie bei den meisten anderen Autoren, die sich bislang zu diesem Phänomen geäußert haben, ist, dass sie mit der Verbreitung nachstellender Formen in den Bereich künstlerischer Praktiken einen bestimmten Anspruch verbinden, der sich vor dem Hintergrund eines Gegensatzes formuliert. Entsprechend diesem führe die ästhetische Praxis Reenactment eine kritische Distanz zu dem Dargestellten ein, während

**19** | Inke Arns, »History will repeat itself. Strategien des Reenactment in der zeitgenössischen (Medien-)Kunst und Performance«, in dies. und Gabriele Horn (Hg.), *History will repeat itself. Strategien des Reenactment in der zeitgenössischen (Medien-)Kunst und Performance*, Frankfurt am Main 2007, S. 37-64, hier S. 60.

**20** | An anderer Stelle wird die Wiederaufführung von Geschichte im künstlerischen Reenactment als »Paradigma der Erinnerungskultur« gewertet. Siehe Günther Heeg, »Vorwort«, in ders. et al. (Hg.), *Reenacting History: Theater & Geschichte*, Berlin 2014b, S. 6-9, hier S. 6.

die Freizeitaktivität Reenactment als »historistisches Happening«[21] (Lütticken) auf naiven Realismus und Immersion ausgelegt sei.

Mit der Vernachlässigung dessen, was tatsächlich jenseits dieser strikt oppositionellen Positionierung geschieht, ist in der Auseinandersetzung die Frage nach der Vielfalt von Handlungsangeboten im jeweiligen Reenactment bisher kaum aufgeworfen worden. Statt ins Auge zu fassen, inwiefern ganz Unerwartetes aus den künstlerischen Adaptionen des Reenactment hervortreten kann, werden ihre Geschichtsbezüge in der Tendenz meist ohne Überprüfung mit einer repräsentationskritischen Destabilisierung gleichgesetzt und eine Abgrenzung zu seinen Ursprüngen in der Unterhaltungskultur vorgenommen. Somit nimmt mein Vorhaben seinen Ausgang bei der Feststellung eines Desiderats, nämlich dem markanten Fehlen eines »Zwischen den Möglichkeiten«. Die fortlaufende Forderung nach einem »entweder/oder« bzw. die beharrliche Bemühung um den Nachweis eindeutiger Distinktionskriterien zum Hobby ist bei einer differenzierten Untersuchung des Reenactment nicht sehr hilfreich. Auch wenn die Unterscheidung in populäre und künstlerische Reenactments einladend ist, erscheint sie mir angesichts der Breite des Feldes in beiden Bereichen wenig sinnvoll und lässt sich auf Grundlage von formalen Kategorien nur schwer treffen. Folglich soll in der vorliegenden Arbeit im Vordergrund stehen, forcierte Dichotomien sowie vorauseilende Qualitätszuschreibungen in Frage zu stellen. Damit angesprochen ist die Notwendigkeit einer sauberen Trennung zwischen den Werken des Reenactment und ihrer unter anderem durch Arns initiierten Diskursivierung. Häufig lässt sich beobachten, dass Reenactments weniger an sich selbst als vor allem an Arns taxonomische Unterscheidung und Grundthesen gemessen werden. Letztendlich liefert der bloße Verweis, dass Reenactment bestimmte Momente der Geschichte wiederholt, um ihnen zu einer Präsenz in der Gegenwart zu verhelfen und sie damit unmittelbar, aber aus einer kritischen Distanz heraus erfahrbar zu machen, oft eine unzureichende Beschreibung. Zu ergründen wird also sein, welche konkreten Bezüge warum zu einem spezifischen historischen Moment hergestellt werden und welche Umwidmungen, Sprünge und Schwebezustände sich in dem jeweiligen Reenactment ergeben können.

**21** | Sven Lütticken, »An Arena in which to reenact«, in ders. (Hg.), *Life, Once More. Forms of Reenactment in Contemporary Art*, Rotterdam 2005, S. 17-60, hier S. 27.

In diesem Zusammenhang hoffe ich, die Entwicklung von einer generalisierenden hin zu einer differenzierten Reflexion auf das Reenactment in der Gegenwartskunst aufzuzeigen, um einem komplexen Phänomen adäquat Rechnung zu tragen.

## Same same but different

Im Rekurs auf Gilles Deleuze diskutiert Arns künstlerische Reenactments unter den Begriffen »Differenz« und »Wiederholung«.[22] Deleuze definiert Wiederholung als ein lebensnotwendiges Verhalten, das mit Differenz korreliert. Beide Begriffe entwirft er als unverfügbare Größen, die das Denken bedingen und von innen heraus heimsuchen.[23] Denken bei Deleuze, schreibt Michaela Ott, »meint seinerseits Wiederholung von vorgängigen unbewussten Synthesen der Erinnerung und Gewohnheit, von Rhythmen, Tempi und Affekten, meint, abhängig von der Modifikation der Wiederholung, aber auch Anders-Werden, Differenzierung, Neugeburt.«[24]

In *Differenz und Wiederholung* (1968) geht es Deleuze um eine Neudefinition des Differenzbegriffs. Er entwickelt das Konzept einer positiven Differenz, die sich nicht mehr der Identität, dem Gegensatz, der Analogie oder der Ähnlichkeit unterordnet. Zugleich entwirft er Wiederholung als ein Konzept, das der Differenz nicht entgegensteht und sich der Logik von Repräsentation entzieht. In Anlehnung an Friedrich Nietzsches Idee der ewigen Wiederkehr spricht Deleuze von einer Wiederholung, die »nicht das Selbe oder Ähnliche wiederkehren läßt«, sondern »das Differente, das Ungleichartige«[25].

Im Anschluss an Kant unterscheidet Deleuze drei verschiedene Formen der Wiederholung, die er als »Synthesen der Zeit« beschreibt.[26] Er spricht von den Synthesen der Gewohnheit, des Gedächtnisses und der

**22** | Vgl. Inke Arns und Gabriele Horn, »Vorwort und Dank«, in dies. (Hg.) 2007, S. 6-12, hier S. 8.

**23** | Vgl. Gilles Deleuze, *Differenz und Wiederholung* (1968), übers. von Joseph Vogl, 3. Aufl., München 2007, S. 367.

**24** | Michaela Ott, *Gilles Deleuze zur Einführung*, Hamburg 2005, S. 11.

**25** | Vgl. Deleuze 2007, S. 370f.

**26** | Vgl. ebd., S. 99-130.

Metamorphose, die er der Gegenwart, der Vergangenheit und der Zukunft zuordnet. Während Kant in *Kritik der reinen Vernunft* (1781) die Synthesen als aktive Kompetenzen eines transzendentalen Subjekts zeichnet,[27] sind diese bei Deleuzes ihrem Charakter nach passiv und ermöglichen überhaupt erst Subjektivität.

Die »erste Synthese der Zeit« verknüpft Deleuze mit der Gegenwart und stellt sie (mit Hume) unter das Zeichen der Gewohnheit. Sie korrespondiert mit einer ebenso reflexhaften wie rhythmischen Wiederholung, die dem Bewusstsein entgleitet, zum Beispiel mit Tätigkeiten wie Atmen und Schlucken. Im Kontext der Gewohnheit treten Vergangenheit und Zukunft als Dimensionen einer Gegenwart hervor, die durch die unbewusste Synthesearbeit als kontinuierliche Serie entworfen wird.[28] Gewohnheit bewerkstelligt nicht nur eine Kontraktion von Zeit, sondern versorgt das Subjekt zudem mit Wahrnehmungen und Erwartungen, welche dieses benötigt, um auf der Grundlage der Wiederholung in der Gegenwart handeln zu können. Deleuze zufolge ist das geistige Kontraktionsvermögen jedoch physiologisch beschränkt, weshalb es nach einer gewissen Dauer zu einer Erschlaffung kommen muss.[29] Mit diesem Vorgang erklärt er die Paradoxie der Gegenwart, nämlich dass sie Zeit stiftet, aber dieser Zeit auch unterworfen ist. Infolgedessen ist das Vorübergehen der Gegenwart an die zweite Synthese der Vergangenheit geknüpft, die den »Grund der Zeit«[30] bildet und unter dem Zeichen des Gedächtnisses steht. In Anlehnung an Henri Bergsons *Materie und Gedächtnis* (1896) beschreibt Deleuze die Realität einer präexistenten und zugleich mit der jeweiligen Gegenwart koexistierenden reinen Vergangenheit, die durch verschiedene Paradoxa bestimmt wird:

»Dies ist das erste Paradox: das Paradox der Gleichzeitigkeit der Vergangenheit mit der Gegenwart, die sie *gewesen* ist. Es gibt uns den Grund für die vorüberge-

**27** | Mit der Synthesis der Apprehension, der Synthesis der Reproduktion und der Synthesis der Rekognition entwickelt Kant das Konzept einer »dreifachen Synthesis, die notwendiger Weise in allem Erkenntnis vorkommt.«
Immanuel Kant, *Kritik der reinen Vernunft*, herausgegeben von Wilhelm Weischedel, Band 1, Frankfurt am Main 1996, S. 161.

**28** | Vgl. Deleuze 2007, S. 100.

**29** | Ebd., S. 107f.

**30** | Ebd., S. 110f.

hende Gegenwart an. Darum nämlich, weil die Vergangenheit zu sich selbst als Gegenwart gleichzeitig ist, geht jede Gegenwart vorüber und vergeht zu Gunsten einer neuen Gegenwart. Ein zweites Paradox folgt daraus, das Paradox der Koexistenz. Wenn nämlich jede Vergangenheit gleichzeitig zu der Gegenwart ist, die sie gewesen ist, so exisitiert die *gesamte* Vergangenheit mit der neuen Gegenwart, bezüglich welcher sie nun vergangen ist. [...] Die Vergangenheit läßt keine der Gegenwarten vergehen, ohne die andere geschehen zu lassen, sie selbst aber vergeht weder, noch geschieht sie. Darum ist sie keineswegs eine Dimension der Zeit, sondern die Synthese der Zeit insgesamt, wobei Gegenwart und Zukunft bloß deren Dimensionen sind. Man kann nicht sagen: sie war. Sie existiert nicht mehr, sie existiert nicht, sondern sie insistiert, sie besteht [*consiste*], sie *ist*. Sie insistiert mit der früheren Gegenwart, sie besteht [*consiste*] zusammen mit der aktuellen oder neuen. Sie ist das Ansich der Zeit als letzter Grund des Übergangs. In diesem Sinne prägt sie ein reines, allgemeines Element *a priori* aller Zeit [...]. Das Paradox der Präexistenz ergänzt also die beiden anderen: Jede Vergangenheit ist gleichzeitig zur Gegenwart, die sie gewesen ist, jede Vergangenheit koexistiert mit der Gegenwart, bezüglich welcher sie vergangen ist, aber das reine Element der Vergangenheit allgemein ist gegenüber der Gegenwart, die vergeht, präexistent.«[31]

Einerseits ist die »zweite Synthese der Zeit« von der Vorstellung einer reinen Vergangenheit bestimmt, welche zwar in der Gegenwart wirksam ist, aber sich ihr entzieht und virtuell bleibt. Gewissermaßen ist die Virtualität der reinen Vergangenheit die Differenz selbst, da sie auf die allgemeine Nicht-Identität sämtlicher aktueller Dinge und Sachverhalte verweist. Sie bildet das zeitliche Element, das die Gegenwart auf eine potenzielles Werden hin öffnet. Gleichzeitig trägt die aktuelle Gegenwart stets einen Mangel in sich, da sie nur eine Ebene der reinen Vergangenheit zu verwirklichen vermag. In seiner Argumentation setzt Deleuze die reine Vergangenheit mit dem passiven Gedächtnis gleich.[32] Dieses vollzieht eine unbewusste Speicherung der Vergangenheit, auf deren Grundlage die aktive Gedächtnissynthese überhaupt erst möglich wird. Andererseits vertritt Deleuze die Ansicht, dass die zweite Synthese der Zeit im Zeichen der Repräsentation und Identität steht. Zwar ist die passive Synthese des Gedächtnisses nicht auf Repräsentation rückführbar, denn sie geht ihr

**31** | Ebd., S. 113f.

**32** | Vgl. ebd., S. 113.

voraus. Allerdings extrahiert die Repräsentation in Form der aktiven Synthese des Gedächtnisses der reinen Vergangenheit Erinnerungen, die in Abhängigkeit von der Synthese der Gewohnheit aktuell benötigt werden.

Die erste und die zweite Synthese der Zeit eint die Produktion von Identität, Beständigkeit und Kohärenz. Während die erste Synthese der Zeit das Subjekt in der lebendigen Gegenwart mittels habitueller Wiederholungen Erwartungshaltungen erzeugen lässt, aufgrund derer es handelt, kommt in der zweiten Synthese ein Gedächtnis ins Spiel, das die Vergangenheit in Abhängigkeit von den Erfordernissen der Gegenwart verfügbar macht.

Deleuze verbindet die ersten beiden Synthesen der Zeit mit zwei Wiederholungsordnungen. Auf der habituellen Ebene spricht er von der »materiellen und nackten«[33] Wiederholung. Diese lässt sich repräsentieren, da sie statisch und mechanisch nach der Reproduktion desselben strebt. Weil sie allein auf die raum-zeitliche Vervielfältigung eines seiner Substanz nach mit sich identischen (ersten) Sachverhalts zielt, gestattet sie lediglich eine äußerliche Differenz. Der oberflächlichen, nackten Wiederholung stellt Deleuze mit der dynamischen, »verkleideten« Wiederholung eine komplexere Form gegenüber, die auf eine innere Differenz zielt und immer neue Anküpfungsmöglichkeiten bietet.[34] Beide Modi schließen einander nicht aus, sondern sind mit einander verschachtelt, denn die nackte Wiederholung markiert als ein Produkt des Spiels freier Differenzen dessen Rand: »Auf diese Weise ist es das Bekleidete, das unter dem Nackten liegt und es erzeugt, es ausscheidet [*excrète*] als Wirkung seiner Sekretion [*sécrétion*]. Die verborgene [*secrète*] Wiederholung ist es, die sich mit einer mechanischen und nackten Wiederholung als einer letzten Barriere umgibt.«[35]

Verkleidete Wiederholungen verkörpern quasi das System des Trugbildes, das Deleuze als Gegensystem etabliert, denn dieses System bejaht nicht nur Divergenz und Dezentrierung, sondern lässt sich zudem jenseits der Repräsentation verorten.[36] Für Deleuze ist ein weiterer Übergang zu einer »dritten Synthese der Zeit« notwendig, weil sich mit der Fixierung auf das Gedächtnis eine Zweideutigkeit verbindet, die im We-

**33** | Ebd., S. 356.

**34** | Ebd., S. 358.

**35** | Vgl. ebd., S. 360.

**36** | Vgl. ebd., S. 364f.

sen der Vergangenheit als Zeitgrund beschlossen liegt und der es zu entkommen gilt. Erst die dritte Synthese der Zeit öffnet das Gedächtnis vorbehaltlos der Zukunft. Auf die Unzulänglichkeiten der zweiten Synthese reagiert die dritte Synthese als leere Form der Zeit, indem sie auf einen Bruch zwischen dem Vergangenen und dem Kommenden verweist. Sie hebt die Zeit »aus den Angeln«[37], denn die Zukunft ist keine Dimension von Gegenwart oder Vergangenheit mehr, sondern betrifft die Zeit als Ganzes, die nun einen Riss zwischen dem Vorher und Nachher anzeigt. Dieser Riss lässt das Verhältnis von Vergangenheit und Zukunft asymmetrisch erscheinen und führt die Möglichkeit des Scheiterns von Gewohnheit und reproduktiver Erinnerung ein. Der Riss betont die Realität von Momenten der Nicht-Identität, auf deren Grundlage ein Anders-Werden des konstituierten Subjekts überhaupt erst erfolgen kann. Denn die in der dritten Synthese der Zeit auftretende Zäsur zwischen Vorher und Nachher wird von Deleuze im Subjekt selbst ausgemacht und mit einem gespaltenen Ich verkoppelt.[38] In der dritten Synthese kommt der Gegenwart und Vergangenheit des Subjekts ein völlig neuer Sinn zu: Während Gegenwart und Vergangenheit in den ersten beiden Synthesen mit der Gewohnheit und dem Gedächtnis verknüpft sind und sich das Subjekt im Kontext des Gleichartigen bewegt, werden Gegenwart und Vergangenheit in der dritten Synthese auf eine unbestimmte Zukunft bezogen. Aufgrund dessen hört die Vergangenheit auf, Objekt der Repräsentation zu sein und wird zur Bedingung des Neuen, während die Gegenwart nicht mehr im Zeichen von Gewohnheit steht, sondern zur »Gegenwart der Metamorphose«[39] wird. Erst die dritte Synthese produziert eine Form von Gegenwart, in der Handeln und Entscheidung möglich ist. Denn in ihr wird das Subjekt nicht mehr mittels Gewohnheit und Gedächtnis auf das Gleichartige bezogen, sondern ist durch die Destabilisierung von Habitus und Erinnerung bestimmt. Hier fällt es mit seinen Handlungen zusammen und wird zugleich von diesen verändert, so dass es im Zuge der Handlung zu einer »Metamorphose des Handelnden«[40] kommt.

---

**37** | Ebd., S. 123.

**38** | »Die Zäsur und das von ihr ein für allemal festgelegte Vorher und Nachher sind es, die den Riß im Ego ausmachen (die Zäsur ist genau der Ursprungsort des Risses).« Ebd., S. 122.

**39** | Ebd., S. 124.

**40** | Ebd., S. 128.

Deswegen gibt es für Deleuze »in der Geschichte keine Wiederholungstatsachen, die Wiederholung ist vielmehr die historische Bedingung, unter der etwas Neues wirklich geschieht.«[41] In seinem Denken offenbart sich Wiederholung (verstanden als eine Aneignung und Identifikation mit einem spezifischen Moment der Vergangenheit) nicht in der Reflexion des Historikers, der Übereinstimmungen zwischen verschiedenen Epochen feststellt. Vielmehr ist sie für die Beteiligten eine grundlegende Voraussetzung dafür, »zur Tat fähig«[42] zu werden. Der Akt der Wiederholung wird zu einem offenen Aktualisierungsprozess, durch den die Geschichte gerade nicht den Charakter eines geschlossenen Zirkels annimmt, sondern zu einem Möglichkeitsraum des Neuen wird. Seine Neubewertung der Begriffe Differenz und Wiederholung zielt auf einen fortwährend andauernden Prozesses des Werdens, in dem Subjekt und Realität, Raum und Zeit in ständiger Veränderung begriffen sind.

Ohne in die Tiefen von Deleuzes Argumentationsgang eindringen zu müssen,[43] lässt sich vor dem Hintergrund dieser kursorischen Ausführungen einer seiner zentralen Gedanken festhalten, der zu Arns Argumentation zurückführt. Im Anschluss an Deleuze stellt Arns die Wiederholung des Reenactment als eine Möglichkeit von Handlung dar, die Neues generiert.[44] Wie bereits erwähnt ist laut Arns das Verständnis für die ästhetische Praxis zentral, dass Wiederholungsprozesse etablierte, mediale Formen der Bedeutungsstiftung von Geschichte irritieren und auszusetzen vermögen.[45] Problematisch escheint mir, dass Arns unter dem Stichwörtern Differenz und Wiederholung Deleuzes Thesen maßgeblich dazu nutzt, die ästhetische Praxis des Reenactment gegen ihre Ursprünge abzugrenzen. Prozesse der Aneignung, die das Einmalige des historischen Moments aussetzen, um ihn verändert in die Gegenwart

**41** | Ebd., S. 123.

**42** | Ebd., S. 124.

**43** | Zu einer ausführlichen Lektüre von und kritischen Auseinandersetzung mit Deleuzes Überlegungen, siehe Mirjam Schaub, *Gilles Deleuze im Wunderland: Zeit- als Ereignisphilosophie*, München 2003, insb. Kapitel IV. »Inneres Zeitunbewusstes: Zeit als Sythese der Psyche«, S. 180-247.

**44** | Nicht zuletzt spricht Deleuze selbst der Kunst die Eigenschaft zu, wider der Repräsentation positive Differenzen zu produzieren. Vgl. Deleuze 2007, S. 364f.

**45** | Vgl. Arns/Horn 2007, S. 8.

zurückzubringen, sind in ihrer Position ausschließlich künstlerische Reenactments. Anders als bei Deleuze ist die Stoßrichtung der Wiederholung und ihr Ziel bei Arns klar umrissen: So inszeniere die Kunstpraxis stets eine falsche Note mit, um eine kritische Distanz zum Wiederholten zu schaffen. Gleichzeitig zeige sie damit, dass eine »authentische« Wiederholung durch die sich das Hobby definiert, unmöglich sei. Damit suggeriert Arns nicht nur, dass es eine künstlerische und »unkünstlerische« Wiederholung gibt, sondern übereignet die Kunstwerke des Reenactment einer Pauschalisierung. Problematisch ist die Suggestion nicht erst, weil Arns keine Auskunft über die individuellen und möglicherweise unterschiedlichen Anliegen der jeweiligen Künstler erteilt. Problematisch ist die Verallgemeinerung vor allem deshalb, weil sie um einer differenzierten Fokussierung der einzelnen Arbeiten sowie konkreten Einsatzpunkte des künstlerischen Interesses geschieht, die sie entstehen lassen.

Mit dem Verweis allein auf die Gegensätzlichkeit des Einsatzes von Reenactment in Kunst und Hobby ist nach meinem Dafürhalten kaum etwas gewonnen. Weder die Geschichtswiederholungen des populären Vorbilds noch die künstlerischen Adaptionen des Reenactment werden hinreichend erfasst. Erst durch die Inblicknahme ihrer jeweiligen Intentionen und Vorgehensweisen lässt sich klären, inwiefern sich unterschiedliche Strategien des Reenactment in der Gegenwartskunst benennen lassen und was genau sie zu erreichen suchen. Was sich mit meinem Einwand gegen eine strikte Kategorisierung des Reenactment verbindet, ist der Aufruf zu einer eingehenden Auseinandersetzung mit einer Kunst, die die Nachstellung von Geschichtsbildern auf ihre Agenda setzt. In den nachfolgenden Kapiteln geht es mir darum, die verschiedenen und in ihrer Verschiedenartigkeit kaum auf einen Nenner zu bringenden künstlerischen Reenactments ebenso in ihr Recht zu setzen, wie die Vielfalt ihrer Strategien, die sie anwenden.

## Was kommt

Die vorliegende Untersuchung gliedert sich wie folgt: Um das Erscheinen und den Einsatz des künstlerischen Reenactment nachvollziehbar zu machen, sollen im ersten Kapitel die populärkulturellen Praktiken und ihre historische Vorläuferformen beschrieben werden, die ihm als Entstehungsherd und Kontrastfolie dienen. Das mittelalterliche Heiligenspiel, der historische Festzug (Pageant) und das sowjetische Proletkult-Massenspektakel verweisen auf eine lange Tradition der Vergangenheitsdarstellung und sollen mir als Grundlage dafür dienen, ein angemessenes Verständnis für die Freizeitaktivität zu entwickeln. Außerdem wird das spezifische Geschichtsverständis der jeweiligen Vorgängerformen skizziert, um die charakteristischen Abweichungen des gegenwärtigen Reenactment von seinen historischen Traditionslinien aufzuzeigen. Erst über die Klärung der Entstehungsgeschichte und der spezifischen Eigenschaften des populären Genres ergibt sich eine Perspektive, in der die Adaption des Reenactment als ästhetische Praxis und ihr theoretischer Diskurs verständlich wird. Vor dem Hintergund der großangelegten Gefechtsnachstellung der Völkerschlacht bei Leipzig (1813) zu ihrem 200. Jahrestag sollen die vornehmlich skeptischen Reaktionen in den Geschichtswissenschaften auf das Hobby dahingehend analysiert werden, inwieweit sie als Verdachtsmomente auf die künstlerischen Adaptionen durchschlagen.

Anschließend widmet sich ein eigener Abschnitt detailliert dem Reenactment *The Battle of Orgreave* (2001) von Jeremy Deller, das auf einer gewalttätigen Auseinandersetzung zwischen Polizei und streikenden Bergarbeitern im Jahr 1984 basiert. Für sein Projekt übernahm der britische Künstler nicht nur direkt Praktiken aus dem Bereich der Hobbykultur, sondern beteiligte deren Institutionen an dessen Umsetzung. Dellers viel diskutierte künstlerische Vereinahmung des Hobbys fordert eine Grenzziehung zu diesem geradezu heraus. Anhand der Rezeptionsgeschichte von *The Battle of Orgreave* wird aufgezeigt, wie sich die Pole von Kritik und Distanz in der Kunst und Identifikation und Affekt im Hobby herausbilden.

Gegenstand des folgenden Kapitels ist die Theoriebildung zum künstlerischen Reenactment. Obwohl Reenactment als »Provokation für transdisziplinäre Kulturforschung«[46] gilt, entwickelt die mit der Jahrtausendwende einsetzende Diskussion das Phänomen weniger von seinem Potenzial der Grenzüberschreitung her, sondern charakterisiert es anhand von klaren Gegenüberstellungen. Kunst gegen Hobby, Identifikation gegen Distanz, Erlebnis gegen Repräsentation, individuelle gegen mediale Erinnerung lauten die Begriffspaare, unter denen Reenactment

**46** | Jens Roselt und Ulf Otto, »Nicht hier, nicht jetzt. Einleitung«, in dies. 2012, S. 7-12, hier S. 11.

vornehmlich erörtert wird. Mit ihrem Aufsatz hat Arns im deutschsprachigen Raum eine erste theoretische Annäherung an das Phänomen der verkörpernden Wiederholung von Geschichte in der Gegenwartskunst unternommen, die bis heute diskursprägend ist. Nach der ausführlichen Analyse der Thesen Arns folgt ein Querschnitt durch aktuelle theoretische Positionen zum künstlerischen Reenactment. Er soll dazu dienen, eine Umgewichtung und schließlich die Abkehr von Arns Kerngedanken zu einer kategorialen Unterscheidung von populären und künstlerischen Formen des Reenactment herauszuarbeiten.

Um ein Spektrum verschiedener Reenactment-Strategien in der Gegenwartskunst präsentieren zu können, werde ich in den nachfolgenden drei Kapiteln Bezug nehmen auf Arbeiten von Omer Fast, Andrea Geyer und Rod Dickinson. Wie sich feststellen lässt, nutzen derzeit nicht wenige Künstler Reenactment, um Geschichte mit der Gegenwart kurzzuschließen. Dass die Wahl auf Fast, Geyer und Dickinson fiel, mag daher willkürlich erscheinen. Tatsächlich aber gründet sie in der Beobachtung, dass ihre Projekte der Bezug auf die mediale Darstellung und Erinnerungskultur des Holocaust eint. Interessant ist nicht nur, welchen spezifischen historischen Moment nach 1945 Fast, Geyer und Dickinson in ihren Werken aufgreifen, sondern auch welche Unterschiede sich in der Motivation und Funktion des jeweiligen Reenactment benennen lassen. Neben der Analyse von konkreten Verkörperungen von Geschichte und ihren künstlerischen Gestaltungen wird deshalb die Frage nach der Art und Weise zu klären sein, in der Reenactment als Mittel zu einer Auseinandersetzung mit geschichtlichen Gegebenheiten dient.

Das erste Kapitel beschäftigt sich mit *Spielberg's List* (2003) von Omer Fast. Die zweikanalige Videoinstallation basiert auf dem Kinofilm *Schindlers Liste* (1993) von Steven Spielberg, der einen Umbruch in der Darstellung des Holocaust markiert. *Spielberg's List* untersucht die Bedeutung fiktionaler Geschichtsdarstellung für das kulturelle Gedächtnis und spielt zugleich mit der Befürchtung, dass sich die Unterscheidung von medialer Fiktion und historischem Fakt nicht mehr sauber treffen lässt. Eine Sorge, die bereits Fasts semi-dokumentarische Vorlage mit ihrem Verfahren des »authentischen« Nachdrehens historischer Begebenheiten schürt. Wie zu zeigen sein wird, lässt das Reenactment anhand der Figur des Zeugen das Gegensatzpaar authentische/richtige gegen mediengefärbte/falsche Erinnerung brüchig werden.

Das zweite Kapitel widmet sich Andrea Geyers Arbeit *Criminal Case 40/61: Reverb* (2009), die auf dem Eichmann-Prozess (1961) fußt. In diesem Kapitel soll der Frage nachgegangen werden, inwieweit künstlerisches Reenactment das Archiv als kollektiven Wissenspeicher erschüttert. Darüber hinaus soll untersucht werden, wie Geyer mit der Rolle des Zeitzeugen in ihrem Reenactment des Gerichtsprozesses umgeht. Schließlich wird der Eichmann-Prozess dahingehend bewertet, den Zeitzeugen als zentrale Figur im Gedenken an den Holocaust überhaupt erst hervortreten zu lassen.

Im Fokus des dritten Kapitels steht *The Milgram Re-enactment* (2002) von Rod Dickinson, das Teile des Milgram-Experiments (1961) in einem detailgetreuen Nachbau des Originallabors vor Publikum wiederaufführt. In Bezug auf sein Reenactment stellt der britische Künstler heraus, dass es sein Ziel gewesen sei, das Archiv sprichwörtlich wiederzubeleben.[47] Darüber hinaus will er es als eine Auseinandersetzung mit den Machtmechanismen von Überwachung und Sichtbarkeit im Sinne Foucaults und Deleuzes verstanden wissen. Im Fokus dieses Kapitels steht zudem die Rolle des Betrachters. Das Charakteristische der verkörpernden Wiederholung von Geschichte im Reenactment liege vor allem darin, so Arns, »passive« Galerie- oder Museumsbesucher in »aktive« Zeugen zu verwandeln. Dem Anspruch auf Partizipation soll hinsichtlich der Frage nachgegangen werden, wer die Bedingungen für die Begegnung zwischen Kunstwerk und seinen Rezipienten aufstellt.

**47** | Vgl. Ali MacGilp, »Interview with Rod Dickinson, The Milgram Re-Enactment (2002)«, in *Artvehicle*, issue 47, 2010, http://www.artvehicle.com/interview/15, letzter Zugriff am 07.02.2016.

# Historische Vorläuferformen

Die verkörperte Geschichtswiederholung des Reenactment ist nicht ohne Vorgeschichte. Beispielsweise nennt Erika Fischer-Lichte die geistlichen Spiele des europäischen Mittelalters als eine ältere Traditionslinie. Hier kamen zu bestimmten Daten im Jahr Jesu Leben, Sterben und Auferstehung zur Aufführung. Der Zeitpunkt der religiösen Reenactments wurde als identisch mit jenen Datum gedacht, zu dem sich das zu vergegenwärtigende Ereignis in einer weit zurückliegenden Vergangenheit zutrug. Ihrer Intention nach waren die von den jeweiligen Städten ausgerichteten rituellen Aufführungen identitätserhaltend und -stiftend. Jede zyklische Wiederholung verhandelte jene Werte, die in der Gemeinschaft verbindlich waren und bestärkte diese. Häufig fiel die Inszenierung und Leitung der Aufführung Geistlichen oder dem Stadtschreiber zu, in einem Rotationsprinzip nahmen die Bewohner der Stadt sowohl als Darsteller als auch als Zuschauer teil. Als regelmäßig vollzogene Rückbesinnung und Beglaubigung der christlichen Glaubensgemeinschaft spannten sich die geistlichen Spiele zwischen der Vergangenheit der Passion und der Zukunft der Erlösung. Geschichte formulierte sich in ihnen als Heilsgeschichte, da nicht nur die Zeit des Reenactments dem linearen Verlauf entbunden war, sondern die Aufführung den Teilnehmern und Zuschauern die Erlösung am Jüngsten Tag in jeder Wiederholung erneut in Aussicht stellte.[1]

Als weitere maßgebliche Ursprünge sollen im Folgenden der historische Festzug (Pageant) und das sowjetische Proletkult-Massenspektakel skizziert werden, die beide einen ideologisierten Hintergund haben. Anschließend soll das Aufkommen der gegenwärtigen Reenactment-Bewegung und seine wissenschaftliche Einordnung in den Kontext der

---

1 | Vgl. Erika Fischer-Lichte, »Die Wiederholung als Ereignis. Reenactment als Aneignung von Geschichte«, in Roselt/Otto 2012, S. 13-52, hier S. 24.

»Living History« beschrieben werden. Einerseits möchte ich zeigen, welche formale Eigenschaften populärkulturelle Reenactments mit ihren historischen Vorläuferformen teilen. Andererseits geht es mir darum, signifikante Unterschiede zu diesen aufzuzeigen, um anschließend die charakteristischen Merkmale des Hobbys zu benennen.

## Pageants

Zu Beginn des 20. Jahrhunderts entstand in England die Pageant-Bewegung. Anlässlich der Zwölfhundertjahrfeier der Stadt Sherborne entwarf Louis Napoleon Parker im Jahr 1905 mit *The Sherborne Pageant* den ersten Festzug, der anhand von narrativ ausgearbeiteten Szenen eine idealisierte Version lokaler Geschichte vorstellte. *The Sherborne Pageant* fand im offenen Gelände statt, die Ruinen des Sherborne Castle dienten als Kulisse und garantierten die Authentizität der Nachstellung. Fanfaren kündigten jede der elf historischen Episoden an, die zwischen dem 8. und 16. Jahrhundert angesiedelt waren und markante Ereignisse, wie zum Beispiel die Gründung des lokalen Klosters durch St. Aldhelm im Jahr 705 oder den Sieg der Briten über die Dänen im Jahr 845 zeigten.[2] Prologe und Epiloge, dramatische Chöre sowie musikalische Zwischenspiele verbanden die einzelnen Episoden miteinander. In chronologischer Ordnung liefen oder ritten 600 lokal rekrutierte Laien in historischen Kostümen im Festzug mit, besondere Schwerpunkte bildeten Festwagen, auf denen historische Episoden als tableau vivant dargestellt wurden. Parker entwickelte *The Sherborne Pageant* als Gemeindefest und bestand darauf, die Kostüme und Requisiten von Sherbornes Handwerksbetrieben nach traditionellen Methoden herstellen zu lassen. Schon im Vorfeld sollten die Feierlichkeiten den Stolz der Bürger wecken und stärken.

Die theaterhafte Inszenierung lokaler Geschichte vereinte nicht nur den größtmöglichen Konsens der ausrichtenden Gemeinschaft auf sich, sondern verfolgte ein soziales Ziel. Als Aufführung vom und für das Volk sollte der Festzug den gesellschaftlichen Krisen des modernen Englands

2 | Vgl. David Glassberg, *American Historical Pageantry: The Uses of Tradition in the Early Twentieth Century*, Chapel Hill/London 1990, S. 43f.

begegnen.[3] Parkers Pageant zelebrierte Geschichte als eine Wiederkehr des ewig gleichen menschlichen Verhaltens, um dem Verlust von Solidarität, Bindungslosigkeit und fortschreitender Anonymisierung im Maschinenzeitalter ein Gemeinschaftserlebnis entgegenzusetzen. Zu diesem Zwecke bildete der Festzug eine selektive, ideologisierte Phantasie der »guten alten Zeit« ab, die jedoch nicht auf einen Authentizitätsanspruch in der Geschichtsdarstellung verzichtete. Vorrangig leitete sich dieser Anspruch aus seinem Aufführungsort ab, denn *The Sherborne Pageant* wurde an dem historischen Schauplatz verwirklicht, an denen sich die im Festzug aufgeführten Ereignisse zugetragen hatten. Zugleich zeigte sich Geschichte als berechenbar: Nahtlos reihte *The Sherborne Pageant* eine Episode an die nächste und suggerierte, dass es in der Geschichte des Vereinigten Königreichs keine Brüche gab. Sein Ablauf erweckte nicht nur den Anschein, als wäre in hunderten von Jahren alles beim Wesentlichen geblieben, sondern den Eindruck von Kalkulierbarkeit. Als Selbstfeier der Gemeinde, die es finanzierte und produzierte, boten Pageants ihren Beteiligten und Zuschauern eine wohlgeordnete Version von Geschichte, die Zweifel an der Zukunft ausräumen sollte. In ihrem Rückbezug auf einzelne Höhepunkte der Stadtgeschichte versicherten sie, dass es möglich sei, trotz aller Veränderungen auch in kommenden Zeiten sinnvoll an diese kontinuierliche Kette von historischen Episoden anzuknüpfen.[4]

Drei Jahre später fand anlässlich der Zweihundertfünfzigjahrfeier von Philadelphia der erste Festzug auf amerikanischen Boden statt. Mit ihrer zunehmenden Verbreitung und Beliebtheit entfremdeten sich die amerikanischen Pageants rasch von Parkers ursprünglicher Konzeption. Im Unterschied zu ihren britischen Vorbildern bildeten die historischen Festzüge kein Bollwerk gegen die Modernisierung mehr, sondern gaben sich zukunftsorientiert. Im Sinne der Stadtväter und der Organisatoren waren Pageants ein Mittel der patriotischen, moralischen und ästhetischen Erziehung der Bürger. Die Feierlichkeiten legten ihren Zuschauern bestimmte Werte nahe und appellierten an ihren Sinn für Zugehö-

**3** | Nachdrücklich betonte der Initiator der Bewegung, dass er Pageants im Geiste der Arts- und Crafts-Bewegung als Mittel begreife, um gegen den »modernising [sic] spirit which destroys all loveliness and has no loveliness of its own to put in its place« anzugehen. Parker zitiert in ebd., S. 44.

**4** | Vgl Fischer-Lichte 2012, S. 28.

rigkeit, um heterogene Bevölkerungsgruppen zu einer geschlossenen Öffentlichkeit zu formen. Zugleich stärkten sie nach Fischer-Lichte den Fortschrittsglauben der Teilnehmer, da die leibliche Verkörperung von einzelnen Episoden der lokalen Geschichte ihnen den Eindruck vermittelte, dass »diese Geschichte zum immer Vernünftigeren, Größeren, Besseren – schlechthin: Vollkommenen voranschreite«[5] und diese Entwicklung auch in Zukunft kein Ende nehmen würde. Nicht zuletzt hatten Pageants Erinnerungshoheit inne, denn sie entwarfen ein Geschichtsbild der amerikanischen Nation, das sie gegenüber den Immigranten verschiedenster Nationalitäten durchzusetzen suchten. Außerdem erlaubten Pageants den meist in jungen Jahren aus dem Amerikanischen Bürgerkrieg zurückgekehrten Veteranen eine befristete Rückkehr in ihr soldatisches Leben, das einer rückwirkenden Verklärung unterlag, die nicht nur die Heimgekehrten selbst, sondern die gesamte Gesellschaft erfasste. Zu diesem Zeitpunkt wurde in den USA die Galanterie des Soldatentums verherrlicht. Im ganzen Land strebten zahlreiche Veteranenverbände danach, ihren Mitgliedern den vermeintlichen Glanz des Soldatentums zu ermöglichen. Neben einem militärischen Reglement und Umgangston, den zivilen Mitgliedern wurde etwa ein Offizierstitel verliehen, beinhaltete das Vereinsleben Übungen und Schaugefechte in Uniform. In der Vermischung von Gegenwart und (kostümierter) Vergangenheit im Scheingefecht wurden die Kriegserinnerungen jedoch nicht nur wach gehalten, sondern in erster Linie glorifiziert. Auf landesweiten Treffen kultivierten die pseudo-militärischen Vereinigungen ein romantisiertes Bild des Amerikanischen Bürgerkriegs, das die Grausamkeiten des Krieges aussparte.[6]

Dies war eine Tendenz, die sich in den Pageants fortsetzte. Zwar wurden militärische Ereignisse in ihnen zur Aufführung gebracht, jedoch widersprach die Gewaltätigkeit des Krieges dem didaktischen Konzept

---

**5** | Ebd., S. 49.

**6** | Damit ist laut Wolfgang Hochbruck in den USA die Entstehung der Reenactment-Bewegung wesentlich früher als in den 1960er Jahren anzusiedeln. Vgl. Wolfgang Hochbruck, »Reenacting Gettysburg 1863-2013«, Vortrag auf der Konferenz *Geschichte als Erlebnis. Performative Praktiken in der Geschichtskultur* vom 3. bis 5. Juli 2014 am Zentrum für Zeithistorische Forschung Potsdam, http://www.livinghistory.uni-tuebingen.de/?page_id=1541, letzter Zugriff am 14.08.2015.

der Pageants, die ihr Publikum vor allem mit heroischen Darstellungen unterhalten wollten. Daher wurden blutige Szenen ausgeklammert, wie Jenny Thompson in *Wargames. Inside the World of 20th-Century War Reenactors* (2004) schreibt:

»To be sure, pageants presented an image of war that was decidedly lacking in ›social sewage‹. Through sequential scenes, war was presented as a highly generic narrative in which soldiers marched off to war; those on the home front sacrificed and prayed; a battle was enacted; and then the soldiers heroically returned home. Such a portrayal was, however in keeping with the ideals that the veteran-descendant groups represented as well as with American society's generally heroic vision of war. [...] the pageants emphasized war's ultimate unifying effect on the country.«[7]

Die Popularität der Pageants hielt bis zum Ersten Weltkrieg an. Danach der war der Optimismus verflogen, die historischen Bildwelten der Festzüge waren nicht mehr im Stande, ein entsprechendes Gemeinschaftsgefühl zu vermitteln. Freilichtmuseen lösten die Pageants als Form der Aneignung und Interpretation von eigener Geschichte endgültig ab.[8]

In seinem zeremoniellen Charakter und in seiner Struktur ähnelt der Festzug den mittelalterlichen geistlichen Spielen, statt des Lebens Jesu zieht er die Geschichte der ausrichtenden Stadt heran. Sowohl die Reenactments der Passionspiele als auch der Pageants betonen die Kontinuität der Geschichte, die als frei von Umschwüngen und Revolutionen dargestellt wird.

Gleich den religiösen Reenactments des Mittelalters und den konservativen Vergangenheitsverkörperungen der Festzüge bestärken politische Geschichtswiederholungen die Gemeinschaft, in der sie stattfinden. Jedoch wiederholen sie historische Ereignisse nicht nur mit dem Ziel, diese durch Verkörperung im Gedächtnis lebendig zu halten, sondern auch, um die Identifikation von Teilnehmer und Zuschauern mit konkreten ideologischen Zielen herzustellen. Nicht zuletzt addressieren sie zeitlich nahe liegende Ereignisse der Vergangenheit und thematisieren einen geschichtlichen Bruch, um diesen in das kulturelle Gedächtnis

---

**7** | Jenny Thompson, *Wargames. Inside the World of 20th-Century War Reenactors*, Washington 2004, S. 35f.

**8** | Vgl. Fischer-Lichte 2012, S. 30.

einzuschreiben: Bereits während ihres Stattfindens wurden in der Französischen Revolution wichtige Ereignisse immer wieder nachgespielt, wie zum Beispiel der Sturm auf die Bastille. Die Französische Revolution sagt Daniel Gerould, sei »the first great European upheaval that its creators immediately perceived as a spectacle to be enacted and reenacted.«[9]

Laut Gerould etablierten vorrangig die europäischen Kriege des 19. Jahrhunderts die Tradition, Schlachten und politische Ereignisse mit der Beteiligung ihrer ehemaligen Teilnehmer an Gedenktagen wieder aufzuführen.[10] Im Unterschied zu dem Schlachten-Reenactment der letzten Jahrzehnte waren die Gefechtsnachstellungen nicht dem Originalschauplatz verpflichtet, wie das folgende Beispiel zeigt: An ihrem zwölften Jahrestag wurde die Schlacht von Waterloo (1815) in dem britischen Vergnügungspark Vauxhall Gardens mit der Beteiligung von über 1000 Soldaten und etwa 200 Pferden als abendliche Veranstaltung mit Musikuntermalung nachgestellt.[11] Etwa 1200 Zuschauer fanden auf einer großen Tribüne Platz, vor der zwischen den Bäumen ein roter Theatervorhang mit einem aufgemalten britischem Wappen gespannt war. Nachdem dieser sich auf einen Kanonenschuss hin öffnete, gab er den Blick auf große Panoramen frei, die innerhalb des Parks im Freien plaziert waren. Die Aufführung diente dem Zeitvertreib und der Belustigung des Publikums, unter dem sich auch der Duke of Wellington befand. Mitnichten sahen sich die Initiatoren des Reenactment einem historisch korrekten Ablauf verpflichtet, wie Fürst Hermann von Pückler-Muskau in *Briefe eines Verstorbenen* (1830) berichtet: »Die lächerliche Seite der Vorstellung war Napoleon, welcher der Eitelkeit der Engländer zu Liebe, mehreremal flüchtend und verfolgt über die Scene jagen und dem Plebs in gutem und schlechten Anzug zum Jubel dienen mußte.«[12]

Besonders deutlich wird die Instrumentalisierung von Reenactment zu ideologischen Zwecken in den Massenschauspielen der Russischen Re-

---

**9** | Daniel Gerould, »Historical Simulation and Popular Entertainment: The ›Potemkin‹ Mutiny from Reconstructed Newsreel to Black Sea Stunt Men«, in *The Drama Review*, 33/2, 1989, S. 161-184, hier S. 162.

**10** | Vgl. ebd., S. 164.

**11** | Vgl. ebd.

**12** | Hermann von Pückler-Muskau, *Briefe eines Verstorbenen* (1830). Vollständige Ausgabe der vier Teile, herausgegeben von Karl-Maria Guth, Berlin 2015, S. 521.

volution. Explizit knüpft der Proletkult-Theoretiker Platon M. Kerschenzew an die Pageant-Bewegung an, so beruft er sich in *Das schöpferische Theater* (1918) auf seine Erfahrungen als Zuschauer von verschiedenen Pageants in Großbritannien und den USA.[13]

## Die Erstürmung des Winterpalais

Am 07. November 1920, dem dritten Jahrestag der Oktoberrevolution, führten circa 8000 Darsteller die *Erstürmung des Winterpalais* vor mehr als 100.000 Zuschauern in Petrograd wieder auf. Dem leitenden Regisseur Nikolai Evreinov ging es nicht um ein möglichst genaues Reenactment der Ereignisse im Jahr 1917. Vielmehr handelte es sich bei dem Massenspektakel um eine Interpretation, die sowohl mit theatralischen Mitteln als auch mit Authentifizierungsstrategien arbeitete. Neben Berufsschauspielern, Balletttänzern und Zirkusartisten traten Matrosen und Soldaten als Laiendarsteller auf, die an der Erstürmung vor drei Jahren beteiligt gewesen waren. Am historischen Ort spielten sie das Ereignis und sich selbst nach, der Platz vor dem Winterpalais diente als authentische Bühne unter freiem Himmel. Auf der Newa lag das Kriegsschiff »Aurora« an derselben Stelle vor Anker, von der es vor drei Jahren das Signal für den Angriff der Bolschewiken auf das Palais gab, der den Beginn der Oktoberrevolution markierte.

Gegenüber dem Winterpalais lagen am Ende des Platzes zwei Spielflächen, die Bühne der Weißen und die Bühne der Roten, die jeweils über mehrere Ebenen verfügten und mit einer Brücke verbunden waren. Die Großzahl der Zuschauer stand in der Mitte des Platzes. Ein breiter Korridor, der mit Seilen abgesperrt war, trennte sie in zwei Blöcke und diente als weitere Spielfläche. Für zahlende Gäste gab es außerdem eine Zuschauertribüne, die auf der linken Seite des Platzes (vom Palais her gesehen) errichtet war und einen Überlick über den ganzen Platz bot. In der Mitte des Platzes, direkt an der Alexandersäule, befand sich eine weitere Plattform, von der das Regieteam mithilfe von Feldradios, Lichtsignalen und Motorradkurieren die Inszenierung steuerte. In den Seitenstraßen,

**13** | Vgl. František Deák, »Russian Mass Spectacles«, in *The Drama Review*, 19/2, 1975, S. 7-22, hier S. 22.

die zum Palais führten, warteten Militäreinheiten, Lastwagen und Autos auf ihren Einsatz.

Um 22 Uhr begann die Aufführung mit Kanonendonner, an den sich Fanfarenklänge anschlossen. Auf der Bühne der Weißen begann das Spiel, ihre Hauptfiguren waren Vertreter der Bourgeoisie, des alten Regimes sowie Mitglieder der Übergangsregierung, die vor einer Kulisse einer verfallenen antiken Halle agierten. 2685 Darsteller traten auf der Bühne der Weißen auf, 600 von ihnen waren geschminkt und verkörperten Politiker ebenso wie Bankiers, Fabrik- und Landbesitzer. Die Rollen des Vorsitzenden der gestürzten Regierung und seiner Staatssekrätere übernahmen professionelle Schauspieler und Zirkusartisten. Das Spiel auf der Bühne der Weißen war satirisch überzeichnet und wurde von Slapstick bestimmt.

Die Mehrzahl der Darsteller füllte die Bühne der Roten, die stilisierte Gebäude aus rotem Ziegelstein, Fabriken und einem Gefängnis zeigte. Unter ihnen befanden sich viele von denen, die bereits 1917 an dem Angriff auf das Winterpalais beteiligt waren. Alle Darsteller der Roten waren ungeschminkt und trugen Alltagskleidung. Ebenso unterschied sich ihr Spiel von der Possenreißerei auf der Bühne der Weißen: Sie agierten als Kollektiv, synchronisierten ihre rhythmischen Bewegungen und Gesten, kein einzelner Schauspieler stach als Hauptdarsteller aus der sich selbst organisierenden Menge hervor. Die Handlung wechselte zwischen der Bühne der Weißen und der Bühne der Roten hin und her. Als die Roten sich geschlossen auf die Brücke begaben, kam es zum Kampf zwischen den Roten und Weißen. Nach dem Sieg der Roten flüchteten der Regierungsvorsitzende und die Staatssekretäre von der Bühne der Weißen. Mit zwei Automobilen rasten sie durch das Tor des Winterpalais, der von diesem Moment an die Hauptbühne war, bis eine rote Flagge über seinem Dach den Sieg der Roten signalisierte.[14]

Im sowjetischen Proletkult sollten die Grenzen zwischen Wirklichkeit und Kunst aufgehoben und die Revolution im Alltag selbst sichtbar werden. Im Zuge dessen sollte sich »die Masse« als Protagonist der geschichtlichen Prozesse begreifen lernen.[15] Deswegen waren die Zuschauer des Massenschauspiels nicht einfach nur Zuschauer. Vielmehr über-

**14** | Vgl. Fischer-Lichte 2012, S. 32-34.

**15** | Vgl. Claire Bishop, *Artificial Hells: Participatory Art and the Politics of Spectatorship*, London 2012, S. 50.

nahmen sie in dem Reenactment die Rolle der revolutionären Masse, gleichzeitig wurde ihnen der Aufstieg des Proletariats symbolträchtig vor Augen geführt. Jedoch beschränkte sich ihre Beteiligung an dem Spielgeschehen unter Evreinovs Regie auf das Gelächter über die Farce auf der weißen Bühne und das Einstimmen in die Jubelrufe, nachdem die Proletarier die Schlacht gewonnen hatten. Ein gemeinschaftliches Singen von Arbeiterliedern während der Inszenierung entfiel. Damit wich die zweite *Erstürmung des Winterpalais* von einem weiteren maßgeblichen Ziel sowjetischer Massenschauspiele ab, nämlich Gemeinschaft auf der Bühne darzustellen und diese zwischen Publikum und Akteuren zu zelebrieren.[16] Die Einbeziehung der Zuschauer fand erst zum Ende der Aufführung statt, Spieler und Zuschauer vereinten sich bei einer festlichen Prozession zum gemeinsamen Chorgesang.

Die Aufgabe des Massenspektakels als Propagandamittel ist offensichtlich. Die militärisch geprägte Inszenierung präsentierte eine ideologisierte Rückschau auf die historischen Ereignisse, in der die Bolschewisten als legitime Erstreiter des Sozialismus dargestellt wurden. Sie zelebrierte die Selbstermächtigung der Massen und den Triumph der Unterdrückten über ihre Peiniger, der durch die Oktoberrevolution vollendet wurde. Nicht zuletzt war das Reenactment wesentlich besser organisiert als die ursprüngliche Einnahme des Palais, die chaotisch und unspektakulär verlief. Von den historischen Ereignissen wich die Inszenierung Evreinovs weit ab. 1917 gab es bei der Einnahme keine Kampfhandlungen oder gar Blutvergießen. Die Wachen am Haupteingang des Palais legten die Waffen ohne Widerstand nieder, alle Regierenden verzichteten auf einen spektakulären Fluchtversuch und ergaben sich. Zwar war die zweite *Erstürmung des Winterpalais* von eindeutigen Bemühungen bestimmt, ihre Version der Geschichte authentisch erscheinen zu lassen. Allerdings folgte das Reenactment in erster Linie dem Ziel der bolschewistischen Führung, als kollektives Erinnerungstheater einen Ursprungsmythos der Revolution zu schaffen. In seinem Rückgriff präsentierte die *Erstürmung*

**16** | Neben der Erstürmung des Winterpalais werden die Aufführungen *Mysterium der befreiten Arbeit* am 1. Mai und *Zur Weltkommune* am 19. Juli 1920 als Massenschauspiele der Russischen Revolution bezeichnet. Alle drei Stücke finden an den Festtagen des Roten Kalenders in Petrograd statt.

*des Winterpalais* das vergangene Ereignis als radikalen Bruch mit der Vergangenheit und deklarierte es als Beginn einer neuen Zeit.[17]

Sieben Jahre später griff Sergej Eisenstein in seinem Film *Oktober. Zehn Tage, die die Welt erschütterten* (1927) diesen Mythos auf. Anlässlich des zehnten Jahrestags der Oktoberrevolution ließ der Regisseur das Reenactment von 1920 im Staatsauftrag nochmals nachspielen. Folglich bildet *Oktober* als das Reenactment eines Reenactment ein zentrales Ereignis der Revolution ab, das in dieser Form nicht stattgefunden hat und erfüllt eine historiografische Funktion. Eisenstein präsentiert das gesamte Revolutionsgeschehen aus der Sicht der Bolschewisten, in seiner Interpretation der Geschichte ist das revolutionäre Kollektiv der Held des Films. Dessen ungeachtet, werden in Ermangelung von historischem Aufnahmen die Szenen der *Erstürmung des Winterpalais* häufig in Dokumentationen verwendet. Diese Verfahrensweise verhalf *Oktober* zu einem Status eines quasi geschichtlichen Dokuments, dessen Filmbilder mit dem geschichtlichen Ereignis gleichgesetzt und meist unkommentiert als authentisch verbreitet werden.[18]

---

**17** | Vgl. Fischer-Lichte 2012, S. 36f.

**18** | Vgl. Maria Muhle, »History will repeat itself, für eine (Medien-)Philosophie des Reenactment«, in Lorenz Engell, Frank Hartmann und Christian Voss (Hg.), *Körper des Denkens. Neue Positionen der Medienphilosophie*, München 2013, S. 113-134, hier S. 117.

# Populärkulturelles Reenactment

Als Initialzündung der modernen Reenactment-Bewegung gelten die Gedenkfeierlichkeiten zum 100. Jahrestag des Amerikanischen Bürgerkriegs.[1] Im Juli 1961 führten 2500 Darsteller den »Battle of First Manassas (First Bull Run)« vor circa 70 000 Zuschauern am Originalschauplatz wieder auf. Über das als »Third Battle of Manassas« titulierte Reenactment, das sich als »Kombination von Entertainment und Patriotismus«[2] zeigte, wurde in den amerikanischen Medien eingehend berichtet. Obwohl die skeptischen Untertöne überwogen, machte die intensive Berichterstattung Reenactment einer breiten Öffentlichkeit bekannt. Vor allem die unverhohlen kommerzielle Ausrichtung der Veranstaltung provozierte Kritik. So beanstandete die »New York Times« die zahlreichen Verkaufsstände und Imbissbuden, die die Veranstaltung flankierten. Zugleich bemängelte sie die Verkürzung der historischen Schlacht auf prägnante Höhepunkte bzw. strategische Wendungen.[3] Die Sorge die Banalisierung der Geschichte und des Krieges mischte sich mit Unverständnis und Spott über die kostümierten Teilnehmer, die mit Schwarzpulver in den Gewehrattrappen die Schlacht nachstellten.[4]

---

**1** | Vgl. Thompson 2004, S. 30-33.

**2** | Ulf Otto, »Krieg von Gestern – Die Verkörperung von Geschichtsbildern im Reenactment«, in Kati Röttger (Hg.), *Welt – Bild – Theater, Politik des Wissens und der Bilder*, Tübingen 2010, S. 77-88, hier S. 82.

**3** | Vgl. Thompson 2004, S. 31.

**4** | Die »Washington Post« schrieb: »The gaudy show at Bull Run was a noisy piece of amateur theatrics, carried on by overgrown boys who get a thrill out of hearing guns go off. It was play acting at about the ten year old level. Bang you're dead.« Ebd., S. 32.

Einhergehend mit der anhaltenden öffentliche Kritik an dem »touristischen Zugriff«[5] auf Geschichte im Reenactment erfolgte in den 1970er Jahren die Abwendung der wachsenden amerikanischen Bewegung von großangelegten Jubiläumsveranstaltungen.[6] Viele Reenactors kritisierten, dass die Civil War Reenactments weniger um historische Korrektheit bemüht seien, als vielmehr darum, Gewinn mit den zahlenden Zuschauern und den Gebühren für die teilnehmenden Reenactors zu machen. Infolgedessen setzte eine Elitenbildung innerhalb der Szene ein, sogenannte »hardcore« Reenactors verschrieben sich dem Maßstab der größtmöglichen Korrektheit. Ein Teil der Bewegung wandte sich in den 1980er Jahren weniger populären militärischen Operationen der jüngeren Vergangenheit zu. Die ersten Nachstellungen von Kampfhandlungen des Ersten und Zweiten Weltkriegs versprachen nicht nur die Abkehr von den profitorientierten Überformungen der Civil War Reenactments, sondern auch von den Zuschauerscharen. Die privat organisierten Reenactments sollten »Reenactments für Reenactors« sein und fanden in der Anfangsphase unter Ausschluss der Öffentlichkeit statt.[7]

Das Hobby fand schnell Zuspruch in Europa, bereits im Jahr 1968 gründete sich mit »The Sealed Knot« die erste Reenactmentgruppe in Großbritannien. Seitdem ist aus der Randerscheinung eine Massenbewegung geworden, die einen eigenen Wirtschaftszweig hervorgebracht hat. Längst sind die anfänglichen Zweifel und Befürchtungen ob einer Banalisierung von Geschichte in der öffentlichen Rezeption des Reenactment verflogen und sein touristisches und finanzielles Potenzial wird voll ausgeschöpft. Gezielt integrieren die ausrichtenden Regionen und Gemeinden Reenactments in ihre Tourismuskonzepte, wobei der Authentizitäts-

**5** | Ulf Otto, »Die Macht der Toten als das Leben der Bilder. Praktiken des Reenactments in Kunst und Kultur«, in Jens Roselt und Christel Weiler (Hg.), *Schauspielen heute. Die Bildung des Menschen in den performativen Künsten*, Bielefeld 2011, S. 185-202, hier S. 192.

**6** | An den »Third Battle of Manassas« schlossen sich eine Reihe weiterer Geschichtswiederholungen an, unter ihnen Reenactments der Schlacht am Antietam im September 1962 sowie der Schlacht von Gettysburg im Juli 1963. Jede der Veranstaltungen löste Protest aus, so dass vier Jahre später bei den bei den abschließenden Veranstaltungen der Hundertjahrfeierlichkeiten auf Reenactments verzichtet wurde. Vgl. Thompson 2004, S. 31.

**7** | Vgl. ebd., S. 39f.

anspruch des Hobbys durchaus von den Veranstaltern geltend gemacht wird.[8] Das grundsätzliche Beharren auf historische Korrektheit in der Darstellung droht jedoch in eine bloße Marketingstrategie abzugleiten, weil Veranstalter zugunsten hoher Teilnehmer- und Zuschauerzahlen Ungenauigkeiten in der Ausstattung der teilnehmenden Reenactment-Vereine hinnehmen. Am Beispiel der großangelegten Reenactments anlässlich der Jahrestagsfeiern der Schlacht von Waterloo führt Wolfgang Hochbruck in *Geschichtstheater, Formen der »Living History«. Eine Typologie* (2013) aus:

»Für private Gruppen sind die zeitlichen Grenzen der für sie möglichen Darstellungen natürlich auch finanziell vorgegeben: Mitglieder von Darstellungsgruppen der napoleonischen Periode, und beileibe keine Dilettanten in materieller wie schauspielerischer Hinsicht, deren Uniformierung und Ausrüstung für die Zeit der Revolutionsarmee historisch korrekt ist, sind in dieser Aufmachung bei Waterloo im Grunde falsch, werden von Veranstaltern in der Regel aber genommen, in nicht unberechtigter Hoffnung darauf, dass die weit überwiegende Mehrheit der Zuschauer die Feinheiten der Unterschiede nicht erkennt.«[9]

Folgerichtig werde seitens der Veranstalter ein Hinweis auf diese Fehler meist unterlassen. Problematisch sei dies nicht zuletzt deswegen, weil den Zuschauern ihre Unterscheidungsfähigkeit generell abgesprochen werde. Darüber hinaus verärgere dieses Handhabung jene Geschichtsbegeisterten, die über ein Detailwissen der historischen Vorgänge verfügen und durchaus das Publikum solcher Veranstaltungen stellen bzw. sich von solchen Veranstaltungen angesprochen fühlen.[10] Nicht nur als tou-

**8** | Beispielsweise betont die »VoG Bataille Waterloo 1815« anlässlich des 200. Jahrestags der Schlacht von Waterloo ausrücklich die exakte Durchführung der historischen Kampfhandlungen sowie die größtmögliche Authentizität der Uniformen. Gleichzeitig legt sie den erwarteten 100 000 Zuschauern der Unterhaltungswert der zweitägigen Rekonstruktionsveranstaltung nahe. Siehe hierzu die Pressemitteilung der »VoG Bataille Waterloo 1815« zu der Zweihundertjahrfeier der Schlacht von Waterloo vom 18. - 21. Juni 2015, https://www.waterloo2015.org/sites/default/files/201406518_WAT_Pressemitteilung_DE_DEF.pdf, letzter Zugriff am 10.06.2015.

**9** | Hochbruck 2013, S. 56.

**10** | Ebd.

ristisches Angebot erweist sich Reenactment einträglich, auch die Laiendarsteller der Reenactment-Vereine sind als finanzstarke Zielgruppe erschlossen. Heute können Reenactors Bücher und Zeitschriften zum Thema abonnieren, in zahlreichen Internetshops »authentische Repliken« von historischer Kleidung, Waffen und Accessoires erwerben sowie auf Reenactor-Messen aus einem reichhaltigen Sortiment aus verschiedenen Darstellungsepochen wählen.

## Inblicknahme

Seit seiner Einführung in den wissenschaftlichen Diskurs durch Jay Anderson[11] im Jahr 1984 wird Reenactment der »Living History« zugeordnet. Im Unterschied zu dieser ist Reenactment nicht zwingend an eine Institution wie das Museum gebunden. Von anderen Formen erlebnisorientierter Darstellung historischer Themen (wie zum Beispiel dem historisierenden Kostümspiel im »Live Action Role Play«) unterscheidet sich Reenactment nach Hochbruck durch folgende Merkmale: Erstens sind Reenactments ereignisorientiert, sie beziehen sich auf die Wiederaufführung eines konkreten Ereignisses und nicht auf die Darstellung einer »Lebensweltlichkeit« einer vergangenen Epoche. Zweitens liegt ihr Schwerpunkt auf militärischen Operationen oder auf historisch prominenten Anlässe, die durch eine hohe Sichtbarkeit charakterisiert werden. Drittens ziehen Reenactments zwar (zahlende) Zuschauer an, zielen allerdings nicht vorrangig auf die Unterhaltung und Belehrung ihres Publikums ab. Das Hobby ist in erster Linie »spielerzentriert«: Für die Reenactors steht das eigene Nachempfinden von Geschichte im Mittelpunkt.[12] Obwohl Reenactment sich von der museumspädagogischen »Living History« in Anspruch und Funktion unterscheidet, werden die formalen Abgrenzungen in der Praxis unterlaufen, wie der Kulturwissenschaftler feststellt:

»Reenactor-Hobbyisten können durchaus am nächsten Wochenende im Museum konsequent qualitativ hochwertiges Museumstheater vorführen, und wiederum

**11** | Siehe hierzu Jay Anderson, *Time machines: The World Of Living History*, Nashville/TN 1984.

**12** | Vgl. Hochbruck 2013, S. 93.

eine Woche darauf an ihrem Heimatort an einem historischen Spiel teilnehmen. Die Unterschiede werden also nicht vom Personal bestimmt, sondern von den unterschiedlichen Funktionen, die Ausstattung, Fachwissen, didaktische Konzeption und Auftrittsform in den jeweiligen Kontexten haben.«[13]

In Abgrenzung zu der »Living History« unterliegen die Inszenierungen des Reenactment keiner Überprüfung durch akademisch ausgebildete Historiker. Eine Qualitätskontrolle in der Geschichtsaneignung findet nur in der sozialen Gruppe durch gleichgesinnte Reenactors statt. Somit ist die Befähigung sich Geschichte anzueignen ebenso selbstzugewiesen wie die Entscheidung, dass der erworbene Wissensstand ausreichend ist, um ein Reenactment ins Leben zu rufen. Hier macht Hochbruck eine Demokratisierung von Wissenszugängen und eine Geschichtsaneignung »von unten« aus, die sich jedoch als problembehaftet erweist: »Eine Demokratisierung von Wissenszugängen [bedeutet] nicht zwangsläufig, dass damit kritischere Meinungen zu Wort kommen oder eine Wendung zu Toleranz, Freiheit und sozialer Gerechtigkeit erreicht wird.«[14]

## Geschichte vermuten/Period Rush

Die Gefechtsaufführungen des Reenactment orientieren sich an als bedeutsam festgelegten historischen Ereignissen, zu denen nach eigenem Ermessen »Fakten« zusammengetragen werden und stellen einen Anspruch auf Authentizität in der Nachstellung. Jedoch ist Geschichte nicht als identisch mit vergangenen Ereignis zu denken, sondern als aspekthafte und perspektivische Konstruktion, die einen Bericht über Geschehenes gibt. Nur scheinbar erzählt sich Geschichte selbst, bereits die Reflexion des Historikers lenkt die spätere Interpretation der Fakten. Demnach ist Geschichte nicht ausschließlich faktisch, sondern vielmehr das, was Hay-

**13** | Wolfgang Hochbruck, »Belebte Geschichte. Deliminationen der Anschaulichkeit«, in Barbara Korte und Sylvia Paletschek (Hg.), *History Goes Pop. Zur Repräsentation von Geschichte in populären Medien und Genres*, Bielefeld 2009, S. 215-230, hier S. 218.

**14** | Wolfgang Hochbruck, »Reenactments als Freilufttheater und Gedenkort«, in Roselt/Otto 2012, S. 189-211, hier S. 197.

den White die »Fiktion der Fakten«[15] nennt. In der Auffassung des Historikers und Literaturwissenschaftlers ist es hinfällig, von einer »Wahrheit« in Bezug auf Geschichte sprechen zu wollen, da sich Beziehungen zwischen Ereignissen nicht von selbst herstellen, sondern Ergebnis einer Übertagung in einen Erzählzusammenhang sind. Geschichte ist insofern stets ein Abbild einer möglichen Wirklichkeit, da sie immer die Möglichkeit der abweichenden Uminterpretation bietet.

Zwar streben Reenactors als Hobby-Historiker eine möglichst irrtumsfreie Erforschung der vergangenen Ereignisse an. Allerdings entpuppt sich die Vorstellung einer vermeintlichen wertfreien Beschreibung der Geschichte als Illusion. Da es auf einer Annäherung an ein recherchiertes und rezipiertes Geschichtswissen beruht, ist ein Reenactment immer eine zweite Ableitung der Geschichte. Ungeachtet dessen stellen Reenactments die Behauptung auf, dass die Vergangenheit, die in ihnen leiblich vergegenwärtigt wird, wirklich so geschehen ist. Letztendlich wird Geschichte im Reenactment jedoch nicht nur zugriffsfähig, sondern vor allem vermutet.

Entgegen der ursprünglichen Intention des Reenactors, nämlich größtmögliche Authentizität in der Darstellung zu erreichen, enthält die Recherche immer einen Aspekt der Unschärfe, der mit dem Wunschbild einer absoluten Detailtreue kollidiert. Laut Hochbruck beinhaltet jede »Rekonstruktion [...] die Möglichkeit ihres Scheiterns, ihrer Ungenauigkeit der Abbildung, die, obwohl nach bestem Wissen und Gewissen erfolgt, ihrer hermeneutischen Position nicht zu entfliehen vermag und aus der Kombination von begrenztem Blick und fehlendem Datenmaterial Zerrbilder rekonstruiert.«[16]

Nicht zuletzt birgt der Fokus auf eine Selbst-Verständigung über Geschichte das Risiko eines emotionalisierten Tunnelblicks auf das historische Szenario:

»Zwangsläufig subjektives und zwangsläufig ego- und gegenwartsbezogenes Erlebnis tritt damit zunehmend [...] an die Stelle einer auf reflektiertes Wissen aufbauenden Kenntnis der Vergangenheit. Was sich anfühlt wie Vertrautheit mit Ereignissen und Menschen der Vergangenheit muss nicht wirklich mehr sein als

**15** | Vgl. Hayden White, *Auch Klio dichtet oder die Fiktion des Faktischen. Studien zur Tropologie des historischen Diskurses*, Stuttgart 1986.

**16** | Hochbruck 2009, S. 221.

projektive Selbstbestätigung auf der Basis von als ›Geschichte‹ konstruiertem Psychodrama.«[17]

Jedoch steht für Reenactors keineswegs die Recherchetätigkeit und die Anhäufung von historischen Wissen im Vordergrund. Vielmehr geht es ihnen um das Erlebnis eines Moments, in dem Gegenwart und nachgestellte Geschichte im subjektiven Empfinden zur Deckung kommen. Sie verfolgen ihr Hobby in der Hoffnung auf eine gelingende Immersion im sogenannten »Period Rush«. Rebecca Schneider beschreibt dieses subjektive Erlebnis folgendermaßen:

»The feel – the affective engagement – is key. [...] reenactors who claim to experience a physical collapse of time, or at least a profound confusion of time – call their experience a ›period rush‹, a ›time warp‹, a ›wargasm‹ (deeply troubling word), or they borrow a phrase from the Civil War itself to say they are ›seeing the elephant‹.«[18]

Dabei ist der angestrebte »Period Rush« durchaus als auf den Körper bezogen zu verstehen. Es sind vor allem die körperlichen Strapazen, die das historische Vorbild auf sich nehmen musste und nun dem Reenactor auf Grundlage einer Sinneserfahrung in der Wiederholung vermitteln, dass es nur so und nicht anders gewesen sein kann.[19] Gleichzeitig erfordert der Wunsch, im vergegenwärtigten Ereignis vollkommen aufzugehen, ein kritisches Bewusstsein der eigenen Begrenzung oder eines Scheiterns auszublenden.

## Geschichtsbilder

Als Hobby-Historiker schneidern sich Reenactors ihre Rolle auf den Leib. In Uniformen, deren Farbgebung und Materialien denen des historischen Originals entsprechen und mit Gewehrattrappen, die genau auf dem technischen Stand von damals sind, führen sie das historische Geschehen detailgetreu wieder auf. Nicht nur durch Kleidung und Ausrüstung,

**17** | Hochbruck 2012, S. 201.

**18** | Schneider 2011, S. 50f.

**19** | Vgl. Vanessa Agnew, »Introduction: What is Reenactment?«, in *Criticism*, 46/3, 2004, S. 327-339, hier S. 330.

sondern auch in Gestus und Sprache versuchen sie dem Vorbild so nahe wie möglich zu kommen. Um sich ein Bild von ihrem Auftritt zu machen, nähern sie sich der historischen Situation über »entdifferenzierte und simplifizierende Popularisierungen«[20] an, wie Hochbruck erläutert: »Populäre Bildwelten aus Gemälden, Stichen, Photographien und Filmen sind so oft reproduziert worden, dass sie selbst mythische Proportionen und metonymische Funktion bekommen haben; ihre angenommenen repräsentationalen Qualitäten werden als Realität über-identifiziert.«[21]

Somit stellt die Anpassung an Medialisierungen von Geschichte den zentralen Moment der Inszenierungen des Reenactment. Es werden Bilder verkörpert, die als verbindlich für Geschichte und als Garant für deren Echtheit begriffen werden. Bemerkenswert hierbei ist, dass sich das Gebot der Authentizität nur auf Ausrüstung und Ausstattung bezieht und es eine entscheidende Ausnahme gibt: Um das jeweilige Reenactment zu dokumentieren, sind moderne Kameras allgegenwärtig. Häufig wird das Filmisch-Szenische in den Reenactments bewusst anvisiert, wie Hochbruck weiter ausführt: »Das ›besondere Verhältnis‹ ist über die Repräsentationsform phantasiert: Reenactments sind keine Beteiligungen am dargestellten Krieg, sondern selbst-gedrehte filmische Variationen davon, an denen man gleichzeitig teilnehmen und sich dabei zusehen kann.«[22]

Mit anderen Worten, Reenactment verkörpert nicht nur Bilder, sondern produziert Bilder. Erst wenn das Reenactment eines Schlachtgetümmels »wie im Film« aussieht, wird es von seinen Teilnehmern als gelungen bewertet und als Selbst-Versicherung eines historisch korrekten Auftretens genutzt.[23] Darüber hinaus bestimmen die Ausstattungsbedingungen über das Gelingen und die Authentizität einer Nachstellung. Authentizität vermittelt sich im Reenactment dadurch, dass die Dinge (auch in der Materialität) so sind, wie sie waren. Je ähnlicher die Uniform der damaligen ist, desto näher kommt ihr Träger der Geschichte. Vor allem der Dress-Code dient als Gradmesser für die historische Akkuratesse

**20** | Vgl. Hochbruck 2012, S. 207.

**21** | Hochbruck 2013, S. 109.

**22** | Ebd.

**23** | In diesem Sinne ist der lebendige Nachvollzug von Geschichte im »Period Rush« nach Hochbruck »Fiktion, und zwar auf der Basis gelernter Vor-bilder im doppelten Wortsinne: einerseits zeitlich, andererseits ideologisch.« Ebd., S. 112.

des jeweiligen Reenactment.[24] Er signalisiert und garantiert fachliche Kompetenz, schreibt Hochbruck: »Im Reenactment [wird] der Grad der Isomorphie in der Ausrüstung häufig mit Wissen gleichgesetzt bzw. aus der ›Authentizität‹ der Darstellung eine Wissenshoheit auch z.B. auf der Ebene des historischen Daten- und Faktenwissens abgeleitet.«[25]

Demnach zählt nicht die individuelle Begabung des Reenactor oder sein Ausdruck in der Darstellung. Vielmehr dient der Hierarchisierung in »Mainstream-«, »Progressive-« und »Hardcore-Reenactors«[26] das Äußere, welches zugleich Auskunft über die Einstellung des Ausführenden gibt. Dennoch hält die Gegenwart unliebsame Tatsachen bereit, die sich nicht ohne weiteres beeinflussen oder gar beheben lassen. Oftmals vereiteln die lokalen Bedingungen am Aufführungsort die Erfüllung des Strebens nach einer größtmöglichen Echtheit im Wiedererleben. Die meisten historischen Schauplätze der zu wiederaufzuführenden Schlacht sind mit Denkmälern zu Ehren der Gefallenen bebaut und stehen so der Illusion einer perfekten Wiederbelebung wortwörtlich im Weg.[27]

## Unterscheidungsmerkmale, Widersprüche, Verdachtsmomente

Das mittelalterliche Heiligenspiel, Pageant und Proletkult-Massenspektakel waren von offizieller Seite organisiert, die die Deutungshoheit über die Geschichte innehatte. Ihre geskripteten Inszenierungen legten den Fokus auf die jeweilige Gemeinschaft und das kollektive Erleben. Gemeinsam ist allen genannten historischen Vorläuferformen, dass an ihren Aufführungen die örtliche Bevölkerung als Laiendarsteller mit-

**24** | Dementsprechend erklärt sich auch die abwertende Bezeichnung »Farb« im Reenactment. Wenn das Auftreten eines Reenactors als »farby« bezeichnet wird, ist dies ein Hinweis auf eine saloppe Einstellung zu seinem Hobby. Vgl. ebd., S. 95.

**25** | Hochbruck 2012, S. 195.

**26** | Vgl. Hochbruck 2013, S. 94.

**27** | Vgl. hierzu Stephen Gapps, »On Being a Mobile Monument: Historical Reenactments and Commemorations«, in Iain McCalman und Paul A. Pickering (Hg.), *Historical Reenactment – From Realism to the Affective Turn*, Hampshire/England 2010, S. 50-62, hier S. 53.

wirkten. Obwohl jede dieser Formen von verkörperter Geschichte einen Authentizitätsanspruch erhob, unterlagen ihre Nachstellungen nicht dem Ehrgeiz einer historisch korrekten Aufführung bis ins letzte Detail. Im Gegensatz zu seinen historischen Vorläuferformen hat das gegenwärtige Reenactment als hobbyistische Vereinskultur keine die Gesellschaft fundierende Relevanz. Zwar teilen die Geschichtsdarstellungen des gegenwärtigen Reenactment den Zeremonialcharakter älterer Traditionslinien, doch liegt die Herstellung von Bedeutung hier in der möglichen Beeinflussung und Verantwortung des Einzelnen. Im Mittelpunkt steht die individuellen Erfahrung des Reenactor, die mit einer partielle Aversion gegen Zuschauer einhergeht. Daher unterscheidet insbesondere die Verbindung aus Authentizitätsstreben und Publikumsabwendung das gegenwärtige Reenactment von seinen historischen Vorläufern.

Darüber hinaus bestimmen zwei grundsätzliche Widersprüche das Phänomen. Zum einen besteht eine Diskrepanz zwischen dem Anspruch auf wertfreie Objektivität in der Wiedergabe vergangener Epochen und dem tatsächlich praktizierten Schwerpunkt auf militärische Operationen. Zum anderen kollidiert der Anspruch auf eine ungehinderte Immersion mit dem Hang zu der technischen Reproduktion des Geschehens.[28] Schließlich verhindert nicht nur das Hantieren an dem hochmodernen technischen Gerät, sondern auch das imaginäre sich in Szene setzen für das Kameraauge das komplette Eintauchen in die Geschichte. Ulf Otto folgert in seinem Text *Gegen Vergegenwärtigung. Zur Geste und Genese des Reenactments* (2010) daraus:

»Reenactments sind insofern merkwürdige Hybride, bei denen es nur schwer zu sagen ist, ob jetzt die Darstellung, also das teilnehmende Erleben, oder aber die Vermittlung, also die filmische Verarbeitung oder Verbreitung das Zentrum des Phänomens bestimmen. Diese Ambivalenz des Reenactments [...] scheint konstitutiv für das Phänomen zu sein.«[29]

In der wissenschaftlichen Rezeption des Reenactment erregt diese konstitutive Ambivalenz meist Misstrauen. Im Folgenden interessieren mich

**28** | Vgl. Ulf Otto, »Gegen Vergegenwärtigung. Zur Geste und Genese des Reenactments«, in Matthias Mertens (Hg.), *Vergegenwärtigung*, Jahrbuch für Kulturwissenschaft und ästhetische Praxis 4, Tübingen 2010, S. 95-110, hier S. 97.

**29** | Ebd., S. 102.

drei Verdachtsmomente, weil sie nicht nur beharrlich gegen die Freizeitaktivität, sondern auch gegen ihre künstlerischen Adaptionen aufrecht erhalten werden. Erstens sieht sich das Hobby dem Argwohn ausgesetzt, nicht nur auf lückenhaften medialen Erinnerungen zu basieren, sondern zugleich neue mediale Erinnerungen zu produzieren. Insbesondere wenn die Geschichtsdarstellungen nicht nur mediale Bilder nutzen, sondern ihre Bilder in den Medien präsent sind, flammt die Sorge um ihre verfälschende Auswirkungen auf die kollektive Vorstellung und Erinnerung an Geschichte auf, wie das folgende Beispiel zeigt.

Im Jahr 2013 wird das Reenactment der Völkerschlacht bei Leipzig zu einem Medienereignis: Zahlreiche Zeitungen informieren über den Verlauf der mehrtägigen Veranstaltung. Auf dem Flächendenkmal des historischen Schlachtfelds führen 6000 Darsteller Szenen der entscheidendem Niederlage der napeolonischen Truppen in den Befreiungskriegen vor 35.000 Besuchern wieder auf. Anlässlich des 200. Jubiläumsjahrs berichtet der Mitteldeutsche Rundfunk (MDR) über die Gefechtsdarstellung in einem an die gegenwärtige Kriegsberichterstattung aus Krisengebieten erinnernden Medienformat. Der Tagesthemen-Moderator Ingo Zamperoni führt durch die vierteilige Serie *MDR-Topnews: Völkerschlacht überrollt Sachsen*. Neben einem Live-Ticker bietet die Sendung Live-Schalten zu Reportern auf dem Schlachtfeld. Youtube- und Handy-Videos sowie Aufnahmen von den Kopfkameras der Reenactors unterstreichen für die Zuschauer den Eindruck, vor dem Bildschirm die »Breaking News« einer Krisensituation zu verfolgen. Angesichts der intensiven medialen Aufbereitung des Reenactment liegt die Befürchtung nahe, dass die Völkerschlachtsnachstellung neue mediale Erinnerungen produziere, die professionelles Wissen in den Hintergrund rücken. Diesbezüglich warnt die Archäologin Stefanie Samida in ihrem Artikel »*Krieg(s)/spiele(n)*« (2015):

»Die Crux liegt m. E. daher weniger im ›Krieg spielen‹ [...] als vielmehr in diesen durch das ›Krieg spielen‹ neu geschaffenen Erinnerungen. Und das gilt auch für die 2013 inszenierte Völkerschlacht. Mit dem Reenactment und vor allem der medialen Dauerberichterstattung in diesen Tagen wurden starke und prägende Erinnerungen an die Völkerschlacht produziert, die die historischen Quellen mehr und mehr in den Hintergrund drängen. Sie werden, so ist zu befürchten, zunehmend zu Sekundärquellen, während die Reenactments zu Primärquellen mutieren und ›Authentizität‹ vermitteln, wo keine ist. Hierin liegt eine Gefahr für alle historischen Wissenschaften, ganz besonders, wenn es um die Vermittlung historischer Sachverhalte geht.«[30]

Die Geschichtsbilder des Reenactment, so die Sorge Samidas, formieren und perpetuieren ein historisches Bildgedächtnis, das sich außerhalb geschichtswissenschaftlicher Kriterien historischer Wahrheit bewegt.

Zweitens verkürze Reenactment historische Großereignisse auf prägnante Szenen bzw. theatralische Schaustücke. Ungeachtet dessen präsentiere Reenactment Geschichte als beliebig und vollständig reanimierbar. Die leibliche Geschichtsaneignung im Reenactment verleugne die Einsicht, dass Geschichte stets in Gestalt von Resten, Spuren und Fragmenten vorliegt, deren ihre Leerstellen das Grundgerüst für jede Rekonstruktion sind. Kurz, aus akademischer Sicht ist fragwürdig, dass die gewählte Form der Bearbeitung – also die Nachstellung – im Reenactment nicht als solche ausgewiesen, sondern als Wiederkehr von Geschichte ausgegeben wird.[31]

Drittens schürt Reenactment den Verdacht eines »erlebnisweltlichen Eskapismus«[32]. Geschichte wird im Reenactment gleichermaßen als Unterhaltungsstoff und als Identitätsangebot erfahren. Oftmals wird in der wissenschaftlichen Diskussion des Reenactment davon ausgegangen, dass eine verklärende Vorstellung von einer einfacheren Vergangenheit als Motivation diene, sich dem Hobby zuzuwenden. Im Reenactment werde ein Zeitsprung in eine idealisierte Vergangenheit imaginiert, um den Anforderungen des modernen Alltags zu entgehen.

Zusammenfassend lässt sich festhalten, dass das moderne Schlachten-Reenactment in den Augen seiner Kritiker einerseits eine ahistorische Praxis ist, weil es Geschichte als ein Ensemble von Detailkenntnissen versteht, die zu der Herstellung eines Erlebnisses herangezogen werden, bei dem der Reenactor real nachzuempfinden trachtet, was Soldaten in der Vergangenheit durchgemacht haben. Infolgedessen lautet der maßgebliche Vorwurf, die populärkulturelle Reenactment-Bewegung fetischisiere den Krieg als vollkommen zeitlos und von jedem Kontext befreit. Statt Geschichte als Prozess und die Vergangenheit als etwas auch

**30** | Stefanie Samida, »Krieg(s)|spiele(n)«, in *Forum Kritische Archäologie*, 4, 2015, S. 13-15, hier S. 14.

**31** | Vgl. Hochbruck 2013, S. 94.

**32** | Ebd., S. 7.

die Gegenwart Heimsuchendes aufzufassen, entstehe die Illusion einer Zeitreise, die sich quasi wie die ewige Wiederkehr von ein und derselben Schlacht ausnehme.[33] Damit werten sie die Reenactmentkultur der letzten Jahrzehnte als eine Art Widergänger des Historismus des 19. Jahrhunderts. Gleichzeitig lösen die medialen Wiedereinschreibungen des Reenactment die Befürchtung aus, selbst Geschichte zu schreiben. Trotz aller Skepis wird die Leistung des Reenactment anerkannt, als populäre Geschichtsrepräsentation Wissen über die historische Vergangenheit auf verständliche Weise einem breiten Publikum nahezubringen und im kulturellen Gedächtnis zu verankern.

Im Unterschied zu seinem populärkulturellen Vorbild, sagt Fischer-Lichte, artikuliere sich im künstlerischen Reenactment »ein Bewusstsein von der prinzipiellen Schwierigkeit, sich Geschichte anzueignen, von der Notwendigkeit der subjektiven Haltung und der Bedingungen, unter denen die Aneignung geschieht, und ihrer Bedeutung für die gegenwärtige aktuelle Situation.«[34] Demnach sind sich Künstler bewusst, dass ihre Reenactments von Geschichte immer schon Medienereignisse in einem doppelten Sinn sind. Also Ereignisse, die auf medialen Technologien beruhen und in medialen Bedeutungszusammenhängen ihre Bedeutung gewinnen. Ungeachtet dieser Abgrenzungsbemühung teilen die künstlerischen Adaptionen formale Kategorien mit ihrem Vorbild im Freizeitbereich. Neben dem Rückgriff auf das mediale Bilderreservoir sind die Negation der Distanz zwischen Vergangenheit und Gegenwart, das Streben nach Authentizität und größtmöglicher Detailtreue sowie die zentrale Rolle der körperlichen Erfahrung bzw. die Betonung des Miterlebens Gemeinsamkeiten, die Reenactments in Kunst und Freizeit teilen. Infolgedessen sieht sich das künstlerische Reenactment mit ähnlich lautender Kritik konfrontiert. Nämlich ebenso wie das Hobby sein Versprechen eines medienreflexiven- und kritischen Vorgehens in der Aneignung und Wiederholung nicht einzuhalten, sondern historische Bildaufnahmen bloß zu fetischisieren. Teile der wissenschaftlichen Reflexion auf das Reenactment halten nicht nur dieselben Kritikpunkte, sondern eine strikte Unterscheidung des Reenactment in Kunst und Freizeit aufrecht. Die

**33** | Vgl. Sven Lütticken und Omer Fast, »E-mail-Auszüge«, in Matthias Michalka (Hg.), *Omer Fast. The Casting*, Köln 2007, S. 143-159, hier S. 146.

**34** | Fischer-Lichte 2012, S. 50.

Polarisierung des Diskurses möchte ich am Beispiel von Jeremy Dellers *The Battle of Orgreave* (2001) verdeutlichen. Zu diskutieren ist darüber hinaus, inwiefern die in Bezug auf das populäre Reenactment geäußerten Verdachtsmomente zusätzlich Brisanz gewinnen, wenn sie auf das künstlerische Reenactment angewendet werden.

## The Battle of Orgreave

Eine der erfolgreichsten künstlerischen Adaptionen des populärkulturellen Reenactment ist *The Battle of Orgreave* (2001) von Jeremy Deller. Anhand der zeitgenössischen Fernsehberichterstattung rekonstruiert der britische Künstler eine eskalierende Auseinandersetzung zwischen Minenarbeitern und Polizei im Jahr 1984, die in die Zeitgeschichte als symbolischer Moment der Vorentscheidung im Bergarbeiterstreik eingegangen ist. Die »Schlacht« von Orgreave stellt den Augenblick dar, an dem die Regierung Margaret Thatchers die Oberhand gewann und die Macht der Bergarbeiter-Gewerkschaft dauerhaft brach. Laut der Berichterstattung von BBC und ITV begannen die Ausschreitungen mit einem Angriff der Bergarbeiter auf die Polizei, die eine von der Gewerkschaft ausgerufene Blockade der Kokerei von Orgreave verhindern sollte. Jedoch verschwiegen beide Fernsehsender, dass sie für ihre Reportagen die Chronologie einer Sequenz umgekehrt hatten. Später berichteten Augenzeugen, dass die Gewalttätigkeit von der Staatsgewalt ausging. In einer ohnehin medial aufgeheizten Atmosphäre trug eine solch voreingenomme Darstellung der Ereignisse dazu bei, die Wahrnehmung der streikenden Bergarbeiter als Bedrohung für die innere Sicherheit in der Öffentlichkeit zu festigen.[35]

Siebzehn Jahre später führen etwa 800 Personen den brutalen Zusammenstoß am Originalschauplatz wieder auf. Für das von der Kunstagentur »Artangel« finanzierte Reenactment wirbt Deller fast 600 Darsteller aus verschiedenen Reenactment-Vereinen des Landes an. Die verbleibende Anzahl der Teilnehmer sind sowohl Anwohner der Gegend als auch ehemalige Minenarbeiter und Polizisten. In der monumentalen Reinszenierung treten die damaligen Gegner in vertauschten Rollen gegeneinander an. Das Reenactment und seine Vorbereitungen begleitet der

---

**35** | Vgl. Alice Correia, »Interpreting Jeremy Deller's ›The Battle of Orgreave‹«, in *Visual Culture in Britain*, 7/2 2006, S. 93-112, hier S. 95f.

Regisseur Mike Figgis mit der Kamera. Die Aufnahmen werden mit Auszügen aus der Medienberichterstattung von damals sowie mit Interviews von Teilnehmern, Zeitzeugen und Deller selbst zu einer gleichnamigen Fernsehdokumentation zusammengeschnitten. »Artangel« und der privat geführte Fernsehsender Channel Four produzieren den Film gemeinsam. Figgis' Film finanziert nicht nur das großangelegte Kunstprojekt, seine Aufnahmen wurden darüber hinaus zu der wichtigsten Quelle über den Verlauf des Reenactment.

Für eine möglichst lückenlose Rekonstruktion des Tagesablaufs am 18. Juni 1984 recherchiert Deller 18 Monate vor Ort. Schließlich betraut Artangel die Firma »EventPlan« mit der Durchführung des Reenactment, deren Leiter Howard Giles größten Wert auf die historische Richtigkeit der Ausstattung legt. »EventPlan« stellt den Teilnehmern Alltagskleidung und Polizeiuniformen der 1980er Jahren zur Verfügung. Zudem heuert die Firma ehemalige Ausbilder der Polizei an, um damalige Taktiken mit den Darstellern einzuüben. Neben der Choreographie stehen zeitgenössische Parolen und Schimpfwörter auf dem Probenplan.[36]

Am Tag der Aufführung stimmen Lautsprecherdurchsagen die Zuschauer auf das Reenactment ein. Ausführlich erläutern sie unter anderem die Ausrüstung und Taktik der gegenüberliegenden Parteien. Ausdrücklich weisen sie darauf hin, dass keine wirklichen Kampfhandlungen vorgenommen würden und bitten die Eltern im Publikum, ihre Kinder nicht die wartenden Polizeihunde streicheln zu lassen. Zwischen den Durchsagen erklingt 80er Jahre Pop. Nach einem allgemeinen Händeschütteln beginnt das Reenactment am Morgen auf einem Feld in der Nähe der ehemaligen Kokerei. Die Bergarbeiter stimmen historisch verbürgte Kampfgesänge an, ihre Wurfgeschosse auf die mit Schilden und Knüppeln bewaffnete Polizei waren diesmal jedoch Steinnachbildungen aus Gummi. Berittene Polizeieinheiten rücken gegen die Streikenden vor und treiben die protestierenden Minenarbeiter auseinander. Hinter Absperrungen verfolgen die Zuschauer das Kampfgeschehen und feuern die Kombatanten an, bis eine Sirene die Mittagspause einläutet.

**36** | Vgl. Wolfgang Brückle, »Jeremy Dellers *Battle of Orgreave*, Realismus und Realität im Reenactment«, in Uta Daur (Hg.), *Authentizität und Wiederholung. Künstlerische und kulturelle Manifestationen eines Paradoxes*, Bielefeld 2013, S. 123-145, hier. S. 125f.

Der zweite Teil des Reenactment zeigt die Verfolgung der fliehenden Streikenden über eine Eisenbahnbrücke sowie anschließende Auseinandersetzungen zwischen Arbeitern und Staatsgewalt in den Straßen des Dorfes. Noch einmal kommen Wurfgeschosse gegen die Polizei zum Einsatz. Filmblut fließt, als die Polizei auf am Boden liegende Demonstranten einprügelt, Autos brennen. Am Nachmittag beendet ein weiteres Signal das Reenactment. Im Ortskern steht für das Publikum ein Zelt mit Informationsmaterial bereit, wo sich nach dem Ende der Straßenkämpfe auch die Teilnehmer versammeln, um bei Essen und Getränken über die Ereignisse von 1984 zu berichten.[37] Mit Blasmusik wurden Zuschauer und Teilnehmer in die Stimmung eines geselliges Dorffestes entlassen, die in Kontrast zu den kurz vorher nachgestellen brutalen Szenen steht.[38]

Als Jugendlicher verfolgte Deller die Auseinandersetzung zwischen den Minenarbeitern und der Polizei vor dem Fernseher. In *The Battle of Orgreave* setzt er der regierungstreuen Berichterstattung über den Streik einen eigenen Fernsehfilm entgegen. In diesem unterläuft das fortwährende Gespräch mit den Zeitzeugen die Nachrichten von damals. Aufgrund ihrer Aussagen erscheint es dem Zuschauer, als rekonstruiere der Künstler in detektivischer Arbeit eine verloren geglaubte geschichtliche Wahrheit und gebe einer bis dahin ungehörten Bevölkerungsgruppe eine Stimme. Deller gibt an, dass sein Reenactment dem Ziel folge, die Wahrheit über die Ereignisse 1984 aufzuspüren. Somit steht es in dem Zeichen eines besseren Verständnisses der historischen Auseinandersetzung.[39]

Darüber hinaus betont er nachdrücklich den kommunikativen Aspekt des Projektes und bezeichnet es als »Gemeinschaftstheater« oder als »Historienmalerei von unten«[40]. Obwohl sich *The Battle of Orgreave* in seiner Selbstverpflichtung auf historische Detailtreue von dem Proletkult-Massenspektakel unterscheidet, wählt Deller die zweite *Erstürmung des Winterpalais* als Bezugspunkt. Vermutlich trifft er diese Wahl im Hinblick auf die hohe Teilnehmerzahl und um die emanzipatorische Form seines Projekts zu unterstreichen.

**37** | Vgl. ebd., S. 126-128.

**38** | Vgl. Claire Bishop, »The Social Turn: Collaborations and Its Discontents«, in *Artforum*, Februar 2006, S. 178-183, hier S. 182.

**39** | Vgl. Correia 2006, S. 94.

**40** | Vgl. Brückle 2013, S. 133.

Nicht zuletzt involviert er die ortsansässige Bevölkerung in den Prozess der Kunstproduktion, so dass die traditionelle dichotomische Rollenverteilung zwischen Künstler und Betrachter in seinem Reenactment an Bedeutung zu verlieren scheint. Ausdrücklich soll *The Battle of Orgreave* soziale Beziehungen sowohl thematisieren als auch schaffen. Jedoch tritt Deller nicht hinter den zwischenmenschlichen Interaktionen zurück, sondern rückt sich selbst immer wieder zu einem Kommentar in das Bild der Kamera. Während er andere zur aktiven Beteiligung einlädt, hält er seiner Autorität als Künstler fest und nimmt sich aus der Gemeinschaft aus. Deller initiiert und dirigiert *The Battle of Orgreave*, ist Bindeglied zwischen den einzelnen Parteien und Fremdkörper zugleich.[41]

Von der ursprünglichen Auseinandersetzung in Orgreave spricht Deller selbst als einem Trauma, das bis heute in der gesamten englischen Gesellschaft spürbar sei. *The Battle of Orgreave* setze sich explizit mit einem vernachlässigten Moment der britischen Zeitgeschichte auseinander. An dem Jahrestag der Auseinandersetzung seien von offizieller Seite keine Gedenkveranstaltung vorgesehen gewesen, so dass er die Gelegenheit ergriffen habe, mit seinem Reenactment die Ereignisse in Erinnerung zu rufen. Dementsprechend sagt Deller über sein Projekt: »I've always described it as digging up a corpse and giving it a proper post-mortem.«[42]

In dem Vorwort der Begleitpublikation *The English Civil War: Part II. Personal Accounts of the 1984-85 Miners' Strike* (2002) schreibt er, dass ihn das Oxymoron »Living History« auf die Idee gebracht habe, professionelle Reenactors mit Zeitzeugen zusammenarbeiten zu lassen. Zudem habe ihn die Paradoxie einer Wiederholung von etwas, das ein Chaos gewesen sei, angezogen.[43] Ebenso sei ihm wichtig gewesen, ehemalige Bergleute und Polizisten an dem Reenactment zu integrieren, um eine Begegnung der Veteranen mit den Reenactors herbeizuführen. Nicht zuletzt widme sich *The Battle of Orgreave* den Anhängern des beliebten Hobbys, die erstmals mit einem historischen Ereignis des späten 20. Jahrhunderts

**41** | Vgl. Bishop 2012, S. 37.

**42** | Jeremy Deller, »The Battle of Orgeave, 2001«, http://www.jeremydeller.org/TheBattleOfOrgreave/TheBattleOfOrgreave.php, letzter Zugriff am 20.05.2015.

**43** | Vgl. Jeremy Deller, »The English Civil War: Part II. Personal Accounts of the 1984-85 Miners' Strike«, http://www.artangel.org.uk//projects/2001/the_battle_of_orgreave/background/the_english_civil_war_part_ii, letzter Zugriff am 31.08.2015.

konfrontiert waren. Da Freizeitreenactments dem sozialen und/oder politischen Kontext der wiederaufgeführten Ereignisse keine Beachtung schenkten, erklärt Deller mit seinem Vorhaben didaktische Ziele zu verfolgen:

»What I wanted was for re-enactors to be in a situation where they could be fighting with and against men that were part of an unfinished messy history. I wanted some of them to see that history didn't end in 1945. That was initially almost as much of an interest as the event itself. A lot of the members of historical re-enactment societies were terrified of the miners. During the '80s they had obviously believed what they had read in the press and had the idea that the men that they would be working with on the re-enactment were going to be outright hooligans or revolutionaries. They thought it would turn into one huge real battle.«[44]

Demzufolge besteht die Motivation Dellers nicht ausschließlich darin, sich Strategien des Hobbys anzueignen, um in Konkurrenz zu den Bildern des historischen Ereignisse zu treten. Vielmehr sucht er das populärkulturelle Reenactment zu politisieren, indem er Ereignisse vom Ende des 20. Jahrhunderts auf dessen Agenda setzt. Deller rehabilitiert die Bedeutsamkeit der Schlacht von Orgreave als einen Höhepunkt der Auseinandersetzung zwischen Gewerkschaften und der Regierung der Thatcher-Ära und rückt sie in eine Reihe mit historischen Schlachten und Bürgerkriegen.

## A proper post-mortem

Über Dellers Reenactment ist in den vergangenen fünfzehn Jahren viel geschrieben worden. *The Battle of Orgreave* fehlt in wohl keiner der gezeigten Ausstellungen über Reenactment in der Gegenwartskunst und gehört sicherlich zu den anerkanntesten und meist besprochensten Reenactments. Im Mittelpunkt seiner umfangreichen Rezeptionsgeschichte steht zum einem die Frage nach der Authentizität des Geschichtserlebnisses, das Dellers Reenactment seinen Teilnehmern ermöglichte. Zum anderen beschäftigen sich zahlreiche Erörterungen mit der Frage nach einer gelungenen Emanzipation von dem historischen Vorbild. Die Ant-

**44** | Deller zitiert in Correia 2006, S. 103.

worten auf diese Fragen fallen durchaus unterschiedlich aus, wie die folgenden kurz skizzierten Positionen exemplarisch verdeutlichen. Der Absichtserklärung Dellers folgend erkennt beispielsweise Robert Blackson in seinem *Artikel Once More... With Feeling: Reenactment in Contemporary Art and Culture* (2007) eine Emanzipation und Korrektur von der regierungstreuen medialen Darstellung des Streiks 1984. Dem Kunstkritiker zufolge enthalte das Reenactment zudem ein quasi therapeutisches Versprechen. Da *The Battle of Orgreave* maßgeblich auf den persönlichen Erinnerungen der Arbeiter basiere und die einseitige Medienberichterstattung der 1980er Jahre unterlaufe, helfe es vergangenes Unrecht wiedergutzumachen.[45] Insbesondere die Veteranen des Streiks seien im Reenactment einer heilsamen Wiederbegegnung mit dem verdrängten Zusammensturz ihrer ökonomischen und sozialen Sicherheiten ausgesetzt gewesen. Darüber hinaus erlaube es den beteiligten Zeitzeugen, sich in der Wiederholung in den ehemaligen Gegner einzufühlen und die Polizisten als in ähnlicher Weise am Konflikt Beteiligte wahrzunehmen. Letztendlich werde die Wiederaufführung selbst zu einem Teil der Geschichte des Streiks, weil sie einen heilsamen Bruch mit der einseitigen Geschichtsauslegung der Regierung und Medien initiiere.

Katie Kitamura hingegen sieht in ihrem Text *›Recreating Chaos‹. Jeremy Deller's The Battle of Orgreave* (2010) den Bruch mit den medialen Vorbildern nicht gelingen. Im Unterschied zu Deller, der eine Begegnung der beiden Teilnehmergruppen mit dem Ziel eines Austauschs herbeiführt, um ein besseres Verständniss der beiden Gruppen füreinander zu ermöglichen, bringt die Kunstkritikerin das Streben der Reenactment-Vereine nach Detailtreue gegen die persönliche Erinnerung der Veteranen des Streiks in Stellung. Indem Deller einer professionellen Agentur die Gestaltung und Durchführung des Reenactment überließ, habe er einer konservativen Sicht auf die Geschichte den Vorzug gegeben. Kurz, die Selbstverpflichtung des Reenactment auf historische Richtigkeit verhindert eine emanzipatorische Leistung. Nach wie vor gehorche der erzählerische Schwerpunkt der künstlerischen Reinszenierung der einseitigen Politik ihres medialen Vorbildes, die die taktischen Entscheidungen der Staatsgewalt in den Vordergrund rückte.

---

**45** | Vgl. Robert Blackson, »Once More... With Feeling: Reenactment in Contemporary Art and Culture«, in *Art Journal*, 66/1, 2007, S. 28-40, hier S. 32.

Den Aussagen Dellers zum Oxymoron »Living History« folgend, benennt Kitamura unterschiedliche Geschichtsverhältnisse in den zwei Teilnehmergruppen. In ihrer Interpretation steht der faktenorientierten Geschichte der Amateurkultur die individuelle Lebensgeschichte der Bergleute gegenüber. Während die ehemaligen Arbeiter aufgrund ihrer lebendigen Erinnerung einen authentischen Zugang zur Geschichte haben, verweigert sich dieser laut Kitamura den anderen Teilnehmern, da ihre Erinnerung vorwiegend durch Medienberichte über die Ereignisse geprägt worden sei. Eine Authentizitätserfahrung könnten demnach nur die ehemaligen Bergleute machen, nur für sie könne sich die Grenze zwischen historischem Ereignis und seiner Nachstellung verwischen und sich der Mehrwert der Authentizität einstellen. Den anderen Teilnehmern bleibe der Zugang zu den verschütteten »lebendigen« Erinnerungen verwehrt, ihnen bleibt lediglich die Wiederholung »toter« Geschichte.[46]

Treffend bemerkt Wolfgang Brückle in *Jeremy Dellers Battle of Orgreave, Realismus und Realität im Reenactment* (2013), dass Kitamuras strenge Unterscheidung zwischen einer Herrschaft der Repräsentationen und einem lebendigen Geschichtsverhältnis aus zwei Gründen obsolet sei. In der Auffassung des Kunshistorikers mache erstens die gemeinsame Vorbereitung zu dem Reenactment auch Zeitzeugen zu Darstellern von Geschichte. Damit ließen sie sich nicht ohne weiteres von professionellen Reenactors unterscheiden. Zweitens sei davon auszugehen, dass die Erinnerung der Veteranen durch den medialen Diskurs über den Konflikt kollektiv überformt wurden, da sie diesem ebenso ausgesetzt waren wie die nichtbeteiligten Darsteller.[47]

Hito Steyerl wiederum attestiert *The Battle of Orgreave* in *Die Farbe der Wahrheit. Dokumentarismen im Kunstfeld* (2008), zwar den politisch bedeutsamen Moment der Vergangenheit zu reanimieren, aber nicht zu aktualisieren. Das Reenactment könne keine Relevanz für die Gegenwart generieren, weil es die Tatsache verfehle, dass die entsprechene politische Ausgangslage und die Zielgruppe der Arbeiter in ihrer damaligen Zusammensetzung nicht mehr existiere. Der Unterschied zum Original sei, dass im Jahr 1984 die erbitterten Arbeitskämpfe einen akuten politischen Hintergrund hatten. Zudem bestand zu diesem Zeitpunkt für

**46** | Vgl. Katie Kitamura, »›Recreating Chaos‹. Jeremy Deller's ›The Battle of Orgreave‹«, in McCalman/Pickering 2010, S. 39-49, hier S. 42.

**47** | Brückle 2013, S. 142.

die Bergarbeiter Hoffnung, ihre Situation zu ändern. 17 Jahre später entstünde dagegen die Wiederaufführung aus einem Wissen heraus, dass die Demonstranten die politische Auseinandersetzung unwiderruflich verloren hätten. Zwar handle *The Battle of Orgreave* von einer alten Arbeiterklasse, jedoch werde diese in einer Ära der Erlebnisökonomie von der neuen Arbeiterschaft der Schauspieler verkörpert. Die einzig echte politische Erfahrung könnten die Mitwirkenden des Reenactment in ihrer Transformation von Arbeitern in Schauspieler machen, die Steyerl im Rekurs auf Guy Debord als den zentralen Moment von Dellers Reinszenierung ausmacht.[48] Debord beschreibt in *Die Gesellschaft des Spektakels* (1967) eine Reduktion der Vielheit der Perspektiven zugunsten der Schaulust als einziger Form des Sehens. Der zentrale Aspekt seiner These ist das Zurschaustellen des Einzelnen und die damit einhergehende Theatralisierung des gesellschaftlichen Lebens. Im Spektakel ersetzen fremdbestimmte Wirklichkeitsvorstellungen autonome Wirklichkeitserfahrungen, das menschliche Leben wird zum bloßen Schein und das Individuum seiner selbst entfremdet. Realität und Schein vermischen sich im kapitalistischen Spektakel um so nachhaltiger, je mehr Bilder der Massenkommunikationsmittel kursieren und das gesellschaftliche Verhältnis von Personen vermitteln. Folglich unterscheidet sich nach Debord Arbeit nicht von der Spektakelproduktion.[49]

Kerstin Stakemeier zieht in *Reenacting: Aneignen und Abweisen. Zu künstlerischen »Reenactments« als performtem Historismus* (2009) eine ähnlichen Schlussfolgerung. Wenn sich das kritische Verhältnis zur medialen Erzählung von historischen Ereignissen in der spielerischen Wiederholung der medialen Mittel erschöpfe, liefen Reenactments in Gefahr, lediglich eine Ästhetisierung und nicht eine Aktivierung des Politischen vorzunehmen. Schließlich werde so dem Medium der absolute Vorrang gegenüber dem Inhalt gegeben, der in seiner Wiederholung drohe, undeutlich zu werden. Somit präsentiere sich die künstlerische Praxis mitnichten per se als Widerpart ihres populärkulturellen Vorbilds. Laut der Kunsthistorikerin ließe sich vielmehr ein Großteil der künstlerischen Reenactments als eine »ästhetisch geadelte Spielart eines aktualisierten

**48** | Vgl. Hito Steyerl, *Die Farbe der Wahrheit. Dokumentarismen im Kunstfeld*, Wien 2008, S. 51-53.

**49** | Vgl. Guy Debord, *Die Gesellschaft des Spektakels* (1967), Hamburg 1978, S. 3-7.

Historismus«[50] bezeichnen. Die Diagnosen spannen sich also zwischen der Anerkennung des Reenactment als therapeutische Wiederholung (Blackson) und seiner Abwertung als unfreiwilliger Komplize des Historismus (Stakemeier). Nach meinem Dafürhalten sind sie symptomatisch für die ästhetische Praxis des Reenactment, die Dokumente der Vergangenheit als zu interpretierende Gegenstände vor Augen führt.

Wie ich mit den vorangegangen Beschreibungen zu zeigen versucht habe, artikuliert sich in der Idee durch die Wiederaufführung historischer Ereignisse deren leibhaftigen Nachvollzug zu ermöglichen das Interesse an einer Aufarbeitung von Geschichte und der Anspruch, bestimmte Momente der Vergangenheit gegenwärtig zu machen. Dies gilt für Praktiken des Reenactment sowohl in dem Kontext der Freizeitgestaltung als auch in dem der Kunst. Allerdings zeigt sich die Mehrzahl der Beiträge über das neue »Genre« in der Gegenwartskunst blind gegenüber den Wechselwirkungen der beiden Felder. In dem folgenden Kapitel geht es deswegen darum, den aktuellen Stand der theoretischen Reflexionen auf das künstlerische Reenactment darzustellen. Zugleich soll in diesem Kapitel versucht werden, die allzu einfachen Alternativen, die den Diskurs über das künstlerische Reenactment bestimmen, auf differenziertere theoretische Positionen zu öffnen. Hierfür wird eingangs ein Text von Inke Arns vorgestellt, der seit seinem Erscheinen im Jahr 2007 für nicht unerhebliche Aufmerksamkeit gesorgt hat. Für eine Aufmerksamkeit, die sich seiner Leistung verdankt, ein Erklärungsmodell eingeführt zu haben, das es erlaubt, Reenactment als Kunstpraxis strikt von seinen populärkulturellen Ursprüngen zu trennen. Arns macht ihren Aufsatz zu dem Schauplatz von Dichotomien, die sie im Verlauf ihrer Argumentation auffaltet und mit denen sie eine Überlegenheit des künstlerischen Reenactment gegenüber seinem populären Vorbild suggeriert. Im Anschluss werden neuere Positionen in der Debatte des künstlerischen Reenactment sowohl in der Kunstkritik und -theorie als auch in der Theaterwissenschaft vorgestellt.

Beide Felder gewinnen ihren Blickwinkel aus dem Kreisen um Arns Thesen gegen die inzwischen ernstzunehmende Einwände erhoben worden sind. Hier ist einerseits zu beobachten, dass die Kritiker Arns

**50** | Kerstin Stakemeier, »Reenacting: Aneignen und Abweisen. Zu künstlerischen »Reenactments« als performtem Historismus«, in *phase2*, Nr. 32, 2009, http://phase2.nadir.org, letzter Zugriff am 16.03.2010.

Standpunkt allzu schnell zu einer Folie verkommen lassen, auf deren Hintergrund sie mit der Darlegung dessen beginnen, was für sie gute von schlechten, angemessenen von unangemessenen Begrifflichkeiten in der Diskussion des Renactment unterscheidet. Im Zuge dessen werden Reenactments nicht selten weniger an sich selbst, sondern vor allem an Arns Behauptungen gemessen. Was dabei herauskommt, bleibt mitunter so fragwürdig wie die von Arns eingeführte Systematisierung, denn wie sie machen es sich auch viele ihrer Kritiker zu leicht. Sie werfen Arns vor, die in ihrer Verschiedenartigkeit kaum auf einen Nenner zu bringenden Werke des Reenactment vereinfachenden Dichotomien unterworfen zu haben und machen letztlich nichts anderes, wie ein Text von Günther Heeg beispielhaft zeigt.

Anderseits regt sich in den letzten Jahren vermehrt Skepsis gegenüber starren Unterscheidungen. In den Überlegungen von Susanne Leeb und Maria Muhle geht es darum, falsche Alternativen auszuräumen, auf denen eine vorschnelle Kritik des Reenactment im Kontext der Kunst allzu häufig fußt. Ausgehend von der Vermutung, dass Kunst mit Vergangenheitsbezug die Aufnahmeoberfläche der Gegenwart zu erweitern sucht, plädiert Leeb für einen Möglichkeitssinn der Geschichte. Hingegen tritt Muhle dafür ein, Reenactment abseits gängiger Gegensätze als Re-Aktualisierung zu denken, die sich nicht in einer kalkulierten Variation in der Wiederholung erschöpft. Was sich hier mit der Kritik an Arns verbindet, ist der Aufruf zu einer ernstzunehmenden Auseinandersetzung mit einer Kunstpraxis, die mittels spezifischer Wiederholung danach fragt, was überhaupt unter Geschichte zu verstehen ist.

Insbesondere die letztgenannten Texte sollen mir als Ausgangslage zu der Untersuchung einzelner künstlerischer Reenactments in den folgenden Kapiteln der vorliegenden Arbeit dienen. Eine ausführliche Auseinandersetzung mit und Hinwendung zu den konkreten Werken muss an die Stelle der Dichotomien treten, wenn die Praxis des Reenactment angemessen in den Blick genommen und seine Diskursivierung substanziell weiterentwickelt werden soll.

# Theoriebildung

## Populäre Volkskultur versus avancierte Kunstpraxis

In ihrem maßgeblichen Text *History will Repeat itself* (2007), der anlässlich der gleichnamigen Ausstellung in den Kunstwerken Berlin erschienen ist, führt Inke Arns eine klare Unterscheidung zwischen einzelnen Formen des Reenactment in Hobby und Kunst ein. Die Kunsthistorikerin argumentiert, dass es in populärkulturellen Reenactments »um ein Sich-Weg-Imaginieren in eine andere Zeit geht, die nichts (oder wenig) mit der Gegenwart zu tun hat.«[1] Hingegen bezwecken künstlerische Reenactments das genaue Gegenteil, sie wiederholen »Ereignisse [...], die als bedeutsam für die Geschichte erachtet werden. [...] [Es sind] Befragungen der Gegenwart mittels des Rückgriffs auf historische Ereignisse, die sich dem kollektiven Gedächtnis unwiderruflich eingeschrieben haben.«[2]

Im Anschluss an Debords Kritik in *Die Gesellschaft des Spektakels* bildet ein vorrangig medialer Weltbezug des Subjekts den Ausgangspunkt für Arns Argumentation. Angesichts einer massiven Bebilderung der Gegenwart seien Reenactments im Kunstkontext vor allem durch die Einsicht motiviert, »dass Welterfahrung, ob geschichtlich oder aktuell, immer weniger auf direkter Anschauung beruht, sondern heute fast ausschließlich medial, also über Bilder oder anderweitige Aufzeichnungen von (historischen) Ereignissen funktioniert.«[3]

Aufgrund der Omnipräsenz von technisch erzeugten Bildern rücke nicht nur jegliche Authentizität in weite Ferne, sondern zudem herrsche Verunsicherung darüber, was die Geschichtsbilder aussagen.[4] Weil vor-

**1** | Arns 2007, S. 41.

**2** | Ebd., S. 42.

**3** | Ebd.

**4** | Vgl. ebd.

nehmlich Dokumentarfilme, Nachrichten und Realityformate das Geschichtemachen übernehmen, ziele Reenactment darauf, sich medial entfremdetes Wissen körperlich und sinnlich wieder anzueignen. Laut Arns stellen

> »künstlerische Reenactments [...] jedoch nicht die naive Frage nach dem, was jenseits der medialen Geschichte wirklich passiert ist – nach dem ›Authentischen‹ jenseits der Bilder, sondern vielmehr danach, was die Bilder die wir sehen, für uns konkret bedeuten könnten, würden wir diese Situationen selbst – leibhaftig – erfahren.«[5]

Hierfür bediene die Kunstpraxis sich einem widersprüchlichen Verfahren, nämlich einer Löschung der Distanz zu den Bildern bei gleichzeitiger Distanzierung von diesen Bildern.[6]

Zwar ermögliche das Eintreten in das Bild mittels Reenactment eine authentische, weil physische Erfahrung von Geschichte. Allerdings verlaufe die Verkörperung keineswegs reibungslos und führe in den Zustand der Selbstvergessenheit. Vielmehr sorge Reenactment für eine Aufhebung der Distanz, nur um sie in einem zweiten Schritt wiederherzustellen: Die Teilnehmer eines Reenactments müssten sich während der Nachstellung fragen, von welchen medialen Vermittlungsprozessen ihr Interpretations- und Erinnerungsrahmen historischer Ereignisse geprägt sei. Demnach ist nach Arns die Erfahrung in einem künstlerischen Reenactment als doppelbödig zu verstehen. Das physische Erleben initiiert eine stetige mentale Gratwanderung zwischen fremder und eigener Erfahrung. In Arns Perspektive schließt Reenactment jedoch nicht nur die direkt Beteiligten ein, darüber hinaus aktiviere es seine Zuschauer. »Passive« Rezipienten werden in der Kunsterfahrung zu »aktiven« Teilnehmern und Zeugen, die indirektes kollektives Wissen individuell erfahren.[7] Letztendlich bestimmt Arns die Frage nach den medialen Mechanismen durch die Erzählungen von Geschichte, Identität und Erinnerung konstruiert werden, als das zenrale Anliegen von Reenactment.[8]

---

**5** | Ebd.

**6** | Vgl. ebd.

**7** | Vgl. ebd., S. 58.

**8** | Ebd., S. 62.

## The Eternal Frame

Zu der Verdeutlichung ihrer Thesen zieht Arns mit *The Eternal Frame* (1975)[9] eine künstlerische Arbeit heran, die sich selbst als »Guerilla Television« verstanden wissen will.[10] Freilich stellen Mitglieder der amerikanischen Künstlerkollektive Ant Farm und T.R. Uthco das Attentat auf John F. Kennedy am Originalschauplatz möglichst detailgetreu nach. Jedoch knüpfen sie keine Verbindung mit dem Hobby, sondern haben in erster Linie einen Gegenentwurf zu dem kommerzialisierten Fernsehen im Sinn, das sie als ein Mittel der Konditionierung der Zuschauer auffassen. Folgerichtig kündigt das Filmplakat von *The Eternal Frame* nicht ein Reenactment, sondern ein »authentisches Remake des original J.F.K. Attentats« an.

Zwölf Jahre nach dem Anschlag wiederholen Ant Farm und T.R. Uthco« weniger den genauen Tathergang am Dealy Plaza in Dallas, Texas als vielmehr die Aufnahmen des Amateurfilmers Abraham Zapruder, die sich in das kollektive Gedächtnis der Nation eingegraben haben. Als »vielleicht bekanntester Dokumentarfilm in der Geschichte Amerikas«[11] fing

**9** | Ant Farm & T.R. Uthco, *The Eternal Frame* (1975/2002), Videoinstallation, einkanalig, transferiert auf DVD, 23:50 Minuten, Schwarzweiß und Farbe, Englisch.

**10** | 1971 prägte Michael Shamberg den Begriff »Guerilla Television« in seinem gleichnamigen Buch. Stark beeinflusst von Marshall McLuhans Studie *Understanding Media – The Extensions of Man* (1964) entstand die Idee des »Guerilla TV« in der Anfangs- und Experimentierphase des Mediums Video. Die Bewegung strebte an, eine politisch motivierte, bürgernahe und vor allem radikalere Version des Fernsehens zu etablieren. Hier wird Video »als Instrument der Gegensteuerung zu standardisierten Programmstrukturen und ästhetisch vereinheitlichten Angeboten« begriffen, »sein Potential steht vor allem für ein Gegenmodell der neuen televisuellen Wirklichkeit, die plurale, regionale und kommunale Interessen (community video) im Dissens mit Staatsorganen und Medienkonzernen widerspiegelt.« Yvonne Spielmann, *Video – Das reflexive Medium*, Frankfurt am Main 2005, S. 136f. Siehe hierzu auch Patricia Mellencamp, »Video Politics: Guerrilla TV, Ant Farm, Eternal Frame«, in dies., *Indiscretions: avant-garde film, video & feminism*, Bloomington 1990, S. 45-63, hier S. 48-50.

**11** | Vgl. Marita Sturken, *Tangled Memories. The Vietnam War, the AIDS Epidemic and the Politics of Remembering*, Los Angeles 1997, S. 26.

der sogenannte Zapruder-Film[12] nicht nur den historischen Moment ein, zugleich verschmolz der Film in der öffentlichen Wahrnehmung mit den Ereignissen, die ohne ihn nicht mehr denkbar sind.[13] Dementsprechend situiert *The Eternal Frame* den Tod von Kennedy als einen Bild-Tod, so skandiert Doug Hall als »The Artist/President« zu Beginn des Films:

»I am in reality nothing more than another image on the television set... I am in reality nothing more than another face on your screen, I am in reality only another link in that chain of pictures which makes up the sum total of information accessible to us all as Americans... Like my predecessors, the content of the image is no different from the image itself.«[14]

*The Eternal Frame* zeigt die Live-Performance vor Ort und ein Making of. Die Proben werden mal in Schwarzweiß, mal in Farbe gezeigt: Mal ist eine Testfahrt der Präsidentenlimousine über einen leeren Parkplatz zu sehen, mal studieren die Darsteller in dem mit Standarten versehenen schwarzen Licoln Cabriolet vor einer Blue Screen die genauen Bewegungsabläufe ein. Wiederholt durchquert der Wagen am amerikanischen Unabhängigkeitstag die Dealy Plaza. Mal ist die Straße menschenleer, mal säumen Passanten und Touristen als zufällige Zuschauer den Straßenrand. Vor laufender Kamera geben sie Kommentare über das eben Erlebte ab, die von Zweifel und Fassungslosigkeit bis hin zu Glücksgefühlen geprägt sind. Im Interview beteuern diese, dass die dargebotene Szene zwar anders als im Fernsehen ausgesehen habe, aber zugleich ein gelungenes Reenactment darstelle. In diesem wird Jackie Kennedy von einem Mann (Doug Michels) gespielt, der Gouverneur von Texas trägt eine blon-

**12** | Aus der Zuschauermenge heraus zeichnete Zapruder am 22. November 1963 die tödlichen Gewehrschüsse auf den Präsidenten auf. Die farbige Schmalfilmaufnahme ohne Ton dauert 26,6 Sekunden, von denen 19,3 Sekunden das Attentat zeigen. In den folgenden Jahren dienten wenige ihrer 486 Einzelbilder als Beweismittel in der Untersuchung des Attentats, der vollständige Film wurde der Öffentlichkeit vorenthalten. Nachdem der Zapruder-Film jahrelang Geschichte als eine Abfolge von Einzelbildern präsentierte, die akribisch nach Hinweisen auf eine Aufklärung des Tathergangs untersucht wurden, wurde er im März 1975 erstmals in voller Länge im Fernsehen gezeigt. Vgl. ebd., S. 27f.

**13** | Vgl. ebd., S. 29.

**14** | Mellencamp 1990, S. 55.

de Perücke und einen falschen Schnauzbart. Der dunkle Make-up Rand im Gesicht von Doug Hall als »The Artist/President« ist deutlich sichtbar.

Einige Mitglieder der befreundeten Gruppe Video Freaks übernehmen die Dokumentation der Dreharbeiten. Sie lassen die Kamera laufen, wenn »The Artist/President« nach dem Betreten des Kennedy-Museums umgehend von dem Wachpersonal wieder vor die Tür gebeten wird. Am Dealy Plaza fangen sie die Reaktionen des Publikums ein, dessen Äußerungen zuweilen befremdlich anmuten. Obwohl sie wissen, dass sie einer Reinszenierung beiwohnen, reagieren einige Zuschauer als wären sie Zeugen des historischen Attentats. Sie spiegeln und wiederholen die schockierten Reaktionen des Publikums, das sich zwölf Jahre zuvor an derselben Stelle befand. Andere hingegen sind freudig erregt, so beglückwünscht sich eine Frau unter Tränen, genau zur richtigen Zeit am richtigen Ort gewesen zu sein. Ein sichtlich erschöpfter Doug Hall spricht unmittelbar nach den Aufnahmen aus, was den Betrachter auch heute noch angesichts dieser Aussagen erstaunt: »I thought the most interesting thing was watching the people enjoy it so much... How could they enjoy it so much?«[15]

Mit dem Ziel ein radikales Fernsehen zu etablieren, übernehmen Ant Farm und T.R. Uthco ästhetische Stilmittel der offiziellen Sender (neben den Passanteninterviews auf der Straße zeigen sie eine vorgetäuschte Pressekonferenz sowie eine präsidiale Fernsehansprache) und konterkarieren diese mit direkter Parodie. Dennoch ist es weniger das Spiel mit verschiedenen Stilelementen (wie der Wechsel zwischen »dokumentarischen« Schwarzweiß und überhöhter, künstlich anmutender Farbe) oder die theatralische Darstellung der Akteure, die den Zuschauer berühren. Vielmehr sind es die emotionalen Reaktionen des Publikums vor Ort und später bei einem Screening des fertiggestellten Videos, die einen bleibenden Eindruck hinterlassen. Tatsächlich ist *The Eternal Frame* komisch und bedrückend zugleich. Komisch ist der Film, weil die Schauspieler gezeigt werden, wie sie sich vergnügt für ihre Rollen zurechtmachen, diese lustvoll überzeichnen und die Szenen beim gemeinsamen Sichten lachend als »Bad Taste« bezeichnen. Bedrückend sind die Aufnahmen, weil in knapp 24 Minuten »The Artist/President« etwa zwölf Mal erschossen

**15** | Ebd., S. 58.

wird, gezeigt wird dies aus verschiedenen Blickwinkeln und Perspektiven. Obsessiv kreist der Film um die entscheidenden Bilder seiner Vorlage.

Jedoch wiederholt *The Eternal Frame* nicht nur die grobkörnigen Bilder des Films, sondern ebenso dessen unerbittliche Rotation in den Massenmedien, wie die Kunsthistorikerin Patricia Mellencamp in ihrem Text *Video Politics: Guerrilla TV, Ant Farm, Eternal Frame* (1988) ausführt:

»As Eternal Frame suggests, not only the assassination of Kennedy itself, but particularly the circulation and repeated viewing of the Zapruder movie footage, which has been endlessly rerun on television and scrutinized by real and amateur detectives for clues [...], signalled the end of (imagined) mastery through brave individuality written in Arthurian narrative accounts of cause-effect logic and closure. Because it had been recorded, the image, elided to reality and tragic drama, would yield an answer, a truth, if, like the riddle of the Sphinx, we could only get closer, could deconstruct it. But when deconstruction failed, re-creation, or simulation, was the next logical step – a cultural shift analogous to the move from cinema to television as the dominant theoretical object or cultural metaphor.«[16]

## Reenactment als das Unheimliche des Spektakels

Reenactment kritisiere die Macht der Bilder über Geschichte, Erinnerungen und Gefühle, schreibt Arns und zitiert den britischen Künstler Rod Dickinson, der in Bezug auf *The Eternal Frame* schreibt:

»Re-enactment seems, as a form of representation, strangely well equipped to address moments of collective trauma and anxiety. Almost as if, taking a Debordian turn, that the re-enactment operates as the uncanny of the spectacle. A live image, in real space and real time, but simultaneously displaced.«[17]

**16** | Ebd., S. 56.

**17** | Rod Dickinson zitiert in Arns 2007, S. 61-63. In seinem Katalogbeitrag zu der Ausstellung *Re:akt! Reconstruction, Re-enactment, Re-reporting* (22. Januar bis 13. März 2009, National Museum of Contemporary Art, Bucharest) wiederholt Dickinson erneut seinen Standpunkt. Vgl. Rod Dickinson, »Fair Companions... Adventure is Dead«, in Antonio Caronia, Janez Janša und Domenico Quaranta (Hg.), *Re:akt! Reconstruction, Re-enactment, Re-reporting*, Brescia 2014, S. 33-42, hier S. 40f.

Im Rekurs auf Sigmund Freuds Konzept des Unheimlichen als Wiederkehr des Vertrauten in entfremdeter Form[18] beschreibt Arns Reenactments als Wiederholungen von spezifischen Momenten der Geschichte, »deren Tragweite noch nicht ganz begriffen wurde.«[19] Laut Arns mache Reenactment nicht nur das Vertraute unvertraut, sondern sei zudem in der Lage, das Optisch-Unbewusste einer medienbestimmten Gesellschaft sichtbar zu machen.[20] Analog zu der Psychoanalyse schreibt Walter Benjamin in *Kleine Geschichte der Photographie* (1931) der Fotografie die Funktion zu, dem Auge nicht Zugängliches als Optisch-Unbewusstes zu präsentieren. Die Psychoanalyse und die Kameratechnik machen in ihrer Funktionsweise Dinge und Zusammenhänge sichtbar, die ein »Zwischen« markieren, welches sonst im Unsichtbaren bzw. Unbewussten verbleibt. Die Kamera seziert mit mechanischen Aufnahmetechniken wie der Zeitlupe oder der Vergrößerung kleinste Teile und Schichten, die dem menschlichen Wahrnehmungsvermögen entzogen sind.[21] Dabei ähnelt

**18** | Freud zufolge resultiert das Unheimliche aus der Verdrängung von Affekten, die die Psyche einem vertrauten Gegenüber entgegenbringe. Das Gefühl des Unheimlichen entstehe unabhängig davon, ob die Affekte ursprünglich mit Furcht verbunden waren oder nicht. Als exemplarisch für die unheimliche Wirkung nennt Freud die unsicher erscheinende Grenzziehung zwischen belebt und unbelebt angesichts technischer Artefakte, wie zum Beispiel Wachsfiguren, Puppen und Automaten. Vgl. Sigmund Freud, »Das Unheimliche« (1919), in Alexander Mitscherlich, Angela Richards und James Strachey (Hg.), *Sigmund Freud*, Studienausgabe, Band IV, Psychologische Schriften, Frankfurt am Main 1982, S. 241-274.

**19** | Arns 2007, S. 62.

**20** | Damit unterscheidet sich Arns Argumentation von jüngeren Debatten, die eine strukturelle Affinität des Reenactment zum Trauma diskutieren. Beide verweisen auf einen Ursprung, der sich jedoch dem direkten Zugriff aus der Gegenwart entzieht und allein in den ihn aufrufenden Akten erkennbar wird. Vgl. hierzu Anja Schwarz, »A Study on Memory, Erinnerung und Trauma in Rod Dickinsons The Milgram-Reenactment«, in Aleida Assmann, Karolina Jeftic und Friederike Wappler (Hg.), *Rendezvous mit dem Realen. Die Spur des Traumas in den Künsten*, Bielefeld 2014, S. 119-140.

**21** | Vgl. Walter Benjamin, »Kleine Geschichte der Photographie« (1931), in ders., *Das Kunstwerk im Zeitalter seiner technischen Reproduzierbarkeit*, Frankfurt am Main 1977, S. 45-64, hier S. 50.

ihre Art aufzuzeichnen dem Traum und der Halluzination, wie Benjamin ausführt: »Und so sind jene Verfahrensweisen der Kamera ebenso viele Prozeduren, dank deren sich die Kollektivwahrnehmung des Publikums die Wahrnehmung des Psychotikers und des Träumenden zu eigen zu machen vermag.«[22]

Mit anderen Worten, wenn künstlerische Reenactments Bilder verkörpern, wenden sie sich laut Arns gegen einen als gewiss verbuchten Bedeutungszusammenhang. Häufig zielten ihre Wiederaneignung darauf, das Unabgegoltene, Unverarbeitete, wenn nicht gar Unverstandene vergangener Ereignisse bloßzulegen.

Arns Argumentation lässt sich zusammenfassen als die Tendenz der heutigen technologisierten Welt, die Menschen mithilfe von visuellen Reproduktionen zunehmend von Geschichte zu distanzieren und zu entfremden. Der Schluss, den Arns aus dieser kulturpessimistischen Beurteilung zieht, ist ebenso simpel wie unmissverständlich. Da sich die Möglichkeiten des »direkten«, unvermittelteten Anteilhabens an Geschichte immer weiter reduzieren, sei es nun die Sache des künstlerischen Reenactment geworden, der medialen Entfremdung entgegenzuwirken. Kurz, Arns führt das Erlebnis gegen mediale Vermittlung ins Feld, sie setzt der Herrschaft der Repräsentationen ein vermeintlich unmittelbares körperliches Erleben im Reenactment als heilsamen Effekt entgegen. Damit traut (oder mutet) sie der künstlerischen Praxis eine große Wirkung zu, nämlich mittels Verkörperung mit einem vornehmlich technoiden Weltbezug zu brechen und die Verunsicherung des Subjekts gegenüber medialen Bildwelten auszuräumen.

In ihrer Perspektive stellen Reenactments zudem die Frage, inwieweit Bilder als treibende Kraft in die Ökonomie unserer Psyche und unseres Gedächtnisses eingreifen. Freilich vollziehe sich diese Arbeit an den medialen Schichtungen des kollektiven Gedächtnisses nicht nur aus der Einsicht heraus, dass Erinnerung eine Funktion ist, die der Gegenwartsprägung einer Mediengesellschaft unterliegt, sondern gehe mit

**22** | Walter Benjamin, »Das Kunstwerk im Zeitalter seiner technischen Reproduzierbarkeit (Erste Fassung)«, in Rudolf Tiedemann und Hermann Schweppenhäuser (Hg.), *Walter Benjamin, Gesammelte Schriften*, Band I.2, Frankfurt am Main 1974, S. 435-450, hier S. 462.

einem Bewusstsein über das »Manipulations- und Zwangspozential«[23] des medialen Bilderstroms auf Seiten der Teilnehmer und Initiatoren von Reenactments einher. In einer Art Wunschdenken unterstellt Arns dem künstlerischen Reenactment kritische, emanzipatorische und aufklärerische Ansprüche und sieht seine Aufgabe darin, unter der medial vermittelten Wirklichkeit eine andere Wirklichkeit offenzulegen.

## Reenactment als Reproduktion kultureller Spannungen

Unübersehbar orientiert Arns ihre Ausführungen an Sven Lüttickens einflussreichen Essay *An Arena in which to reenact* (2005), der im Rahmen der Ausstellung *Life, once more* im Center for Contemporary Art Witte de With in Rotterdam publiziert wurde. Der Kurator verortet Reenactments im Kontext einer performativen Kultur, in der sowohl das Erleben von Freizeit und Arbeit als Spiel als auch die visuelle Selbstdarstellung ihrer Mitglieder zum Imperativ geworden sind. Lütticken beschreibt nicht nur die Kunstpraxis, sondern auch das Schlachten-Reenactment als Hobby in einem ambivalenten Verhältnis zu der gegenwärtigen Lebenswelt, die von einer Spannung zwischen entfremdeten Bild und (angeeigneter) Erfahrung bestimmt ist:

»For an everyday life which has become a constant activity of self-performance and thus rather representational, this authentic act of war is substituted which is far removed from acting in the sense of play-acting. And yet it is still turned in to a theatrical happening that seems to transpose the pressures of daily life into a form of play.«[24]

Laut Lütticken sind Reenactments als Antwort auf eine Gesellschaft zu verstehen, die ihren Mitgliedern einen Selbstentwurf mittels stetiger Selbstinszenierung im Angesicht von medialen Vorbildern abfordert. Das Charakteristikum des Spiels Reenactment bestehe darin, gesellschaftliche Zwänge vorübergehend aufzuheben und zugleich wiederzugeben. Zudem wollen Reenactors keinen Eindruck bei ihren Betrachtern hinterlassen, sondern selbst etwas erleben, weshalb ihr Tun als eine Abkehr von einer klassischen Praxis des Schauspielens zu verstehen sei.

---

**23** | Lydia Haustein, *Videokunst*, München 2003, S. 171.

**24** | Lütticken 2005, S. 39.

Anzumerken ist meines Erachtens, dass letzlich auch Lütticken den Eskapismus aus den komplexen Anforderungen der Gegenwart als Ziel des Hobbys nahe legt, jedoch die Fähigkeit der Teilnehmer zu der kritischen Selbstreflexion nicht zu einem Privileg der Kunst stilisiert. Im Unterschied zu Arns weist er darauf hin, dass die stetige Gradwanderung zwischen fremd und eigen auch im populären Reenactment stattfinden kann.[25] Arns nimmt das Hobby im Verlauf ihrer Beweisführung nicht weiter in Augenschein, sie bescheinigt ihm anfangs lediglich einen Drang zur Immersion. Hingegen bezieht sich Lütticken neben künstlerischen Praktiken konsequent auch auf populäre Reenactments und ihre Entstehungsgeschichte. Er spricht davon, dass Letztere Handlungen ausstellen, die den Raum für derzeit noch undenkbare künstlerische Performances eröffnen und schließt damit eine Wechselwirkung zum Feld der Kunst nicht aus.[26] Trotz allen akribischen Bemühungen um eine wahrheitsgetreue Kopie des historischen Vorbilds handelt es sich nach Lütticken auch bei Schlachten-Reenactments um Wiederholungen, denen das Potenzial zu einer Abweichung eingeschrieben ist. Damit wäre ein schöpferisches Surplus nicht nur Reenactments im Feld der Kunst vorbehalten, wie es Arns Konzept vermittelt.

Paradoxerweise entkräftet Arns ihre Bemühungen um den Nachweis eindeutiger Distinktionskriterien zwischen Reenactment in Kunst und Hobby selbst. Sie schließt ihren Text mit der Feststellung, dass es sich bei dem künstlerischen Reenactment um einen Versuch handele, »Mitgefühl für die Subjekte vergangener Ereignisse zu empfinden, indem man sich selbst an ihrer Stelle imaginiert.«[27] Damit scheinen sich Kunst und Hobby näher zu sein, als es die von Arns zuvor vorgeschlagene Trennung vermuten lässt. In *Re:Enactment, Geschichtstheater in Zeiten der Geschichtslosigkeit* (2012) konstatiert Ulf Otto, dass Arns Resümee letztendlich nicht nur nahe lege,

»dass es den historisch-kritischen Hobbyisten genauso gut geben kann, wie den affirmativ-sentimentalen Künstler, sondern drängt auch die Frage auf, ob nicht

**25** | Vgl. ebd., S. 42.

**26** | »It may lead to artistic acts that, while not instantly unleashing a ›tremendous emancipatory potential‹, create a space – a stage – for possible and as yet unthinkable performances.« Ebd., S. 60.

**27** | Arns 2007, S. 60.

auch für das Reenactment in der Kunst erstens die große historische Distanz zu den Ereignissen maßgeblich ist und zweitens ob nicht auch hier nochmals ein historisches Subjekt im subjektiven Selbst-Erleben und der personalen Identifikation heraufbeschworen wird.«[28]

Holzschnittartig unterscheidet Arns zwischen einem immersiven restaurativen Realismus im Reenactment als Freizeitaktivität und einer kritischen Reflexion in seinen künstlerischen Adaptionen. Ihre Darstellung scheint mir insofern problematisch, weil eine Haltung der selbstreflexiven Abstandnahme und Infragestellung des eigenen Wissens über Geschichte lediglich künstlerischen Kontexten zugeschrieben wird. Naive Identifikation mit dem historischen Vorbild kann es jedoch in beiden Feldern geben, ebenso wie Distanz zu diesem. Ebenso wie Lütticken weist Rebecca Schneider explizit darauf hin, dass Civil War Reenactors keineswegs eine homogene Erfahrung einer »Zeitreise« in die Vergangenheit machen, sondern diese sich vielmehr bruchstückhaft und unvollständig ausnimmt.[29] Möglichkeiten zu einer kritischen Selbstüberprüfung der eigenen Wahrnehmung sind also durchaus auch im Freizeitbereich gegeben.

## Performative Bilder/Die Wiedereinschreibung in das Archiv

Weiterhin ist meiner Meinung nach bemerkenswert, dass sich Arns Bemühungen die Praxis des Reenactment theoretisch zu fundieren, blind gegenüber deren Visualisierungen zeigen. Ausführlich beschreibt sie das parasitäre Verhältnis zu historischen Bildern im Reenactment, klammert seine (museale) Dokumentation und damit Mediatisierung jedoch aus. Dieser Einwand mag kleinlich erscheinen, doch ist er insofern nützlich, als er die konstitutive Ambivalenz des Reenactment unter einem anderem Blickwinkel thematisiert, nämlich dem der Einspeisung in Kunstmarkt- und Museumsmechanismen einerseits und der Wiedereinschreibung in das Archiv andererseits. Was hieran anknüpfend in den Fokus rückt, sind die jeweiligen Überlieferungsformen bzw. Bilder, in denen Reenactments überdauern. Gerade für den Ausstellungsbesucher basiert der Zugang

**28** | Ulf Otto, »Re:Enactment, Geschichtstheater in Zeiten der Geschichtslosigkeit«, in Roselt/ders. 2012, S. 229-255, hier S. 249f.

**29** | Vgl. Schneider 2011, S. 51.

zu einem Live-Reenactment größtenteils auf Fotografien und Videos. Zunächst veranlassen pragmatische Gründe wie die Notwendigkeit, Geld verdienen zu müssen, aber auch kunsthistorische Motive Künstler dazu, die spätere Bildlichkeit ihrer Reenactments mitzudenken. Museen, Kunsthallen, Galerien, Auktionshäuser, begleitende Magazine usw., brauchen Kunst, die über Dokumente vermittelbar ist. Somit ist Herstellung und Vermarktung dieser zum einen eine Begleiterscheinung des Kunstsystems. Zum anderen sind Dokumente, die gehandelt und archiviert werden nach wie vor die wesentlichen Mittel, sich in die kunstgeschichtliche Kanonisierung einzuschreiben und die eigene Arbeit in die Zukunft zu retten. Das heißt, die Musealisierung und Geschichtsschreibung von Reenactments durch Videos und Fotografien steht in der Tradition der bildenden Kunst, »Werke« und wohl behütete Artefakte zu produzieren.

Im Kunstkontext folgen Reenactments somit weder dem Gedanken einer Gleichzeitigkeit von Darbietung und Rezeption noch der Idee einer repetetiven Realisation für die Dauer einer Ausstellung. Vielmehr werden ihre Bild- und Videodokumentationen als Ersatz für das Live-Ereignis ihrerseits dezidiert als Teil eines materiellen Archivs entworfen, wie Otto betont:

»Als ein sowohl medial basiertes als auch medial motiviertes Ereignis werden Reenactments nicht auf Flüchtigkeit und Vergänglichkeit hin gedacht, sondern kommen überhaupt erst durch die mediale Vor-, Auf- und Nachbereitung zu Stande. In Reenactments werden die Bilder ins Erleben gesetzt und das Erleben wieder ins Bild gebannt. Sie gehen aus Archiven hervor und wollen wieder in die Archive hineingehen.«[30]

Ungeachtet dessen definiert Arns Reenactment als eine Kunst im Modus des Ereignisses, deren signifikante Qualitäten im gegenwärtigen Augenblick hervortreten. Nachdrücklich betont sie eine Authentizitätserfahrung im flüchtigen Moment des persönlichen Nachvollzugs und siedelt Reenactment als ephemere Kunstform an. Dies erweckt den Eindruck, dass Reenactments ihre Substanz in der menschlichen Interaktion haben, die aber in ihren Dokumentationen aufhört. Zugleich legt Arns mit der Vernachlässigung eines Hinweises auf existente Fotografien oder Videomitschnitte nahe, dass ihre Dokumentationen als defizitäre Relikte zu

**30** | Otto 2012, S. 236.

begreifen seien, die den Live-Charakter des Ereignisses mit zunehmenden zeitlichen Abstand von der Bühne der Imagination des Betrachters abtreten lassen.

Sicherlich sind Bilddokumentationen nicht das ganze Reenactment, wie vielleicht auch das singuläre Live-Ereignis nicht das ganze Reenactment war. Jedoch möchte ich dafür plädieren, dass seine Fotografien und Videos selbst performativ sein können, wie Philip Auslander mit dem Satz, das Bild sei die eigentliche Performance, behauptet. In seinem Aufsatz *Zur Performativität der Performancedokumentation* (2007) führt Auslander aus, dass Dokumentationen eines Live-Ereignisses durchaus in der Lage sind, deren essentielle Bestandteile zu vermitteln:

»Es ist gut möglich, dass unser Sinn für die Präsenz, Macht und Authentizität dieser Werke nicht von der Deutung des Dokuments als indexikalischer Zugangspunkt zu einem vergangenen Ereignis herrührt, sondern von der Wahrnehmung des Dokuments an sich als Performance, die direkt das ästhetische Projekt oder die Sensibilität der Künstlerin oder des Künstlers reflektiert.«[31]

In Auslanders Theorie vom performativen Bild ist weder das ursprüngliche Setting noch das Publikum vor Ort von Relevanz. Ebenso ist die Frage unwichtig, ob eine Performance oder Reenactment überhaupt stattgefunden habe. Stattdessen denkt er den Betrachter als zentrale Figur, die direkt mit den unterschiedlichen Dokumenten von Reenactments und deren Präsentationen in einer Kunstinstitution konfrontiert wird. Die Auseinandersetzung des Betrachters mit den ausgestellten Videoprojektionen, Fotografien und Materialien provoziert Überschreibungen des ursprünglichen Live-Ereignisses. Es ist die Dokumentation, die Vorstellungen von dem Gewesenen und nicht selbst Miterlebten anregt und dies nachträglich in den Köpfen eines größeren Publikums entstehen lässt. Laut Auslanders These sind die Fotografien in der Lage, die Ausstellungsbesucher zu animieren, Szenen, Abläufe und Geschehnisse zu imaginieren, die im Foto nicht zu sehen sind und ein eigenes Bild des Reenactment in der Phantasie zu entwerfen. Kurz, statt der Physis den Vorzug gegenüber dem Bild einzuräumen und als einzigen Mehrwert des

**31** | Philip Auslander, »Zur Performativität der Performancedokumentation«, in Barbara Clausen (Hg.), *After the Act. Die (Re)Präsentation der Performancekunst*, Wien 2006, S. 21-34, hier S. 33.

Reenactment als Kunstpraxis zu bestimmen, gilt es mit Auslander anzuerkennen, dass Reenactment im Bild bleibt, wenn nicht gar entsteht – obwohl oder gerade weil es vorüber ist.[32] Folglich lässt sich Reenactment weder in den Traum einer sozialen Authentizität jenseits aller Vermittlung nahtlos einspeisen (wie Arns unter Bezugnahme auf Debord vorschlägt) noch allein auf den lebendigen Körper und seiner Beziehung zu historischen Zeugnissen reduzieren.

## Nachleben versus Vergegenwärtigung

Unlängst übte Günther Heeg in seinem Text *Reenacting History* (2014) Kritik an dem begrifflichen Instrumentarium der akademischen Auseinandersetzung mit dem Reenactment. In der Tradition von Arns Aufsatz spanne sich diese nach wie vor zwischen Begriffen wie Vergegenwärtigung und Verlebendigung auf und bleibe damit dem Mythos der Präsenz verhaftet. Es sei Zeit, so der Theaterwissenschaftler, »die Schlacke einer Metaphysik des Subjekts und der Präsenz«[33] in der Diskussion hinter sich zu lassen, schließlich habe Reenactment Peggy Phelans Performancebestimmung entscheidend modifiziert.

Bleibe das Gegensatzpaar Bild/Körper weiterhin prägend in der theoretischen Befassung mit Reenactments, hieße dies in seiner Sicht, die künstlerische Praxis nicht als den Widerpart, sondern als Helfershelfer des Historismus zu bestimmen, wie es Kerstin Stakemeier bereits nahegelegt habe. Schließlich zerstöre die Rede von einer umfassenden Vergegenwärtigung von Geschichte ebenso deren Vielheiten, wie es der Historismus tue. Dem Mythos der Präsenz und dem Historismus sei in erster Linie daran gelegen, ein kontinuierliches Geschichtsbild anhand ästheti-

---

**32** | Die Kunsthistorikerin Mechthild Widrich wendet gegen Auslanders These ein, dass der Aufbau der Performance in der Imagination für jeden (je nachdem was er oder sie gesehen hat) unterschiedlich sei und sich die ursprüngliche Performance aufzulösen drohe, wenn es genüge, sich allein auf die Bilder zu verlassen. Vgl. Mechthild Widrich, »Ge-Schichtete Präsenz und zeitgenössische Performance, Marina Abramovićs *The Artist is Present*«, in Daur 2013, S. 147-166, hier S. 159.

**33** | Günther Heeg, »Reenacting History: Das Theater der Wiederholung«, in ders. et al. 2014, S. 10-39, hier S. 14.

scher Versatzstücke der Vergangenheit vorzugaukeln. Weil hinsichtlich der konkreten Begegnungen und Erfahrungen im Reenactment deshalb noch nicht viel gewonnen sei, schlägt Heeg stattdessen vor, Bezug auf ein der Vergegenwärtigung widerständiges Abwesendes zu nehmen. Im Rekurs auf Rebecca Schneider[34] bestimmt Heeg die spezifische Zeitform des Reenactment als ein »Ineinander von Belebten und Unbelebten«[35]. Somit ließe sich Reenactment

»nicht mehr als Vergegenwärtigung eines Vergangenen begreifen. Vergegenwärtigung impliziert und suggeriert die restlose Verlebendigung des Vergangenen, während das Unbelebte, das im Reenactment zu Tage tritt, die Resistenz aller toten Geschlechter gegen ihre Indienstnahme durch die Gegenwart markiert. In der abgestorbenen Gestalt nicht präsent zu machender, nicht repräsentierbarer Überreste suchen sie die Gegenwart heim: als Gespenst, Sympton und Unabgegoltenes, als Wiederkehrendes und Wiedergeholtes, als Wiederholung. Die Wieder-Holung der Überreste verwandelt die Abfolge der Zeiten in die Raum-Zeit des Gegenwärtig-Vergangenen und Vergangen-Gegenwärtigen. In ihr sind alle Repräsentationen mit dem Schatten des Nicht-Repräsentierbaren umgeben, der ihre Präsenz in Frage stellt und sie als Abwesend-Anwesende zu erkennen gibt.«[36]

Heeg charakterisiert Reenactment als eine Zeit des »Nachlebens und Überlebens«, in der sich:

»Gegenwart und Vergangenheit ineinanderschieben wie Fahrzeuge, die an einem massenhaften Auffahrunfall beteiligt sind. Die raum-zeitliche Verdichtung und Verkeilung [...], ist allen Formen der unbewussten Wiederkehr und der mehr oder weniger bewussten und durchdachten Wiederholung des Vergangenen in der Gegenwart geschuldet.«[37]

**34** | Schneider bezieht sich hier auf Auslanders Feststellung, dass »Live« eine Kategorie ist, die nicht ohne ihr Gegenteil, die Aufzeichnung existiert. Demzufolge fasst sie liveness im Reenactment (in Hobby und Kunst) als »ambivalence of the live, or its inter(in)animation with the no longer live« zusammen.
Vgl. Schneider 2011, S. 9.

**35** | Heeg 2014, S. 13.

**36** | Ebd.

**37** | Günther Heeg et al., »Geschichte Aufführen: LeipzigÜberleben«, in ders. et al. 2014a, S. 157-178, hier S. 159.

Mit dem Ziel die Theorie des Reenactment neu zu formulieren, setzt er der Vergegenwärtigung das Nachleben als Grundstruktur des Handelns im Reenactment entgegen. Zu diesem Zweck definiert Heeg (mit Georges Didi-Huberman) »Nachleben«[38] als Wiederholung ohne Ursprung, die zugleich auf die grundsätzliche Theatralität historischer Erfahrung verweise:

»Nachleben als eine unregelmäßige Folge reiner, d.h. ursprungsloser Wiederholungen kann in zeitlicher Hinsicht als eine Figur des Gegenwärtig-Vergangenen und Vergangen-Gegenwärtigen oder als gespensterhaften Ab-Seins [...] verstanden werden, ontologisch als ein System der Uneigentlichkeit und Sekundarität, phänomenologisch als Theatralität von medialen Gestaltwandeln, Maskeraden und Kostümierungen.«[39]

Im geisterhaften Nachleben kehren Bilder und Objekte herausgerissen aus früheren historischen Zusammenhängen bruchstückhaft wieder, sie sind ständig in Bewegung, um Wahrnehmungsweisen und Anschauungsformen und Kategorien durcheinanderzubringen. Schlagartig zeige sich Vergangenheit in diesem Zustand, dessen Energie sich durch Reibungen, Stauungen, Zeitschichtungen und -wirbel auszeichnet. Das heißt, Geschichte widerfährt plötzlich und unerwartet, statt sich permanent verfügbar zu zeigen, wie Heeg weiter ausführt: »In vielerlei Gestalt und Verkleidung springt uns unvermutet Unabgegoltenes und Unerledigtes an, kehrt Verdrängtes und Unterdrücktes gespenstisch wieder, bricht

**38** | Heeg bezieht sich auf Georges Didi-Hubermans Studie über Aby Warburg. In *Das Nachleben der Bilder* (2010) schreibt Didi-Huberman über den für Warburg zentralen Begriff: »Nachleben bedeutet für ihn nichts anderes als eine Erhöhung der Komplexität geschichtlicher Zeit, die Wahrnehmung spezifischer, nichtnatürlicher Zeiten in der Welt der Kultur. [...] Die überlebende Form im Sinne Warburgs überlebte nicht siegreich den Tod ihrer Konkurrentinnen. Sie überlebte vielmehr als Symptom und Phantom ihren eigenen Tod. Zu einem bestimmten Zeitpunkt in der Geschichte verschwunden, taucht sie sehr viel später wieder auf, und das möglicherweise zu einer Zeit, da man dies nicht mehr erwartet, nachdem sie die Zeiten an den kaum definierten Rändern des ›kollektiven Gedächtnisses‹ überdauert hat.« Georges Didi-Huberman, *Das Nachleben der Bilder. Kunstgeschichte und Phantomzeit nach Aby Warburg*, Berlin 2010, S. 75.

**39** | Heeg 2014, S. 14.

ein ungelöster Konflikt, der dem Wiederholungszwang unterliegt, plötzlich auf.«[40]

In Heegs Überlegungen bildet der ästhetische Historismus das Feindbild, gegen das es im Reenactment anzugehen gelte. Hier können die »Götzen-Bilder des Historismus«[41] überwunden werden, die beruhigend die Kontinuität von Geschichte belegen. Die ästhetische Praxis lasse die Einbildung einer überzeitlichen Ordnung bzw. Geschichtserzählung hinter sich, da das Nachleben von »Denkbruchstücken«[42] bestimmt und damit »die Kraft des Abwesenden, die Ohn-Macht«[43] freigesetzt werde.

## Silent Walk

An dem Beispiel der von Britta Werthmüller und Petra Zanki choreographierten Stadtführung *Silent Walk* (2010)[44] in Leipzig erläutert Heeg den nicht geheuren Zustand des Nachlebens: In Stille folgen die Teilnehmer den Performerinnen durch das Leipziger Waldstraßenviertel, sie sind angehalten, ihr Tempo und ihre Bewegungen denen ihrer Führerinnen anzupassen. Auf der wahren Geschichte des Holocaust-Überlebenden Rolf Kralovitz basierend, enthüllt die Choreographie von alltäglichen Bewegungen, Blicken und Gesten nach und nach Teile der vergessenen Vergangenheit des Viertels. In einem Telefoninterview berichtet dieser über seine Kindheit in Leipzig, es stellt das einzige Tondokument der Veranstaltung dar. So haben die Initiatorinnen

> »zwei verschiedene Bewegungen im Raum mit unterschiedlichen Objekten und medialen Verfahren der Darstellung übereinander gelegt: Den Zug als mimetische Befolgung der Choreographie aus Gangweisen, Tempi, Rhythmen, Haltungen und Gesten, die die Choreographinnen entworfen haben und die Stimmbewegung der Tonkonserve im Raum der Erinnerung.«[45]

**40** | Ebd., S. 28.

**41** | Ebd., S. 30.

**42** | Didi-Huberman 2010, S. 564.

**43** | Heeg 2014, S. 30.

**44** | Das Projekt *Silent Walk* fand am 25. und 26. Juni 2010 im Rahmen des dreitägigen Festivals *play!Leipzig – Bewegung im Stadtraum* statt.

**45** | Heeg 2014, S. 33.

Jedoch erweist sich die Stadtführung nicht als passgenau zu den beschriebenen Orten des Interviews. Vielmehr werde der Versuch, die erkundeten Straßenzüge mit dem Interview in Einklang zu bringen, bewusst durch die Choreographie und Wegführung unterlaufen, so dass die »Orte und Wege der Erinnerung, denen die Stimme von Kralovitz nachgeht als Erzählpartikel, die pars pro toto auf ein Ganzes zeigen, das abwesend bleibt.«[46] Ein reines Präsenzversprechen werde in der mimetischen Angleichung des von den Veranstalterinnen vorgegebenen Wahrnehmungsrasters ausgehebelt, es finde eben kein leibhaftiges Nacherleben der von Kralovitz geschilderten Originalwege statt. Stattdessen treten die Teilnehmer des *Silent Walk* in den komplexen Zustand des Nachlebens ein, der sowohl Teilnehmer als auch Stadt umfasst. Im Verlauf der Stadtführung spalte sich die Qualität der mimetischen Zuwendung auf, die Aufmerksamkeit in der Nachahmung gelte nicht nur den Choreographinnen, sondern ebenso dem Abwesenden in dem gegenwärtigen Anblick des Waldstraßenviertels. Es stelle sich ein emotionalisierter Austausch von Mensch und Umgebung ein, der insbesondere letztere merkwürdig belebt erscheinen lasse, wie Heeg weiter ausführt:

> »In der mimetischen Hinwendung ans Abwesende erfahren die architektonischen Artefakte und städtischen Environments eine Zuneigung, die sie erwidern, indem sie sich als historisch erkennbar zeigen. Der zärtlich verweilende, sich den Artefakten anschmiegende Blick, Affekt der mimetischen Zuneigung, öffnet die Fassaden und Oberflächen der Gebäude und macht nicht das Abwesende selbst, den Sinnzusammenhang ihrer in einem Ursprung begründeten Geschichte, sondern deren Spuren und Überreste sichtbar.«[47]

Damit liege der Stadtführung nicht ein fest umrissenes historisches Ereignis zugrunde, sondern sie arbeite vielmehr mit virtuellen Bildfragmenten, die im Zeit-Raum des Nachlebens Blickrichtungen abseits gegebenen historischen Zusammenhängen eröffnen sollen. Letztendlich resümiert Heeg die spezifische historische Erfahrung, die in seiner Sicht für Teilnehmer und Zuschauer der künstlerische Praxis des Reenactment zu machen sei, wie folgt: »Der Zustand, in den sie den Nachahmenden wie das Nachgeahmte versetzt, ist der einer kontinuierlichen Disposition

---

**46** | Ebd.

**47** | Ebd., S. 34.

der Differenzen [...]: der fortlaufenden Versetzung von Nähe und Ferne, Fremdem und Eigenem, Gegenwärtigem und Vergangenen.«[48]

Heegs Ziel ist es, Arns Interpretation über den Begriff des Nachlebens genau da zu kritisieren, wo das »dem Mythos der Präsenz«[49] verhaftete Konzept des Reenactment in seiner Sicht versagt, nämlich sich erfolgreich vom ästhetischen Historismus abzugrenzen. Dagegen versucht er, die Kunstpraxis als ein Mittel zu beschreiben, das aufgrund ursprungsloser und bruchstückhafter Wiederholungen im Nachleben vermag, einen Eigensinn gegenüber einer lückenlosen Geschichtsschreibung zu etablieren und sich so der Produktion einer historischen Geschlossenheit zu verweigern. Jedoch folgt Heeg einem ähnlichen Muster wie Arns Ausführungen, gegen die er sich abzusetzen sucht. Es ist bemerkenwert, wie Heeg in seinem Versuch einer Reformulierung der Theorie des Reenactment in den Argumentationslinien verbleibt, die er zuvor kritisiert. Nämlich Entgegensetzungen zu entwerfen, die eine theoretische Reflexion auf das künstlerische Reenactment eher behindern als ihr förderlich sind. Er bleibt den gängigen Rahmungen des Phänomens insofern treu, weil er nicht nur ihr Feindbild des restaurativen, ästhetischen Historismus bestätigt, sondern ihnen eine weitere binäre Konzeptionalisierung hinzufügt. Nun stehen sich nicht mehr Erlebnis und mediale Repräsentation gegenüber, sondern Vergegenwärtigung und Nachleben. Ersteres wird als »falscher« Erfahrungsmodus im Reenactment deklariert, weil er von der Vorstellung einer restlosen Vereinnahmung von Geschichte getragen sei. Letzteres hingegen sei als »richtiger« Modus zu betrachten, weil im bruchstückhaften Nachleben die Erfahrung eines nicht ins Hier und Jetzt einfügbares Abwesenden zu machen sei.

Letztendlich versucht Heeg mit seinem Rückgriff auf Georges Didi-Hubermans Wendung der Dys-position zu zeigen, dass Reenactment darum bemüht sei, Bilder aus der etablierten Ordnung zu werfen.[50] Erst der Verzicht auf Abgeschlossenheit und die Anerkennung eines Abwesenden

**48** | Ebd., S. 35.

**49** | Ebd., S. 11.

**50** | Wie Didi-Huberman in seinem Essay über Brecht und die Montage erläutert, gehe es bei der Disposition von Differenzen darum, Lücken und Klüfte zu zeigen und nicht darum, Bilder auf einen Sinn zu reduzieren: »Man zeigt und exponiert, um zu disponieren – nicht die Dinge selbst [...] sondern ihre Differenzen,

ermögliche eine adäquate Auseinandersetzung mit vergangen Ereignissen und vermag historische Fixierungen zu lösen. Dabei unterscheidet sich die »fortlaufende Versetzung von Nähe und Ferne, Fremdem und Eigenem, Gegenwärtigem und Vergangenen« der Dys-position nicht grundlegend von Arns Wendung der paradoxalen Löschung und Herstellung von Distanz. Beide Positionen bemühen eine Kippfigur des Abstandnehmens in der Wiederaneignung, um Reenactment als künstlerisches Verfahren zu beschreiben. Der Einwand Heegs, die Rede von Verkörperung impliziere die Aufgabe jedes Vorbehalts bei der Verlebendigung von toter Geschichte erscheint insofern künstlich, weil er diesen paradoxen Moment in Arns Argumentation unterschlägt.

Kurz, beide Heeg und Arns sprechen ohne weiteres gleich von Prozessen der Destabilisierung des historischen Narrativs mittels Reenactment. Wie gegen Arns ist auch gegen Heeg einzuwenden, dass pauschale Urteile über subjektive Erfahrungssituationen eher in die Irre als zum Ziel führen. Durchaus ist es möglich, dass sich eine doppelbödige Erfahrung nicht automatisch im künstlerischen Reenactment einstellen muss. Je nach Situation kann eine kritische Distanzierung im Kunstkontext deutlich weniger wirksam sein oder umgekehrt im Hobby effektvoll zutage treten, worauf Lütticken und Schneider verwiesen haben. Zudem mag Heegs Behauptung, dass »die künstlerische Praxis des Reenactments [...] in den letzten Jahren in Teilen der wissenschaftlichen Rezeption, vor allem in Deutschland, den Status einer authentischen Erfahrung erlangt [hat], wie er vor zwanzig Jahren der Performance zugeschrieben wurde«[51], pointiert sein, erweist sich jedoch als unzutreffend, wie die im Folgenden vorgestellten Positionen von Susanne Leeb und Maria Muhle belegen.

## Der Möglichkeitssinn der Geschichte

In ihrem Text *Flucht nach nicht ganz vorn – Geschichte in der Kunst der Gegenwart* (2009) nimmt Susanne Leeb Abstand von Arns Behauptung, dass sich künstlerische Reenactments per se emanzipatorisch zu ihrer Vorlage verhalten. Ebensowenig seien diese per se als politisch zu betrachten,

ihre wechselseitigen Chocks, ihre Konfrontationen und Konflikte.« Georges Didi-Huberman, *Wenn die Bilder Position beziehen*, München 2011, S. 101.

**51** | Heeg 2014, S. 10.

nur weil in ihnen politische Ereignisse wieder zur Aufführung gebracht würden. Genau genommen liefe die Kunstpraxis jederzeit in Gefahr, lediglich die historische Isolation des Reinszenierten in den Mittelpunkt zu stellen. Nämlich dann, wenn ein Reenactment nicht auf das heutige Leben zurückschlage, sondern ein der Historie treues Nachspielen bleibe, mit dem Künstler den eigenen Status stabilisieren. Stattdessen plädiert die Kunsthistorikerin für einen Perspektivwechsel in der theoretischen Diskussion des Reenactment:

»Statt überhaupt bei Wiederholungen auf die Ereignisse zu achten deren historische Authentizität in dem Maße verfehlt wird, wie die Ereignisse ohnehin erst nachträglich hergestellt werden, ist vielmehr auf die Differenz der Wiederholung zu achten. Sonst bleibt nichts übrig, als beständig und immer wieder um den Verlust eines wahren Kerns zu fürchten, dem dann nur mit einfühlender Einholung der Vergangenheit zu begegnen ist, was direkt in den Historismus führt. Statt also in der permanenten Verfügbarkeit von Bildern einen Verlust von ›Authentizität‹ und als Gegenmittel die ›Verkörperung‹ durch Reenactments zu sehen, die den ›passiven Leser oder Betrachter in einen aktiven Zeugen bzw. Teilnehmer‹ transformieren, weist eine Anerkennung von Vergangensein den historischen Topos der Vergegenwärtigung zurück. Geschichte wiederholt sich nicht, sondern geht mit der Zeit.«[52]

Geschichte, so lässt es sich mit Leeb formulieren, ist kein feststehendes Gebilde, sondern wird »immer wieder im gleichen Zuge geschaffen und entdeckt.«[53] In erster Linie fände Geschichtsschreibung in einem Übergangsraum des historisch Imaginären statt, das »weder frei von Materialiät noch auf bodenlose Fantasie zu reduzieren ist.«[54] Ihr sei weniger auf der Ebene von Fakten, als vielmehr auf der Ebene von Imagination zu begegnen. Demnach werde nicht nur ein Beharren auf der Trennung von Fakten und Fiktionen überflüssig, darüber hinaus weiche die Fixierung auf die Enthüllung eines wahren Kerns der Forderung nach einer Arbeit an der Imagination. Vornehmlich etabliere sich jedoch ein Bewusstsein für Möglichkeiten alternativer Vergangenheits-, aber auch Gegenwarts-

**52** | Susanne Leeb, »Flucht nach nicht ganz vorn – Geschichte in der Kunst der Gegenwart«, in *Texte zur Kunst*, Nr. 76, 2009, S. 29-45, hier S. 40.

**53** | Ebd.

**54** | Ebd.

bezüge jenseits einer offiziellen Geschichtsschreibung. Erst wenn Geschichte als ein stetig neu zu bestimmender Übergangsraum begriffen werde, gelinge es nach Leeb, deren Vielschichtigkeit zu thematisieren: »Denn gerade der Verlauf der Geschichte [...] ist sprunghaft, kontingent, birgt Latenzen, besteht aus vielen Zeitebenen, die sich ständig durchdringen, auch wenn die Chimäre einer ewigen Gegenwart es anders will.«[55]

Ausdrücklich betont Leeb, dass Künstler keineswegs als Historiker betrachtet werden können, wie Marc Godfrey in seinem gleichnamigen Aufsatz aus dem Jahr 2007 behauptet.[56] Zum einen verhielten sich die Arbeitsgebiete der unterschiedlichen Wissensfelder nicht deckungsgleich, weil im wissenschaftlichen Kontext das Streben nach einer verbindlichen Erzählung von Geschichte nach wie vor im Vordergrund stehe. Zum anderen sei eine Gleichsetzung irrelevant, weil die meisten Künstler nicht an einer Allgemeingültigkeit von Geschichte interessiert seien. Vielmehr zielten ihre Rückbesinnungen auf historische Ereignisse »gar nicht auf Vergangenheit als solche« ab, sondern darauf, ideologische Gewissheiten der Gegenwart über die Vergangenheit zu unterwandern.

Im Unterschied zu einem Historiker seien Künstler bereit, den Wahrheitsanspruch wissenschaftlicher Geschichtsschreibung aufzugeben und sich einer Mehrdeutigkeit auszusetzen. Sie begriffen Geschichte als Vorstellungskomplex, der einem stetigen Aushandlungsprozess unterliege und als Diskurs, der für Einmischungen empfänglich sei. Allerdings vollzögen sich die künstlerischen Interventionen ohne die Verpflichtung, faktisch korrekt vorzugehen. Vielmehr gehe es hier häufig darum, »Faktizität selbst als historische Imagination zu beschreiben.«[57] Laut Leeb können sich künstlerische Produktionen erlauben »in einem halbfiktionalen, halbfaktischen, halbliterarischen Modus vorzugehen, wie er vor der im 19. Jahrhundert vollzogenen Trennung von Literatur und Wissenschaft bestand. Dazu gehört auch die Hinterfragung der Autorschaft als Autorität, d.h., wer wessen Geschichte schreiben kann.«[58]

**55** | Ebd., S. 43.

**56** | Vgl. Mark Godfrey, »The Artist as Historian«, in *October*, Nr. 120, 2007, S. 140-172.

**57** | Leeb 2009, S. 42.

**58** | Ebd., S. 33.

Das heißt, wenn sich Künstler auf Geschichte beziehen, dann tun sie dies also oft mit der Frage, wie und aus wessen Position heraus sich diese erzählen lässt. Im Idealfall werden nicht mehr nur die Bedingungen von Sichtbarkeit oder die eigene Medialität in den jeweiligen künstlerischen Arbeiten reflektiert, sondern auch (mit Foucault) welche Weisen der Normierung und Subjektivierung die offizielle Geschichtsschreibung schafft. Allerdings sei dieser Blick zurück seinerseits nicht frei und unbelastet, nur weil er aus dem Feld der Kunst heraus vorgenommen wird, wie Leeb weiter ausführt: »Mit ihren Bezügen auf Vergangenheit geht es um die retrospektive Injektion eines Möglichkeitssinns und dadurch um eine Öffnung von Geschichte auf eine alternative Gegenwart. Dabei modellieren jeweils konkrete politische Analysen, kollektive Ängste oder aktuelle Wunschbilder den Zugriff auf die Vergangenheit.«[59]

## Das historisch Imaginäre

Am Beispiel von Yael Bartanas Arbeit *Summer Camp* (2007) erläutert Leeb ihr Konzept des historischen Imaginären. Die zweikanalige Videoinstallation zeigt den Wiederaufbau eines Hauses in Anata, einer palästinensischen Siedlung östlich von Jerusalem. Ende 2005 wurde dieses von den israelischen Behörden zerstört. Die israelische Künstlerin zeigt die Arbeit der einheimischen Handwerker auf der Baustelle. Sie werden von freiwilligen Helfern unterstützt, unter ihnen Israelis sowie Palästinenser. Es sind Mitglieder des »Israelischen Komitee gegen Hauszerstörungen« (Israeli Committee Against House Demolitions/ICAHD), einer Friedensorganisation, die aktiven Widerstand durch Aufbau anstelle von Zerstörung leistet. Bartana verwendet möglichst genau die Kameraeinstellungen ihrer historischen Vorlage, den Film *Awodah* (1935) von Helmut Lerski, dreht aber im Unterschied zu diesem in Farbe. Zudem übernimmt sie dessen Ästhetik oder um es mit Leebs Worten auszudrücken: es fällt ein »auf die 1930er Jahre datierbarer Blick auf die Dinge von heute«[60].

Ihr zwiespältiges Verhältnis zu den Vorgängen macht Bartana im Schnitt und mit dem Soundtrack deutlich. Sie untermalt ihr zwölfminütiges Video mit Musik, die in den 1930er und 1940er Jahren für zionistische Propagandafilme genutzt wurde. Jedoch wendet sie die Musik im

**59** | Ebd., S. 35.

**60** | Ebd.

Kontext von Widerstand gegen den israelischen Staat an und projeziert das Video sowohl auf der Vorder- als auch der Rückseite einer Leinwand. Laut Leeb zeigt *Summer Camp*, wie sich ästhetische Imaginationen für geschichtliche Prozesse als wirkungsvoll erweisen, bis die Gegenwart durchschlagen und politische Prozesse diktieren: »Mit dem Film und seinem Pastiche verbleibt Bartanas Filminstallation in der Dimension des Imaginären, was seinen Grund nicht in einer medientheoretischen, sondern in einer politischen Analyse hat, die mythische Narrative als Legitimationsgrundlage für die aktuelle Politik identifiziert.«[61]

Worauf Leeb mit dem Konzept des historisch Imaginären zielt, ist der Umstand, dass Wiederholung dazu beitragen kann, den Rückgriff auf die Vergangenheit als eine (Neu-)Aneignung der Gegenwart lesbar zu machen. Leeb führt einen »Möglichkeitssinn« der Geschichte ein, der die Aufnahmeoberfläche der Gegenwart mit alternativen Versionen der Geschichte zu erweitern trachtet. Was sie mit diesem Begriff adressiert, ist eine Verlagerung weg von einer eindeutigen Zuweisung eines entweder/oder hin zu einem Handlungsraum, der sich in der Wiederholung konstituiert und »Faktizität selbst als historische Fiktion«[62] ausstellt. Statt der alleinigen Konzentration auf die Reinheit von Kategorien wie Authentizität und Fiktion, verlangten jüngere künstlerische Auseinandersetzungen mit der Vergangenheit vielmehr danach, den Blick fortan auf Grauzonen zu lenken.

Dezidiert nimmt Leeb Abstand von Dichotomien. Ausgehend von einem Übergangsraum des historisch Imaginären ist es hinfällig, auf einer Forderung nach der Enthüllung einer Gegenwahrheit im Reenactment oder einem therapeutischen Versprechen der Versöhnung mit der Geschichte zu beharren. Ausgehend von Leebs Plädoyer für das historisch Imaginäre lassen sich Reenactments nicht auf den Status einer »authentische Erfahrung« in einer medial bestimmten Welt reduzieren, da die Kategorien von Authentizität und Fiktion hier keinen Bestand mehr haben. Stattdessen läge die Leistung der Nachstellungen darin, Geschichte als Möglichkeitsform anzuerkennen und einem Impuls der Verschiebung zu folgen.[63] Erst wenn Verschiebungen in der Wiederholung erzeugt werden, die in der Gegenwart unterschiedliche Bedeutungen annehmen kön-

**61** | Ebd.

**62** | Ebd., S. 42.

**63** | Ebd.

nen und an die Imagination des Betrachters oder Teilnehmers appellieren, wird »die Arbeit am Gewebe der Erinnerung«[64] spürbar.

## Im Spannungsfeld von Distanz und Teilhabe

Auch Maria Muhle zeigt in ihrem Text *History will repeat itself, für eine (Medien-)Philosophie des Reenactment* (2013), dass eine Kritik des künstlerischen Reenactment zu kurz greift, wenn sie auf den Polen der Immersion, des Affekts einerseits und der Kritik, der Distanz andererseits beruht. Keineswegs sei diese einfache Entgegenstellung in der Diskussion des Reenactment uneingeschränkt aufrechtzuerhalten. Vielmehr liege in der Auffassung Muhles nahe, »dass die Spannung zwischen Distanz und Teilhabe als Modus medienästhetischer Erfahrung paradigmatisch in den unterschiedlichen Formen des Reenactment zutage tritt.«[65] Darüber hinaus bezieht die Philosophin Position gegen eine Definition, derzufolge das politische Potential des Reenactment im Kunstkontext lediglich darin besteht, die Konstruiertheit von Geschichte aufzuweisen und eine Gegenwahrheit zu dem überlieferten historischen Narrativ vorzuschlagen. Ihren Einwand gegen diese Engführung leitet Muhle anhand von Beispielen detailgetreuer Reenactments ab, die wie zum Beispiel Milo Raus *Hate Radio* (2011) einen dokumentarisch-kritischen Anspruch vertreten.

Zunächst unterscheidet sie drei Strategien des Umgangs mit den Bildwelten der dokumentarischen Formen von gegenwärtigen Reenactment: Erstens die Produktion von Bildern von historischen Ereignissen, von denen es keine Bilder gibt. Als Beispiel für diese historiographische Praxis nennt Muhle den Film *Le Tombeau d'Alexandre* (1992) von Chris Marker. Anhand Eisensteins Film *Oktober* (1927) zeigt Marker, dass eine Fiktionalisierung historischer Ereignisse stattfindet. In Ermangelung historischer Dokumente schreiben sich die inszenierten Kinobilder Eisensteins nicht nur als »Tatsache« in das historische Gedächtnis ein, sondern stellen den Gegensatz zwischen Fiktion und Realität, fiktionalen und dokumentarischen Bild zur Diskussion.[66] Als zweiten Fall nennt Muhle

**64** | Ebd., S. 39.

**65** | Muhle 2013, S. 113.

**66** | In Bezug auf Markers Film schreibt Jacques Rancière: »Erinnerung ist Werk der Fiktion. Der gesunde historische Menschenverstand mag sich noch so sehr

Reenactments, die in hohem Maße medial codierte Ereignisse nachstellen und hierbei das Ziel verfolgen, eine »Korrektur« der Geschichte in ihrer Neuinszenierung vorzunehmen. Hier sind Bilder der historischen Vorlagen mehr als genug vorhanden, da diese »ihre instantane Dokumentarisierung beziehungsweise mediale Historisierung je immer schon mitproduzieren.«[67] In dieser zweiten Strategie werden Bilder aus ihrer propagandistischen Form herausgelöst, um einer »aufklärerischen« Funktion zugeführt zu werden. Als Beispiel für dieses Verfahren führt Muhle Milo Raus Reenactment *Die letzten Tage der Ceausescus* (2009) an. Detailgetreu stellt dieses den Ceausescu-Prozess nach, der am 25. Dezember 1989 vor einem Militärtribunal stattfand und komplett gefilmt wurde. Rau betont, er wolle ein Ereignis, das nur als TV-Ereignis in das kollektive Gedächtnis eingegangen sei, mit dem Wissen von heute inszenieren, um so eine Berichtigung in der Geschichte der rumänischen Revolution vorzunehmen.[68] Als dritte Spielart nennt Muhle »kathartische« Reenactments, die wie Jeremy Dellers *The Battle of Orgreave* versuchen, eine andere Perspektive auf die historischen Ereignisse zu gewinnen und dabei dem Glauben folgen, dass der Mehrwert der Wiederholung der Bilder in einer Heilung des historischen Traumas liege.

Zwei Punkte sind nach Muhle für dokumentarische Formen des Reenactment symptomatisch: Erstens wird eine medial repäsentierte Wahrheit unterminiert, um ihr eine Gegenwahrheit gegenüberzustellen. Das

---

über das Paradox hier entrüsten und seine geduldige Forschung nach Wahrheit den Fiktionen der kollektiven Erinnerung, die von der Herrschaft im allgemeinen und der totalitären in besonderen beschworen werden, gegenüberstellen. Doch die ›Fiktion‹ im allgemeinen ist nicht die schöne Geschichte oder die üble Lüge, die sich der Wahrheit widersetzt oder dem, was man dafür ausgibt. *Fingere* heißt nicht zuerst vortäuschen, sondern formen.« Er behauptet, dass es Felder gibt, in denen Bedeutung nicht anders als über Fiktionen erzeugt werden kann, dazu gehört auch die Geschichtswissenschaft. Jacques Rancière, »Fiktion der Erinnerung«, in Natalie Binczek und Martin Rass (Hg.),*...sie wollen eben sein, was sie sind, nämlich Bilder... Anschlüsse an Chris Marker*, Würzburg 1999, S. 27-38, hier S. 28.

**67** | Muhle 2013, S. 117.

**68** | Vgl. Rolf Bossart und Milo Rau, »Jener 25. Dezember 1989«, in Milo Rau, *Die letzten Tage der Ceausescus: Materialien, Dokumente, Theorie*, Berlin 2010, S. 35-40, hier S. 36.

jeweilige dokumentatische Reenactment will ein neues Licht auf die historische Wahrheit werfen, verfängt sich jedoch damit selbst in dem Glauben an eine »wahre Wahrheit« oder führt zu Vervielfachungen von Wahrheiten und der Einsicht, dass es sich bei Geschichtsschreibungen immer um Ebenen der Überschreibung und Umschreibung handelt. Zweitens greifen künstlerische Reenactments ebenso wie ihre populärkulturellen Vorbilder auf immersive, identifizierende, nicht-dokumentarische Strategien zurück, obwohl sie sich dokumentarisch geben. Demnach lassen sich zwei maßgebliche Strategien benennen: Die distanzierende Strategie, die verlorene Bildwelten lebendig nachvollzieht, um dokumentarische Evidenzen zu schaffen sowie die immersive Strategie, die auf das Durchleben vergangener Situationen abzielt, um dem Teilnehmer zu einer intimeren, affektive Kenntnis des Ereignisses zu verhelfen. Jedoch bilden die distanzierende und immersive Strategie keine Gegenpole, betont Muhle. Vielmehr verbinde beide Strategien das Streben, das Vergangene wieder in ihrem Sinne zurechtzurücken und sich in einen Wahrheitshorizont einzuschreiben, der gegeben ist. Zum anderen versuchen beide, dem historischen Ereignis besonders nahezukommen und es zugänglich zu machen. In den Worten Muhles handelt es sich bei dem künstlerischem Reenactment

»um eine ästhetische Praxis, die sich einer zugegebenermaßen trickreichen Ideologiekritik verschreiben hat, insofern sie darauf abzielt, unter der medial vermittelten Wirklichkeit eine andere Wirklichkeit offenzulegen und diese wiederum – jedoch auf verlässlichere Weise, nämlich durch Nachstellung und affektive Identifikation – zu vermitteln.«[69]

Die vorgenomme Entkräftung der von Arns eingeführten sauberen Trennung zwischen kritischer Distanz (in der Kunst) und affektiver Immersion (in der Freizeitaktivität) eröffnet den Weg zu Muhles Ziel, nämlich der These, dass es sich bei Reenactment um eine Reaktualisierung handelt, die sich radikal von der Simulation vergangener Ereignisse abwendet.

**69** | Muhle 2013, S. 120.

## Reenactment als Nach-Denken

Als Ausgangspunkt ihrer Untersuchung wählt Muhle die geschichtsphilosophischen Schriften von Robin George Collingwood. In seinem posthum veröffentlichten Aufsatz *The Idea of History* (1946) entwirft der britische Philosoph ein Konzept des Reenactment, nach dem historische Prozesse durch ein mentales Hineinversetzen in die Situation historischer Akteure zu verstehen seien. Das Ziel des Reenactment sei, die Vergangenheit so zu denken, dass die zeitliche Distanz zwischen Vergangenheit und Gegenwart eingeebnet wird und eine Identifizierung mit der historischen Persönlichkeit stattfinde. Collingwood geht von der Voraussetzung aus, dass eine wichtige Aufgabe der Geschichtswissenschaft die Erklärung von menschlichen Handlungen in historischen Situationen ist, wobei die Gedanken, Absichten und Überzeugungen des Handelnden Teil dieser Erklärung sind. Das heißt, der intentionale Zustand, der einer Handlung vorausgeht, diese motiviert oder auslöst, ist in Collingwoods Sicht immer ein Gedanke. Nicht das historische Ereignis stellt in seiner Theorie den Gegenstand der Untersuchung, sondern der Denkakt, der einer Handlung zugrunde liegt. Collingwoods These lautet, dass ein Historiker in der Lage sein sollte, die Gedanken von historischen Persönlichkeiten zu erkennen und wiederaufzuführen, um auf diese Weise deren Handeln begreiflich zu machen. Durch das Nach-Denken des Historikers wird der vergangene Denkakt in die Gegenwart eingebettet, wobei festzuhalten ist, dass Collingwood das historische Denken als ein kritisches Denken entwickelt, das konstruktiv und imaginativ verfährt.

Den Ausgangspunkt von Collingwoods identitären Auffassung von Vergangenheit bildet erstens die These, dass historische Ereignisse eine Außen- und Innenseite besäßen. Zweitens muss das Denken des Historikers als Nach-Denken dessen, was von der historischen Persönlichkeit gedacht wurde, verstanden werden. Drittens muss das Nach-Denken mit dem ersten Denken numerisch identisch sein. Diese drei Voraussetzungen entsprechen den drei Phasen, in die Collingwood seine Analyse des historischen Denkens gliedert: Erstens untersucht er den dokumentarischen Charakter des historischen Denkens, zweitens die Arbeit der Einbildungskraft bei der Interpretation des historischen Materials und drittens den Vollzug des Reenactment, das die Konstruktionen der Einbildungskraft erwirken sollen. Zentral sei, dass Reenactment nicht eine

Methode, sondern ein Resultat darstelle, auf das die Interpretation der Dokumente und die Konstruktionen der Einbildungskraft hinarbeiten.[70]

Zu Beginn seiner Untersuchung führt Collingwood den Begriff des dokumentarischen Beweises (evidence) ein, um den signifikanten Unterschied zwischen der Geschichte des menschlichen Handelns und der Erforschung von Naturvorgängen zu markieren.[71] Der Ausgangspunkt seiner Argumentation bildet die Annahme, dass sich nur ein historisches Ereignis in eine innere und eine äußere Seite trennen lasse. Die Unterscheidung der äußeren und inneren Seite des Ereignisses trifft Collingwood folgendermaßen: »By the outside of the event I mean everything belonging to it which can be described in terms of bodies and their movements. [...] By the inside of the event I mean that in it which can only be described in terms of thought.«[72]

Nun stellt die Innenseite des Ereignisses nicht einfach eine Gesamtheit dar, sondern Collingwood unterteilt sie wiederum in zwei Qualitäten: Einerseits wäre der Denkakt als organisch mit dem Zusammenhang zu betrachten, in dem er sich vollzogen hat. Als Teil der Erfahrung des historischen Akteurs sei er mit dessen anderen Denkakten, Empfindungen und Sinneseindrücken verknüpft und nicht wiederholbar. Jedoch sei der Denkakt andereseits als herausgelöst aus dem Bewusstsein und den Affekten des Denkers aufzufassen. In diesem quasiobjektiven Status erweist sich der Denkakt als mittelbar und kann im Reenactment nachvollzogen werden.

Niemals sei der Historiker ausschließlich entweder an der Außen- oder Innenseite interessiert, da er Handlungen untersuche, die stets eine Einheit von Außen- und Innseite eines Ereignisses darstellen. Der Natur-

**70** | Vgl. Muhle 2013, S. 121f. sowie Paul Ricoeur, *Zeit und Erzählung, Band III: Die erzählte Zeit*, München 1991, S. 225f.

**71** | Collingwood spricht von der Dokumenten als Beweisen, wobei das englische »evidence« ihm als Sammelbegriff dient: »where evidence is a collective name for things which singly are called documents, and a document is a thing existing here and now, of such a kind thet the historian, by thinking about it, can get answers to the questions he asks about pasts events.« Robin George Collingwood, *The Idea of History* (1946), Revised Edition with Lectures 1926-1928, Ed. with an Introduction by Jan van der Dussen, Oxford/New York 1994, S. 9f.

**72** | Ebd., S. 213.

wissenschaftler erforsche Ereignisse, die ihm durch direkte Beobachtung gegeben sind. Diese erkläre er, indem er ihre Relationen zu anderen Ereignissen beobachte, um sie daraufhin unter ein allgemeines Naturgesetz zusammenzufassen. Im Unterschied zum Naturwissenschaftler bestehe die Hauptaufgabe des Historikers nach Collingwood darin, den Gedanken des Handelnden in der historischen Situation zu erkennen.

Jedoch sind diese Gedanken nicht einer direkten Beobachtung zugänglich, sondern liegen weit in der Vergangenheit zurück, daher fragt Collingwood: »But how does the historian discern the thoughts which he is trying to discover? There is only one way in which it can be done: by re-thinking them in his own mind.«[73] Alle Geschichte sei die Geschichte von Gedanken, behauptet er weiterhin: »The history of thought, and therefore all history, is the re-enactment of past thought in the historian's own mind.«[74] Zugleich sei Nach-Denken kein passives Nachvollziehen, sondern ein kritisches Denken in Bezug auf historische Quellen. Denn die Gedanken historischer Akteure sind dem Historiker nur auf einem einzigen Wege überhaupt zugänglich, über die Kenntnis und Bewertung von historischen Zeugnissen.

Ausdrücklich wendet sich Collingwood gegen eine von ihm als »scissors and paste history«[75] betitelten Geschichtsschreibung, die sklavisch der Autorität der Dokumente unterliegt. Hier geben Dokumente eine Wahrheit vor, die weder Erweiterung noch Kritik erlaubt und den Historiker zu demjenigen macht, der ihnen Glauben schenken muss. Collingwood plädiert hingegen für einen kritischen Umgang mit historischen Dokumenten und findet einen eindrücklichen Vergleich. Wie in einem Gerichtsverfahren müsse der Historiker seine historischen Quellen in den Zeugenstand rufen, um sie vor dem Hintergrund seiner bisherigen überprüfbaren Erkenntnisse in einem Kreuzverhör zu befragen.[76] Das heißt, in Collinwoods Theorie verlieren historische Zeugnisse und Dokumente ihre Funktion als Wahrheitsevidenzen. Überlieferungen werden hier nicht mehr als »Autoritäten« verstanden, sondern als Quellen, die der Auswahl des Historikers unterliegen und seiner kritischen Befragung standhalten müssen. Indem glaubwürdige Zeugen und Autoritäten durch

**73** | Ebd., S. 215.

**74** | Ebd.

**75** | Vgl. ebd., S. 257.

**76** | Vgl. ebd., S. 259.

kritisch zu befragende Quellen ersetzt werden, vesetzt sich der Historiker in die Position eines Richters. Erst der geprüfte Wahrheitsgehalt wird zum Kriterium dafür, ob der Historiker eine Aussage aus seinen Quellen aufnimmt oder nicht. Allerdings geht es dem Historiker in Collingwoods Theorie des Reenactment nicht mehr allein um die Frage nach wahren und falschen Zeugnissen, sondern um eine umfassende Einschätzung einer vergangenen Handlung, ihrer Motive und Intentionen.

In der Auffassung Collingwoods ist die kritische Einstellung des Historikers zwar der klarste Ausdruck seiner wissenschaftlichen Autonomie, jedoch erschöpft sich diese nicht allein in einer prüfenden Distanz zu den historischen Quellen: »the historian must in two ways go beyond what his authorities tell him. One is the critical way [...]. The other is the constructive way.«[77] Der konstruktive Weg weist zwei Charakteristika auf: Er ist notwendig, a priori und damit keineswegs zufällig, zugleich ist das konstruktive Denken ein imaginatives Denken, weshalb Collingwood es in Anlehnung an Immanuel Kant als »apriorische Einbildungskraft«[78] bezeichnet. Kant habe gezeigt, dass wir ohne apriorisch verfahrende Einbildungskraft die Welt nicht erkennen könnten, und diese Einbildungskraft sei unverzichtbar für die Geschichtsschreibung. Zu der Rekonstruktion vergangener Ereignisse benötigt der Historiker seine apriorische Einbildungskraft, die es ihm bei lückenhafter Überlieferung ermöglicht, eine glaubhafte historische Erzählung zu fertigen. Mithilfe seiner produktiven Vorstellungskraft entwirft der Historiker ein Geschichtsbild, das sich durch die Verknüpfung gegebener fester Punkte wie ein gewobenes Netz ausnimmt:

»The historian's picture of his subject, whether that subject be a sequence of events or a past state of things, thus appears as a web of imaginative construction stretched between certain fixed points provided by the statements of his authorities; and if these points are frequent enough and the threads spun from each to the next are constructed with due care, always by the a priori imaginati-

**77** | Ebd., S. 240.

**78** | »This activity, with this double character, I shall call a priori imagination; and, [...] however unconscious we may be of its operation, it is this activity which, bridging the gaps between what our authorities tell us, gives the historical narrative or description its continuity.« Ebd., S. 241.

on and never by mereley arbitrary fancy, the whole picture is constantly verified by appeal to this data, and runs little risk of losing touch with the reality which it represents.«[79]

Somit stellen die historischen Quellen die Fixpunkte, die Fäden zwischen diesen Punkten wiederum sind ein Ergebnis der historischen Einbildungskraft des Historikers. Allerdings dürfe der kritische Weg mit dem der Historiker seine Quellen in Frage stellt, nicht aus den Augen gelassen werden. Zum einen ließe sich die Rekonstruktion nicht durch die zu erforschende Vergangenheit autorisieren, wie Collingwood betont:

»Freed from its dependence on fixed points supplied from without, the historian's picture of the past is thus in every detail an imaginary picture, and its necessity is at evey point the necessity of the a priori imagination. Whatever goes into it, goes into it not because his imagination passively accepts it, but because it actively demands it.«[80]

Jedoch sei es nicht die Aufgabe des Historikers etwas zu erfinden, sondern anhand von Beweisstücken etwas zu entdecken und einen Wahrheitsanspruch mit seinen Konstruktionen zu verbinden. Um das gewobene Netz als ein wahres Bild bezeichnen zu können, muss dieses kohärent sein. Erst dadurch, dass das imaginierte Bild ein kohärentes Bild ist, erhalten sowohl die Fixpunkte ihre als auch das gesamte Gespinst seine Rechtfertigung. Das heißt, der Historiker bringt die überlieferten Quellen in ein kohärentes und kontinuierliches Bild und begründet sie damit gleichzeitig: »It is thus the historian's picture of the past, the product of his own a priori imagination, that has to justify the sources used in its construction. These sources are sources, that is to say, credence is given to them, only because they are in this way justified.«[81] Es ist die Entscheidung des Historikers, ob dieses Bild sinnvoll ist oder nicht: »He does it, and can only do it, by considering whether the picture of the past to which the evidence leads him is a coherent and continuous picture, one which makes sense.

**79** | Ebd., S. 242.
**80** | Ebd., S. 245.
**81** | Ebd.

The a priori imagination which does the work of historical construction supplies the means of historical criticism as well.«[82]

Die Tätigkeit des Historikers basiert für Collingwood auf hypothetischen Schlussfolgerungen und Interpretationen, die auf der Grundlage von Spuren (übermittelten Quellen oder Beweisstücke) und im gedanklichen Prozess des Nach-Denkens Gewissheit und Evidenz erzeugen. Es ist naheliegend, dass Collingwood den Historiker mit dem Detektiv vergleicht.[83] Ebenso wie der Detektiv vor dem Hintergrund von unter Umständen falscher oder irreführenden Zeugenaussagen und seinem Wissen von dem Tathergang versucht, das Geschehen zu rekonstruieren, sucht der Historiker nach einem zusammenhängenden Bild zwischen der Zeilen seiner Quellen. Ebenso wie der Detektiv möchte der Historiker letztendlich herausfinden, was »wirklich« geschehen ist. Allerdings ist das einzige Kriterium dem er dabei folgen kann die Kohärenz.

Collingwood behauptet einen quasiobjektiven Status von Gedanken, um den Nachvollzug für numerisch identisch mit dem erstmaligen Denken zu erklären. Im Unterschied zu Sinneseindrücken und Gefühlen lösen sich Gedanken von einem Bewusstsein, dessen Teil sie sind:

»Thought itself is not involved in the flow of immediate consciousness; in some sense it stands outside that flow. Acts of thought certainly happen at definite times; [...] but they are not related to time in the same way as mere feelings and sensations. It is not only the object of thought that somehow stands outside times; the act of thought does so too [...].«[84]

Obwohl der Gedanke nicht in einem Bewusstseinsstrom aufgeht, hängt seine Existenz jedoch von einem mentalen Akt einer Person ab, wie Collingwood weiter ausführt: »Thought can never be mere object. To know someone else's activity of thinking is possible only on the assumption that this same activity can be re-enacted in one's own mind. In that sense, to know ›what someone is thinking‹ (or ›has thought‹) involves thinking it for oneself.«[85]

**82** | Ebd.

**83** | Vgl. ebd., S. 281f.

**84** | Ebd., S. 287.

**85** | Ebd., S. 288.

Für Collingwood ist Denken immer ein Prozess, der die Teilhabe an einem quasiobjektiven Zusammenhang bedeutet. Gewissermaßen stehen Denkakte außerhalb der Zeit und sind als selbe endlos wiederholbar:

»The peculiarity which it makes it historical is not the fact of its happening in time, but the fact of its becoming known to us by our re-thinking the same thought which created the situation we are investigating, and thus coming to understand that situation. Historical knowledge is the knowledge of what mind has done in the past, and at the same time it is the redoing of thus, the perpetuation of past acts in the present.«[86]

In Collingwoods Theorie ist Geschichte eine Geschichte von Gedanken, die den Empfindungen und Sinneseindrücken enthoben sind. Das historische Denken hat an Geschichte nicht nur teil, sondern macht diese erst möglich, weil es eine Kontinuität herstellt. Das heißt, die Kontinuität der Geschichte zeigt sich in einer Kontinuität von Gedanken. Dem Historiker obliegt die Aufgabe, dieser Kontinuität in einem kritischen und zugleich konstruktiven Verfahren Kohärenz zu verleihen. Im Unterschied zu einem Romanschriftsteller erfüllt der Historiker dabei eine doppelte Aufgabe, nämlich mit seiner historischen Einbildungskraft nicht nur ein sinnvolles Bild der Vergangenheit zu konstruieren, sondern ein wirklichkeitsgetreues Bild zu rekonstruieren. Der Wahrheitsanspruch der imaginierten Konstruktion wird bei Collingwood durch die These der numerischen Identität der Denkakte geltend gemacht, also durch die Fähigkeit des Reenactment als Nach-Denken, die zeitliche Distanz aufzuheben.

Collingwoods Überlegungen haben viel Kritik erfahren, so gibt zum Beispiel Paul Ricoeur in seinem Aufsatz *Die Wirklichkeit der historischen Vergangenheit* (1985) seinem Unbehagen an der Theorie des Reenactment als Nach-Denken mit folgender Frage Ausdruck: »Angesichts der Tatsache, daß kein Bewußtsein sich delbst durchsichtig ist, ist es da überhaupt vorstellbar, daß der Nachvollzug bis in die opaken Schichten hinabreicht, die sowohl der ursprüngliche Akt der Vergangenheit als auch der reflexive Akt der Gegenwart aufweisen?«[87]

**86** | Ebd., S. 218.

**87** | Ricoeur 1991, S. 232f.

Ebenso wie Ricoeur äußert Muhle Bedenken gegen Collingwoods Behauptung eines zeitlosen quasiobjektiven Gedankens, der sich von Gefühlen und Sinneseindrücken abgrenzen lässt. Sie vertritt den Standpunkt, dass auch historische Denkakte als praktische Denkakte mit dem Einzelnen, dem Sinnlichen und dem Veränderlichen verknüpft seien. Deswegen müssten die praktischen Denkakte das Affektive stets mit einbeziehen, betont Muhle:

»Das Realisieren des Gedankens involviert notwendig Sinne und Affekte, da es sonst weder Bewegung noch Veränderung geben kann, wie sie im Historischen vollkommen unabkömmlich sind. Es ist also problematisch, einen Denkakt als praktisch [...] und zugleich als zeitlos, also als im Collingwood'schen Sinne nachdenkbar zu verstehen. In der Argumentation Collingwoods ist es daher nur logisch, dass die Denkakte zeitlos sein müssen, damit er die Schwierigkeiten der Identitätsthese auflösen kann, das heißt dass Denkakte nur jenseits von Affekten oder affektiver Aufladung nach-gedacht werden können. Zugleich liegt genau hierin der Widerspruch, in den Collingwood sich begibt, denn die Denkakte, die in Handlungen resultieren, also die praktischen Denkakte, können genau diese Dimension nicht beiseite lassen.«[88]

Statt Collingwoods Theorie komplett zurückzuweisen, nimmt Muhle dessen ersten beide Schritte zum Anlass, um eine ästhetisch-politische Theorie des Reenactment zu formulieren.

## Reenactment als Re-Aktualisierung

Muhle schlägt vor, den Wirklichkeitsbezug des Reenactment nicht wie Collingwood mit mittelbaren Gedanken zu rechtfertigen, sondern topografisch zu beschreiben. In ihrer Sicht liegt die Leistung eines Reenactment vor allem darin, einen Wirklichkeitsbezug über die Re-Aktualisierung eines bestimmten Milieus oder Ortes herzustellen. Damit löst sie sich von Collingwoods Konzept, dass ausschließlich der quasiobjektive Gedanke wiederholt und nachvollzogen werden könne, nicht aber der Gesamtzusammenhang, in dem dieser erstmals gedacht wurde. In Muhles Auffassung ist die Handlung nicht als das Ergebnis eines zeitlosen Denkaktes zu verstehen, sondern als ein Ereignis, das nur innerhalb

**88** | Muhle 2013, S. 129.

einer bestimmten Situation erfolgen kann und mit ihr verbunden bleibt. Schließlich strebten nicht nur populäre Formen des Reenactment an, den Gesamtzusammenhang zu wiederholen, um das historische Ereignis als organischen Bestandteil desselben zu vergegenwärtigen. Ihre künstlerischen Adaptionen täten es ihnen gleich. Allerdings fungiere die Wiederherstellung der Rahmenbedingungen vornehmlich als ein »Geschichtslabor«, in denen die vergangene Handlung sich neu vollziehen kann, wie Muhle weiter ausführt:

»In diesem Sinne geht es nicht darum, einen organischen Gesamtzusammenhang zu wiederholen, der die Handlung erklären [...] würde; und es geht auch nicht darum, die historische Einbildungskraft dahingehend zu nutzen, dass sie rekonstruiert, wie sich etwas hätte ereignen müssen, beziehungsweise einen aus dem Bewusstseinsstrom, herausgelösten Denkakt nach-zudenken. Vielmehr geht es darum, einen experimentellen Rahmen zu schaffen, um zu erproben, wie sich etwas, genauer: ein vergangenes Ereignis, erneut ereignen kann.«[89]

Muhle übernimmt sowohl Collingwoods Zweifel an dem historischen Dokument als Autorität als auch seine Bestimmung der Einbildungskraft als gestalterisches und schöpferisches Denken. Die Einbildungskraft bestimmt sie als konkrete oder materielle Aktualisierung, die die Gegensätze zwischen Identifikation und Kritik, Affekt und Distanz zu überwinden vermag. Weil es sich bei ihr um ein Denken handelt, das das Affektive und Kognitive nicht trennt, sondern in eins setzt, hebelt die Einbildungskraft die gängigen Gegensatzpaare aus, unter denen Reenactment diskutiert wird. Demzufolge lässt sich Reenactment

»als eine Aktualisierung oder [...] als ein erneutes Wirksamwerden von vergangene Wirklichkeit verstehen. Diese Vergegenwärtigung ist keine Veranschaulichung, sondern das Arbeiten der Vergangenheit in der Gegenwart – ihre Re-Aktualisierung. Ziel eines solchen Reenactments ist es auch nicht, die Vergangenheit ins rechte Licht zu rücken. Vielmehr geht es darum, im immersiven Modus des Reenactments eine Aktualität zu produzieren, die sich einem kritischen Bezug zur wiederholten Vergangenheit verortet und auf die Differenzen oder Singularitäten abzielt, die jede Wiederholung notwendigerweise produziert.«[90]

**89** | Ebd., S. 130f.

**90** | Ebd., S. 131.

Laut Muhle stellen Reenactments künstlerisch-experimentelle Versuchsanordnungen her, in denen sich eine Verlebendigung von Geschichte vollziehen kann, die nicht indexikalisch gebunden ist. Reenactment gerinne so eben nicht zu einer Form von performten Historismus, wie seine Kritiker behaupten, sondern die eintretende Vergegenwärtigung nehme sich vielmehr antihistoristisch aus, weil hier Geschichte stets als ein unabgeschlossener Prozess vorgeführt werde. Kurz, Reenactment verbleibt nicht mehr in der Logik der Historiografie, da es das historiografische-dokumentarische Bemühen um die Wahrheit vergangener Ereignisse aussetzt, um sich alternativen Versionen von Geschichte zu öffnen. Die jeweiligen künstlerischen Arbeiten des Reenactment verhalten sich also nicht mehr zu der Frage, »wie es wirklich war«, sondern zu der Frage, wie sich historische Ereignisse in der Gegenwart anders ereignen.

Daraus ergeben sich für Muhle drei Verschiebungen zu Collingwoods Theorie: Erstens verlagert sich die Einbildungskraft auf den Zuschauer, der sie auf andere Weise nutzt als der Historiker. Allerdings kann der Zuschauer keine numerische Identität zwischen dem historischen Ereignis und seiner Wiederaufführung herstellen, vielmehr ist seine Einbildungskraft darauf ausgerichtet, »die Unterschiede in der Wiederholung herauszuarbeiten und die Erfahrung der Vergangenheit in eine Spannung mit der Erfahrung der Gegenwart zu bringen, die den Zuschauer von sich selbst entidentifiziert.«[91] Zweitens verschiebt sich der Status der identitären, historischen Verlebendigung hin zu einer Belebung, die abseits eines Verständnisses von Ereignis- und Fortschrittsgeschichte gesehen werden muss und sich innerhalb eines Milieus frei entfaltet. In Muhles These wird dieses Milieu im Reenactment als ein experimentelles Gerüst nachgestellt, in dem sich das historische Ereignis als ein neues wiederholen kann. Im Unterschied zu Collingwoods Konzept ist das Reenactment

> »also keine Wiederholung eines immer gleichen Denkakts, eines ewigen Objekts, sondern vielmehr die gebrochene Vergegenwärtigung eines vergangenen Ereignisses. Diese Vergegenwärtigung ist über das Reenactment des Milieus an eine historische Wirklichkeit rückgebunden, also über den topografischen Ort,

**91** | Ebd.

an dem etwas geschah und an dem etwas wiederholt, also nachgestellt oder reenacted wird.«[92]

Drittens wird der in den Versuchsanordnungen des Reenactment der Bezug zur Vergangenheit potenzialisiert und damit die Einbildungskraft politisiert. In Muhles Reformulierung des Reenactment geht es den jeweiligen Nachstellungen nicht um die Simulation von Wirklichkeit oder Authentizität, sondern um einen Wirklichkeitsexzess, der in seinem »mehr« an Wirklichkeit eine »andere« Wirklichkeit birgt:

»Derart verändert die Nachstellung das Verständnis des politisch Möglichen, und zwar genau mit dem Bezug auf diejenigen historischen Ereignisse, die die gegenwärtige Wirklichkeit bestimmen. Reenactment zielt darauf ab, das Wirken des Vergangenen im Gegenwärtigen spürbar machen [sic], es ist ein Wieder-, aber Auf-eine-andere-Weise-wirksam-werden-Lassen dessen, was uns die ganze Zeit umgibt.«[93]

Weshalb bezieht sich Muhle also auf Collingwoods Theorie des Reenactment, wenn sie dessen Behauptung einer Identität zweier Denkakte als idealistisch kritisiert? Ihre Antwort lautet zum einen, dass Collingwoods Überlegungen es ermöglichen, die naive These der Ideologiekritik zu entkräften, die Reenactment auf die dokumentarische Herstellung eines anderen »wahren« Bilds vergangener Ereignisse als Geschichtskorrektur verkürzt. Zum anderen biete das Collingwoodsche Konzept der historischen Einbildungskraft die Möglichkeit zu einem erweiterten Verständnis von Reenactment als Re-Aktualisierung. Collingwood zeichnet die historische Einbildungskraft nicht als ein rein mimetisches, sondern als ein gestalterisches und schöpferisches Denken, dem es nicht um Simulation, sondern um experimentelle Anordnung und imaginäre Projektion geht. Mit anderen Worten, auch der Historiker in Collingwoods Theorie ist darauf bedacht, »ein vergangenes Ereignis *neu* zu inszenieren, um Wirksamkeiten der Vergangenheit mit denen der Gegenwart auf unbestimmte Weise zu konfrontieren.«[94]

**92** | Ebd., S. 132.
**93** | Ebd., S. 133.
**94** | Ebd., S. 134.

Im Mittelpunkt stünde weder der Versuch einer größtmöglichen Annäherung noch die therapeutische Versöhnung und politische Richtigstellung des Vergangenen. Vielmehr sei die Praxis des Reenactment darauf angelegt, das historische Ereignis sich in der Gegenwart unkalkulierbar und mit offenen Ziel offenbaren zu lassen und ihm damit eine eigene Dynamik im Prozess der Wiederholung zuzugestehen. Dieses Sichöffnen auf die Gegenwart findet in einem doppelten Modus statt, der zugleich durch eine Identifikation mit dem dem Gewesenen und einem Bruch mit dem historischen Narrativ bestimmt wird. Damit erschöpfe sich Reenactment nicht in der Einsicht in die Konstruiertheit von Geschichte. Vielmehr liege sein der politischer Moment darin, die Wiederholung von Geschichte als Möglichkeit der Aktualisierung zu denken. Vergangenheit werde in die Gegenwart imaginiert und in ein Spannungsverhältnis zu ihr gebracht, so dass die Praxis eben keine bloße Simulation der Vergangenheit sei:

»Dabei wird der klassische medial-mimetische Ähnlichkeitsbezug dahingehend durchschlagen, dass Wirklichkeit und Nachstellung ununterscheidbar werden, und zwar nicht aufgrund ihrer naturalistischen Ähnlichkeit, sondern aufgrund einer geteilten Künstlichkeit, die im Reenactment ausgestellt wird und zugleich eine Einsicht in die Möglichkeit einer Veränderung oder Verschiebung der Gegenwart eröffnet, in der die Geschichte fortwirkt.«[95]

Infolgedessen könne in Muhles Sicht die Frage nach der Veränderungen medialer Bildwelten, die weite Teile der akademischen Auseinandersetzung mit dem Reenactment bestimmt, nur an die Oberfläche des Phänomens rühren. Weitaus wesentlicher sei jedoch, dass sich Reenactment zu der Frage nach dem Verständnis von Wirklichkeit positioniere, das sich in der Spannung zwischen Distanz und Teilhabe als ein widerständiges Verständnis zeigt. Muhle resümiert im Rekurs auf Jacques Rancière:

»Reenactment ist so im Sinne einer postrepräsentativen, potenzialisierenden oder eben ästhetischen Strategie zu denken, die die Aufteilung des Sinnlichen, also die Anordnungen von Wirklichkeiten und ihrer Normen verunsichert, anstatt sie festzuschreiben. Das heißt zuletzt, dass Geschichte sich nicht wiederholen wird, nicht identisch wiederholen kann beziehungsweise dass die Wiederholung

**95** | Ebd.

der Geschichte nur ästhetisch möglich ist und dass sich in dieser ästhetischen Wiederholung zugleich insofern eine politische Möglichkeit auftut, als das ›Gleiche‹ als etwas ›Anderes‹ erscheint.«[96]

Bemerkenswert ist meines Erachtens an Muhles Untersuchung, dass sie sich als eine der bislang Wenigen Robin George Collingwoods Thesen zum Reenactment widmet und diese erweitert. Gemeinhin gilt Collingood als Namensgeber des Phänomens, jedoch spielen seine Überlegungen in der Diskussion eine untergeordnete Rolle. Mit ihrem Rückgriff auf den britischen Philosophen verweist Muhle nicht nur auf den gemeinsamen Ursprung von Hobby und Kunst, darüber hinaus verzichtet sie darauf, beide Formen des Reenactment gegeneinander in Stellung zu bringen, um Letzteres auf Kosten des Ersteren zu profilieren. (Auch Freizeitreenactments stellen im Unterschied zu Collingwoods Thesen den Gesamtzusammenhang nach und nicht den isolierten, quasiobjektiven Gedanken.) Auffällig ist weiterhin, dass Muhle Beispiele aus der Kunst wählt, die sich explizit der Detailtreue zu ihrem historischen Vorbild verpflichtet haben, um ihr Konzept der »dokumentarischen Formen» in der Typologie des gegenwärtigen Reenactment zu stützen und gegen die Allgemeinplätze in der Diskussion der Kunstpraxis anzugehen. Angesichts dieser Beschränkung und zahlreichen Werken des Reenactment, die nicht detailgetreu in der Nachstellung verfahren, liegt die Frage nahe, ob sich das widerständige Verständnis von Wirklichkeit, das Muhle als politischen Moment beschreibt, auch in künstlerischen Arbeiten wiederfindet, die sich von den Vorgaben der historischen Bilder entfernen. Im Folgenden werden mit Omer Fasts *Spielberg's List* (2003) und Andrea Geyers *Criminal Case 40/61: Reverb* (2009) zwei Reenactments untersucht, die nicht nur der Bezug auf berühmte Visualisierungen des Holocaust eint, sondern auch ihre Differenz zu den historischen Bildern. Wie formuliert sich hier das widerständige Verständnis von Wirklichkeit in der Spannung von Distanz und Teilhabe, wo liegt der politische Moment in der Veränderung der Bildwelten, mit denen hier offensichtlich gebrochen wird?

**96** | Ebd.

# Omer Fast – Spielberg's List

Omer Fasts zweikanalige Videoinstallation *Spielberg's List* (2003) basiert auf Steven Spielbergs Literaturverfilmung *Schindlers Liste* (1993).[1] Wie kein anderer Kinofilm steht *Schindlers Liste* für eine Popularisierung des Holocaust. Aufgrund seiner weltweiten Vermarktung und seines Erfolgs erzwingt Spielbergs Film eine intensive Auseinandersetzung mit der Frage nach der Darstellung bzw. Darstellbarkeit sowie der ästhetischen Transformation des Holocaust. So dreht sich die Diskussion um den »semi-dokumentarischen« Spielfilm um die Frage nach der Aufklärung oder der Ausnutzung des historischen Stoffes durch Hollywood. Trotz ernstzunehmender Kritik gilt das Dokudrama bis heute als authentische Repräsentation, die den Rahmen dafür vorgibt, wie der Holocaust als historisches Geschehen in den Köpfen der Menschen verankert wird.

In seinem Bestreben an den Originalschauplätzen seiner literarischen Vorlage zu drehen, wählt Spielberg eine seltsam anmutende Taktik. 50 Jahre nach Kriegsende dupliziert er das verfallene Konzentrationslager Plaszow nahe Krakau. In unmittelbarer Nachbarschaft der Gedenkstätte lässt er eine intakte und vollständige Version in einem stillgelegten Steinbruch errichten, die en détail den Fotos und Plänen des historischen Vorbilds entspricht.[2] Als ob die Unantastbarkeit des Originals auf sein künstliches Doppel übergegangen wäre, verzichtet der Regisseur auf die

---

**1** | Spielberg stützt sich auf den Roman *Schindler's List* (1982) von Thomas Keneally.

**2** | Es werden 34 Baracken, sieben Wachtürme sowie die Anfahrtsstraße zum Lager rekonstruiert. Zwischen den Hügeln über dem Lager wird die Villa der Lagerleitung nachgebaut. Beide Rekonstruktionen liegen nicht mehr als einen Kilometer von ihren Vorbildern entfernt. Vgl. Johannes-Michael Noack, *Schindlers Liste – Authentizität und Fiktion in Spielbergs Film: eine Analyse*, Leipzig 1998, S. 82.

kostspieligen Abrissarbeiten der Nachbauten, nachdem die Dreharbeiten beendet sind. In den folgenden Jahren verfällt das Filmset, bis es sich von den Ruinen seiner Vorlage kaum mehr unterscheidet. Die heruntergekommenen Kulissen avancieren zu einer Touristenattraktion und sind noch heute das Ziel von Stadtführungen, die zahlreich angeboten werden. Zehn Jahre nach Drehschluss befragt Omer Fast für seine zweikanalige Videoinstallation *Spielberg's List* Statisten, die neben Holocaust-Überlebenden in der Hollywoodproduktion mitwirken. Zusätzlich zu den in polnischer Sprache geführten Interviews kombiniert er Aufnahmen aus Spielbergs Film mit seinem eigenen Filmmaterial des winterlichen Krakau. Leere Straßen und graue, neblige Landschaften sorgen für eine düstere Grundstimmung. Er zeigt die bröckelnden Filmkulissen und die Ruinen des ursprünglichen Lagers. Dem tristen Eindruck der Außenaufnahmen wird die Intimität der Interviewsituation entgegengesetzt. Die ehemaligen Statisten werden meist in ihren Wohnungen gefilmt, die mit persönlichen Gegenständen dekoriert sind. Außerdem begleitet Fast mit seiner Kamera neugierige Touristen zu verschiedenen Schauplätzen in der Stadt und hört dem Tour Guide zu, wie er den amerikanischen Gästen den Unterschied zwischen der Geschichte der Vergangenheit und der Geschichte des Films erklärt.

Fasts Videoarbeit ist ein 65-minütiges Verwirrspiel, das die Bemühungen des Guides obsolet erscheinen lässt. Ob Komparsen, Zeugen, Touristen, *Spielberg's List* verwischt die Rollen und damit Unterschiede in der Wahrnehmung von Geschichte. In den Interviews schildern Männer und Frauen verschiedenen Alters ihre Erinnerungen an ein inszeniertes Reenactment, bei dem sie von Spielbergs Produktionsfirma dafür entlohnt werden, Lagerinsassen oder SS-Mitglieder zu verkörpern. Fast trifft hier keine Unterscheidung. Sie berichten vom Auswahlprozess des Castings und darüber, wie sie die Dreharbeiten mit dem bekannten Regisseur erlebt haben. Es hat den Anschein, als könnten ihre Schilderungen nicht nur die Erfahrungen während der Drehtage, sondern auch die Ereignisse von vor über 60 Jahren wiedergeben. Ob die Protagonisten über die Zeit der deutschen Besatzung oder die Zeit der Hollywoodproduktion reden, wird vor allem bei den älteren Personen nicht deutlich. Tatsächlich kommen in *Spielberg's List* auch einige Menschen zu Wort, die die historische Situation selbst miterlebt haben, an deren Reinszenierung sie von Spielberg beteiligt wurden. In Fasts Montage werden diese nicht herausgehoben oder als authentische Zeitzeugen kenntlich gemacht. Fast unterscheidet nicht zwischen »echten« Lagerinsassen oder den Statisten, die deren Rolle nur verkörpern. In den Außenaufnahmen und in den Menschen spiegeln sich zwei Geschichten auf einmal. Es werden solch verwirrende Szenen gezeigt, in der eine Frau sichtlich gerührt von den »beautiful scenes« berichtet, die sich im Lager abgespielt haben. Erst nach einigen Sätzen wird deutlich, dass hier eine Statistin berichtet, der die Mitarbeit bei den Dreharbeiten zu *Schindlers Liste* nach eigenen Aussagen eine Lagererfahrung »on a mini scale« beschert haben.

Fast präsentiert seine Arbeit als Doppelprojektion: Für den Betrachter nicht auszumachen, ob im linken Feld der Projektion die Originalschauplätze und im rechten ihre Reproduktionen (oder umgekehrt) gezeigt werden. Durch die Entscheidung, die Aufnahmen des originalen Konzentrationslagers und der Filmkulissen ohne Kennzeichnung ineinander übergehen zu lassen, verschwimmt die Fiktion von Spielbergs Drama mit den historischen Fakten. Wie die Entfernung zwischen Drehort und Lager wird der Unterschied zwischen Film und historischem Ereignis verschwindend gering. Zusätzlich tragen die Untertitel der Interviews zur Verwischung von Geschichte und ihrer Fiktionalisierung bei. In den englischen Untertiteln verändern sich unvermittelt einzelne Wörter, so dass die Statisten in der Übersetzung zwei unterschiedliche Geschichten erzählen. Fast sucht nach Wörtern, die sich phonetisch und/oder typographisch ähneln, wie zum Beispiel »takes/gates« oder weniger deckungsgleich »film set/factories«. Die Syntax wird dabei nicht geändert: »This was the way people walked to the factories/film set – when they were working outside/inside the camp.« Es erfordert Geschick, die feinen, aber entscheidenden Veränderungen in den Sätzen auszumachen. Die gegensätzlichen Untertitel und Bereiche tragen entscheidend zu dem Gefühl der Desorientierung bei, das den Betracher im Verlauf von *Spielberg's List* beschleicht. Über das aufkeimende Gefühl von Unstimmig- und Mehrdeutigkeit stellt sich ein weiterer merkwürdiger Effekt ein: In der Desorientierung wird die eigene audiovisuelle Konditionierung spür- und greifbar. Die Haltung der Trauer, des Respekts und vielleicht auch der Erschöpfung, die Holocaust-Darstellungen (und damit unwillkürlich auch die ersten Minuten von *Spielberg's List*) auslösen, wird unterlaufen: Erst auf den zweiten Blick geben sich ernste, dokumentarisch anmutende Augenzeugenberichte als Nacherzählungen einer Fiktionalisierung von historischen Ereignissen zu erkennen.

*Abbildung 1*

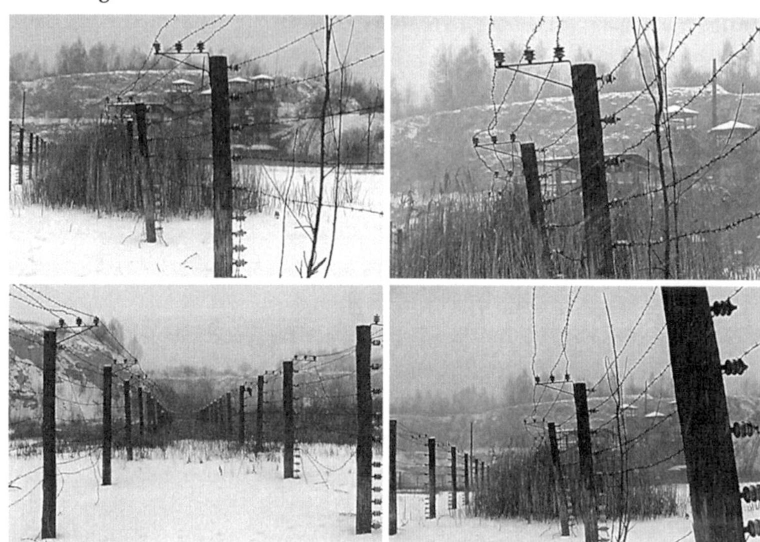

*Abbildung 2*

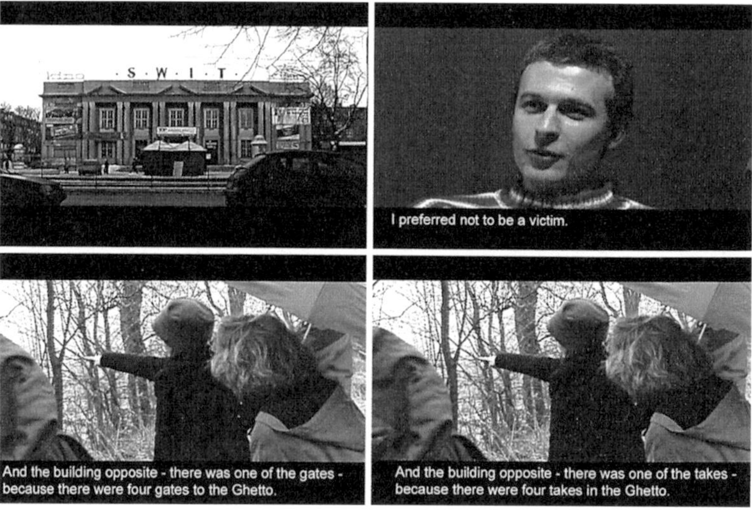


Omer Fast, *Spielberg's List*, 2003

*Abbildung 3*

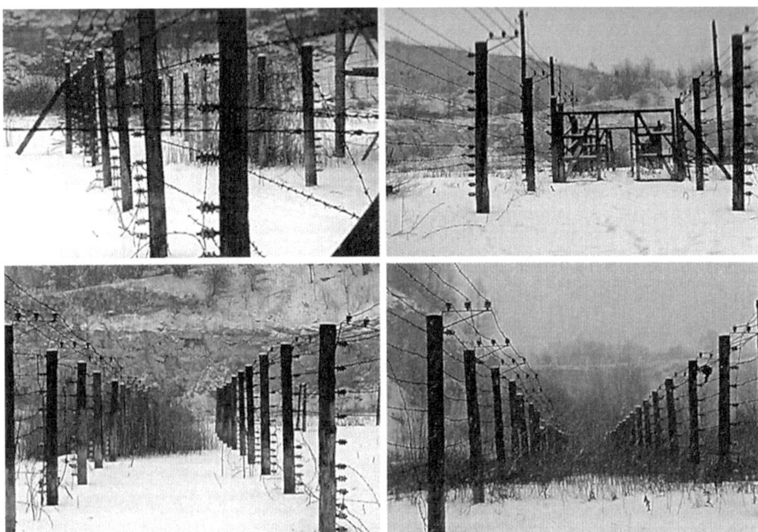

*Abbildung 4*

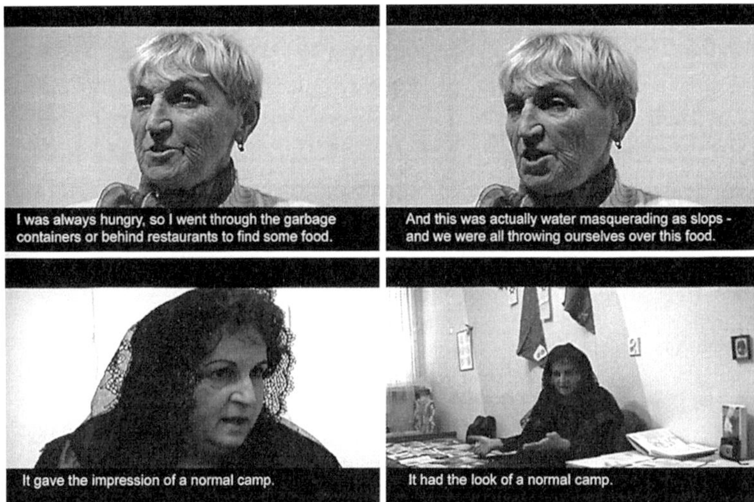


Videoinstallation, zweikanalig, 65 Minuten, Englisch/Polnisch mit englischen Untertiteln

## Schindlers Liste

Um der Vielschichtigkeit von *Spielberg's List* Rechnung zu tragen, möchte ich im Folgenden den viel diskutierten und umstrittenen Hollywoodfilm in den Blick nehmen. *Schindlers Liste* steht als Dokudrama für die Verfahrensweise, Fakt mit Fiktion zu kombinieren. Bestehende Darstellungen des Holocaust werden aus anderen Formaten adaptiert und dem Dramaturgiebedarf des modernen Hollywoodfilms unterworfen. Die Kritik an dem Format des Dokudramas gilt vor allem dem Prozess der Bildmigration, der Bilder und Gesten aus ihrem Entstehungszusammenhang reißt und so zum Beispiel subjektive Erinnerungsbilder als historisch gültig in das kulturelle Gedächtnis einschreibt. Dennoch trägt die Strategie Spielbergs auf ikonische Schlüsselbilder des Holocaust und auf dokumentarische Darstellungsmittel zurückzugreifen dazu bei, den Eindruck der Authentizität des Films maßgeblich zu festigen. Im Anschluss soll die Diskussion um *Schindlers Liste* unter dem Aspekt einer Schwellensituation des Übergangs vom kommunikativen zum kulturellen Gedächtnis einer Gemeinschaft gelesen werden. Mit dem altersbedingten Sterben der Holocaust-Überlebenden schwindet die Möglichkeit, Zeitzeugen befragen zu können. Ihre lebendigen Erinnerungen werden durch vielfältige mediale Speicherungen in das kulturelle Gedächtnis überführt, so dass sie nachfolgenden Generationen zur Verfügung stehen. Mit dem Generationenwechsel verschärft sich die Diskussion um angemessene Darstellungs- und Erinnerungsformen an den Holocaust. Die Debatte um das grundsätzliche Problem der »Darstellung des Undarstellbaren« soll mit den Positionen von Claude Lanzmann und Jean-François Lyotard als Verfechter der Undarstellbarkeit sowie den Überlegungen von Jacques Rancière und Georges Didi-Hubermann als Befürworter der Repräsentation des Holocaust vorgestellt werden.

Der dreistündige Hollywoodfilm handelt von dem deutschen Industriellen Oskar Schindler, der während des Zweiten Weltkriegs in seiner Krakauer Fabrik mehr als 1100 jüdische Arbeiter vor dem Holocaust rettete. Um den Eindruck dokumentarischer Echtheit zu erwecken, lehnt sich Spielberg in seiner formalen Gestaltung von *Schindlers Liste* an die Ästhetik von historischem Bildmaterial an. Mit Ausnahme von Pro- und Epilog ist der Film in Schwarzweiß gedreht. Zusätzlich adaptiert der Regisseur für seinen Spielfilm das dokumentarische Postulat der Wirklichkeitstreue. Laut Manfred Hattendorf steht der Begriff »authentisch« im Medium Film für die wahrheitsgetreue Abbildung der Realität. Er schreibt:

»›Authentisch‹ bezeichnet die objektive ›Echtheit‹ eines der filmischen Abbildung zugrundeliegenden Ereignisses. Mit dem Verbürgen eines Vorfalls als authentisch wird impliziert, daß eine Sache sich so ereignet hat, ohne daß die filmische Aufnahme den Prozeß beeinflußt hätte. Die Authentizität liegt in der Quelle begründet.«[3]

Um in *Schindlers Liste* den intendierten Eindruck von Echtheit zu erreichen, eignet sich Spielberg dokumentarische Authentisierungsstrategien als formale Gestaltung an. Diese definiert Hattendorf wie folgt:

»Unter Authentisierungsstrategien werden [...] filminterne pragmatische Markierungen verstanden, die den Rezipienten in einem Spektrum impliziter oder expliziter Appelle auffordern, einen ›Wahrnehmungsvertrag‹ mit dem jeweiligen Film zu schließen. Beantwortet ein Rezipient das spezifische Authentizitätsversprechen eines dokumentarischen Films positiv, so investiert er Vertrauen in die filmisch postulierte Authentizität. Fühlt sich der Rezipient hingegen in seinem Vertrauen getäuscht, so bewertet er den Film als ›nicht authentisch‹ und sanktioniert den Vertrauensbruch mit einer entsprechenden Ablehnung der filmischen ›Botschaft‹.«[4]

Nach Hattendorf wird Authentizität dem Betrachter diskursiv als nichtfilmische Wirklichkeit glaubwürdig beschrieben. Das heißt, im (Dokumentar)film wird der Eindruck von Wahrheit weniger durch eine Authentizität der Sache selbst, sondern durch den Appell künstlerischer Mittel hergestellt und über spezifische Gattungscodes und Konventionen vermittelt. Demzufolge ist Authentizität eine Kategorie der Bearbeitung. Sie ist ein Effekt bestimmter Formen von Künstlichkeit, ein Ergebnis ästhetischer Inszenierung und eine affektsteuernde Wirkungsstrategie. Hattendorf verwendet hierfür den Begriff der »Authentizitätsfiktion«[5], der sich umstandslos auf Spielbergs Inszenierung einer wahren Geschichte übertra-

---

**3** | Manfred Hattendorf, *Dokumentarfilm und Authentizität. Ästhetik und Pragmatik einer Gattung*, Konstanz 1999, S. 68.

**4** | Ebd., S. 311.

**5** | Vgl. ebd., S. 66.

gen lässt und dort eine Potenzierung erfährt. Paradoxerweise beruht in *Schindlers Liste* die von Spielberg unablässig beschworene »absolute« Authentizität auf Reproduktionen historischer Situationen und Schauplätze und auf der Adaption von dokumentarischen Genrecodes bzw. Authentizitätssignalen.

Um den Anspruch seines Hollywoodfilms auf Authentizität und Detailtreue zu unterstreichen, betont der Spielberg die intensive Recherchearbeit historischer Fakten vor Drehbeginn sowie die zahlreichen Interviews, die er mit Zeugen des damaligen Geschehens führte.[6] Darüber hinaus unterstreicht er seine journalistische Herangehensweise an *Schindlers Liste* und sagt: »Ich wollte realistisch bleiben. Ich habe alles weggelassen, was den Film glatt und schön machen konnte. [...] Ich habe mich in die Haut eines CNN-Reporters versetzt.«[7] Neben seiner Selbstbeschreibung als CNN-Reporter tragen der Verweis auf seine jüdische Herkunft sowie die Rückkehr an einen Teil der Originalschauplätze als Drehort dazu bei, eine filmische »Rhetorik der Wahrhaftigkeit« zu etablieren. Die Rückkehr an einen Teil der Originalschauplätze, die Verwendung von Handkameras sowie der (einmalige) Einsatz des Original-Tonmaterials von Winston Churchills Radio-Ansprache, in der er die Kapitulation Nazi-Deutschlands bekannt gibt, sind einige Beispiele für dokumentarische Strategien, die Spielberg wählt, um den Eindruck des Authentischen für den Zuschauer erheblich zu steigern. Darüber hinaus nutzt Spielberg nicht nur das Authentizitätssignal des Schwarzweißfilms, sondern auch wiederkehrende Schlüsselbilder, wie zum Beispiel das Lagertor von Auschwitz, die in der öffentlichen Erinnerungskultur an die nationalsozialistischen Konzent-

---

**6** | Spielberg eifert darin dem Autor seiner literarischen Vorlage nach. Nach einer Begegnung mit Leopold Page (ehemals Leopold Pfefferberg), der von Oskar Schindler gerettet wurde, reist Thomas Keneally 1980 nach Europa und Israel, um die Erinnerungen von möglichst vielen sogenannten »Schindler-Juden« aufzuzeichnen. Er sucht 50 Überlebende in sieben Ländern auf, bereist die Orte, an denen die Ereignisse im Zweiten Weltkrieg stattfanden und wertet zahlreiche Dokumente aus, die Schindlers Taten belegen. Vgl. Noack 1998, S. 67.

**7** | Matías Martínez, »Authentizität als Künstlichkeit in Steven Spielbergs Film *Schindler's List*«, in *Augen-Blick*, Nr. 36, 2004, S. 39-60, hier S. 44.

rations- und Vernichtungslager verankert sind.[8] Zugleich vermeidet die Montage des Films räumliche und zeitliche Sprünge, sie hält sich an die chronologische Abfolge der im Roman geschilderten historischen Ereignisse. Spielberg bleibt jedoch verwehrt, an allen Originalschauplätzen seine Dreharbeiten aufzunehmen. So scheitert sein Vorhaben in Auschwitz zu drehen an den Bedenken des jüdischen Weltkongresses und dem Zentralrat der Juden in Deutschland, woraufhin der Regisseur vor der Umzäunung des Geländes dreht.[9]

## Dokudrama

In erster Linie zeichnet sich *Schindlers Liste* dadurch aus, bereits existierende Darstellungen des Holocaust zu verwerten, die sich im öffentlichen Bewusstsein erfolgreich abgelagert haben. Neben der formalästhetischen Aneigung und Weiterverwendung von anderen Holocaust-Darstellungen, die gleichzeitig deren fundierte Kenntnis unter Beweis stellen, ist bei seinem Erscheinen neu, dass zahlreiche Rezensenten und nicht zuletzt Historiker in ihren Artikeln die Geschichtstreue und Faktizität des Films beglaubigen.[10] 20 Jahre nach dem Filmstart umgibt Spielbergs Authentizitätsfiktion nicht mehr die Aura einer historisch genauen Erzählung, sondern erfüllt alle Kriterien des sogenannten Dokudramas. Dieses definiert Matthias Steinle als eine Synthese aus den Bestandteilen Fakt und Fiktion. Der Filmwissenschaftler schreibt:

»Während ›Doku‹ für das Versprechen von Information/Aufklärung, Bildung und Authentizität steht, verspricht ›Drama‹ Unterhaltung, Schauspiel, Emotionen und sinnliche Attraktion. In der Mischform aus scheinbar Gegensätzlichem liegt der

**8** | Darüber hinaus zeigt Spielberg wiederholt Schornsteine (als Zeichen der Vernichtung), Lokomotiven, Güterwaggons und Schienen (als Zeichen des Transports), Stacheldraht, Baracken und Türme (als Zeichen für Gefangenschaft) und nicht zuletzt immer wieder Listen, Schreibmaschinen, Federhalter, Tintenfässer, Papier und Stempel (als Zeichen für den bürokratischen Charakter des NS-Regimes).

**9** | Vgl. Noack 1998, S. 81.

**10** | Vgl. Claudia Bruns, Asal Dardan und Anette Dietrich, »Zur filmischen Erinnerung an den Holocaust«, in dies. (Hg.), *Welchen der Steine du hebst – Filmische Erinnerung an den Holocaust*, Berlin 2012, S. 17-47, hier S. 35.

Reiz des Dokudramas begründet; [...] Im weitesten Sinne werden unter Dokudrama Filme mit zeithistorischen oder aktuellen Stoffen gefaßt, die unter dem Versprechen einer *true story* ihre Geschichte im Modus des Dramas entfalten.«[11]

Insbesondere der etwa vierminütige farbige Epilog von *Schindlers Liste* ist kennzeichnend für die Verbindung von Doku und Drama. Er spielt in der Gegenwart und zeigt, wie 128 der »Schindler-Juden« zusammen mit den Schauspielern, die ihre historischen Rollen im Film verkörpern, nach jüdischer Tradition Steine auf Oskar Schindlers Grab in Jerusalem legen. Bei jeder Person, die zu dem Grab tritt, wird ihr Name im Bild eingeblendet. Zuletzt wird die Witwe von Schindler im Rollstuhl an das Grab ihres Mannes herangeschoben. Der Epilog steht exemplarisch für einen paradoxen Prozess, der das Dokudrama in Gang setzt. Es scheint, dass gerade der deutliche Verweis auf die Inszenierung die Künstlichkeit der Rekonstruktion in den Hintergrund treten lässt. Nahezu ostentativ offenbart der Film in dieser Szene seinen fiktionalen Anteil, aber diese Geste der Enthüllung tut seiner Glaubwürdigkeit keinen Abbruch. Vielmehr scheinen die Überlebenden die Künstlichkeit der Authentizität des Hollywoodfilms zu beglaubigen. Der Sprung in die Gegenwart suggeriert dem Zuschauer, dass er einer wahren historischen Begebenheit beiwohnt. Trotz des Auftretens der Schauspieler gewinnt er den Eindruck, dass die vorangegangene Filmerzählung »wirklichkeitstreu« sein muss, da ihm nun das »Ergebnis« von Oskar Schindlers Handeln in persona/leibhaftig vorgestellt wird. Ein weiteres Merkmal des Dokudramas ist, dass es historisches Bildmaterial nutzt, um dieses zu visuellen Schematisierungen zu stilisieren. Steinle erläutert:

»Charakteristisch für die [...] Dokudramen sind Prozesse der Bildmigration, die als Spiel von Zitaten und Gegenzitaten auf frühere Darstellungen verweisen, ohne dass deren Herkunft erkennbar wird. Dieses ›Echo-Kino‹ bedient sich historischer Schlüsselbilder, die adaptiert und umkodiert werden.«[12]

---

**11** | Matthias Steinle, »Geschichte im Film: Zum Umgang mit den Zeichen der Vergangenheit im Dokudrama der Gegenwart«, in Korte/Paletschek 2009, S. 147-166, hier S. 149.

**12** | Ebd., S. 155.

Obwohl er sich um Authentizität bemüht, verzichtet Spielberg nicht auf den Spannungsaufbau sowie die Emotionalisierung der Zuschauer. Hierfür weicht er von einigen historische Fakten ab, erwähnt sei an dieser Stelle das Beispiel des Mädchens im roten Mantel, das den Moment des innerlichen Wandels der Hauptfigur anzeigt. *Schindlers Liste* schließt mit einem Happy End, das die Möglichkeit eines heroischen Verhaltens inmitten eines erbarmungslosen Regimes suggeriert.

## Un-/Darstellbarkeit

Eine ausgeklügelte Marketingstrategie und ein Filmstart, der mit der Eröffnung des United States Holocaust Memorial Museum in Washington D.C. zusammenfällt, sichern Spielbergs Film Aufmerksamkeit und bescheren ihm kommerziellen Erfolg. 1994 gewinnt *Schindlers Liste* sieben Oscars und drei Golden Globes. Der Film erreicht weltweit ein Milionenpublikum und erfährt eine beachtliche Resonanz in der Presseberichterstattung.[13] Unmittelbar nach seinem Kinostart bescheinigen zumeist positive Kritiken dem Regisseur, dem heiklen Thema Holocaust gerecht zu werden und dessen gelungene, da authentische Darstellung. Damit dient die vermeintliche Authentizität nicht nur als Bewertungsmaßstab, sondern wird zum Schlüssel für die künstlerische und zugleich moralische Legimitation des Blockbusters.[14] Mit der Anerkennung des Films als gültiges Kunstwerk, das den Konflikt zwischen populärer Rezipierbarkeit, ästhetischem Anspruch und thematischer Angemessenheit löst, wird *Schindlers Liste* zu der bis heute kommerziell erfolgreichsten Repräsentation des Holocaust.[15]

Ebenso wie Marvin Chomskys und Gerald Greens Fernsehserie *Holocaust* (1979) schürt *Schindlers Liste* die Diskussion, ob eine auf populäre Rezipierbarkeit ausgerichtete Gestaltung den historischen Fakten gerecht werden kann. Die Befürchtung vor einer Trivialisierung der Geschichte schlägt sich in dem Vorwurf an Spielberg nieder, den Holocaust nach-

**13** | Allein in den USA erscheinen zwischen Januar 1993 und November 1994 mehr als 100 Artikel. Vgl. Alison Landsberg, *Prosthetic Memory. The Transformation of American Remembrance in the Age of Mass Culture*, New York 2004, S. 121.

**14** | Vgl. Martínez 2004, S. 40.

**15** | Ebd.

haltig in ein profanes Objekt des Massenkonsums zu verwandeln. 1979 machte die TV-Serie noch vor den Gaskammern als Zentrum der Vernichtung halt. Sie zeigte, wie durch das Guckloch der Gaskammer von Auschwitz eine Vergasung beobachtet wird. In *Schindlers Liste* hingegen befindet sich die Kamera direkt mit jüdischen Frauen in der Gaskammer, die jedoch Glück im Unglück haben. Bei Spielberg entpuppt sich die vermeintliche Gaskammer als Duschraum, wodurch die verschleiernde Terminologie der Täter reproduziert und gerade für jüngere, geschichtsunkundige Zuschauer ein falsches Geschichtsbild gezeichnet wird. Darüber hinaus erzeugt Spielberg über die Szene Spannung, da der Zuschauer sich fragt, ob Wasser oder das tödliche Zyklon B ausströmen wird. Nicht nur das fragwürdige Spiel mit Zuschauererwartungen der Duschszene im Konzentrationslager sorgte für Skepsis bei den Kritikern, sondern auch die formale Gestaltung des Films. So tadelte Jean-Luc Godard Spielberg dafür, mit dem Schwarzweiß seiner Bilder zu viel Kosmetik an der Vergangenheit zu betreiben.[16]

Ungeachtet dessen, werden in den folgenden zwei Jahrzehnten (im deutschen) Fernsehen und Kino filmische Rekonstruktionen des Nationalsozialismus und seiner Verbrechen immer präsenter.[17] Die Frage, ob kollektive Erinnerbarkeit an den Holocaust zu Bedingungen von kommerziell ausgerichteter Gestaltung stattfinden sollte, verstummt derweil nicht. Im Hinblick auf die zunehmende Präsenz von populären, bildlichen Darstellungen eines oft als undarstellbar bezeichneten historischen Ereignisses, fürchtet etwa der Nobelpreisträger und Holocaust-Überlebende Imre Kertész eine Dominanz einer klischeebehafteten Holocaust-Ikonographie. Er schreibt:

»Sehr viel zahlreicher sind diejenigen, die sich den Holocaust unrechtmäßig aneignen, um ihn zu einer Schundware zu machen. [...] Ein Holocaust-Konformismus ist entstanden, ein Sentimentalismus, ein Holocaust-Kanon, ein System der

**16** | Vgl. Gavin Smith, »Interview: Jean-Luc Godard«, in *Film Comment*, March/April 1996 issue, http://www.filmcomment.com/article/jean-luc-godard-interview-nouvelle-vague-histoires-du-cinema-helas-pour-moi, letzter Zugriff am 03.09.2014.

**17** | Vgl. Judith Keilbach, *Geschichtsbilder und Zeitzeugen. Zur Darstellung des Nationalsozialismus im Bundesdeutschen Fernsehen*, Münster 2008, S. 13.

Tabus mitsamt seiner ritualisierten Sprache, Holocaust-Produkte zur Konsumtion des Holocaust.«[18]

## Verbot der Bilder

Einer der schärfsten Kritiker Spielbergs ist Claude Lanzmann. Der französische Filmemacher vertritt den Standpunkt, dass der Holocaust nicht darstellbar ist, da nur in der Erzählung der Überlebenden seine Wahrheit zu finden sei. Somit versteht und positioniert er seinen Film *Shoah* (1985) als ästhetisches Gegenprinzip zu *Schindlers Liste*. Von 1974 bis 1985 drehte Lanzmann den neunstündigen Filmessay, in dem in Interviews Zeitzeugen des Holocaust zu ihren Erfahrungen befragt werden. Zusätzlich sind Außenaufnahmen der ehemaligen Vernichtungslager Treblinka, Sobibor, Auschwitz-Birkenau, Chelmno und des Warschauer Ghettos zu sehen, auf Archiv- oder Fremdmaterial verzichtet Lanzmann. Historisches Bildmaterial weist der Filmemacher zurück, da sich in seiner Sicht der Schrecken der Lager den Bildern entzieht. Sie vermögen die extreme Erfahrung des Unmenschlichen nicht zu fassen. Nach seiner Auffassung leugnen vielmehr Bilder die Unvorstellbarkeit des Holocaust, da sie das Undarstellbare gegenständlich werden lassen und es damit zu relativieren drohen. In Lanzmanns Augen bedarf es keiner fotografischen oder filmischen Repräsentation, da es nur falsche Bilder und »Schockphotos« des Holocaust geben kann.

In seinem Aufsatz *Mythen des Alltags* (1957) erklärt Roland Barthes, warum Schockphotos (die zum Beispiel Soldaten neben einem Feld aus Totenköpfen zeigen) oftmals die Absicht des Fotografen unterlaufen, den Betrachter zu erschüttern. Bei der Bildung seines Sujets habe sich der Fotograf, so Barthes, dieses mit allzu deutlichen Angaben versehen. Das Grauenvolle zeige sich in diesen Bildern »fast immer überkonstruiert«[19]. Bilder werden falsch, »gerade weil sie einen Zwischenzustand zwischen dem wörtlichen Faktum und dem erhöhten Faktum gewählt haben.«[20] Schockphotos vermögen ihre Betrachter nicht zu erreichen, weil wir »ih-

**18** | Imre Kertész zitiert aus Georges Didi-Huberman, *Bilder trotz allem*, München 2007, S. 123.

**19** | Roland Barthes, *Mythen des Alltags* (1957), Frankfurt am Main 1964, S. 55.

**20** | Ebd., S. 57.

nen gegenüber jedesmal unserer Urteilskraft beraubt sind.«[21] Barthes schreibt: »Man hat für uns gezittert, man hat für uns nachgedacht, hat an unserer Statt geurteilt. Der Photograph hat uns nichts weiter gelassen als das Recht geistiger Zustimmung.«[22] Da ihnen eine »Doppeldeutigkeit, die Verzögerung durchs Konkrete«[23] fehle, erstarren ihre Motive zu überkonstruierten Zeichen, die ihre Schockwirkung verfehlen und nach Barthes »zu einem Skandal des Grauens, nicht zum Grauen selbst«[24] führen. Die Kritik Barthes' bezieht sich nicht nur auf den hohen Sensationswert von Schockbildern, der durch eine entsprechende Präsentation zusätzlich gesteigert werden kann, sondern auch darauf, dass Schock als ein einfach lesbarer »Konsumanreiz«[25] von Bildern zu verkommen droht.

Seinen Verzicht auf Archivbilder in *Shoah* erklärt Lanzmann zum einen mit dem im Nationalsozialismus geltenden Fotografieverbot in den Lagern. So gebe »es kein einziges [Archiv-]Bild der Lager Belzec, Sobibor und Chelmno und praktisch nichts über Treblinka«[26]. Zum anderen führt er aus, dass Archivaufnahmen im Sinne von Barthes negative Auswirkungen auf den Betrachter haben:

»Ich habe immer betont, daß es sich bei den Bildern der Archive um Bilder ohne Einbildungskraft (images sans imagination) handelt. Sie lassen das Denken erstarren und töten jegliches Vorstellungsvermögen. [...] Das filmische Archiv den Worten der Zeugen vorzuziehen, als sei es diesen überlegen, läuft nur auf eine weitere Disqualifizierung des menschlichen Wortes auf seiner Suche nach Wahrheit hinaus.«[27]

Folgerichtig kommen in *Shoah* zahlreiche Zeugen zu Wort. Der Filmemacher fragt nach ihren Erfahrungen und bittet sie, die Situationen vor der Kamera an den historischen Schauplätzen der Ereignisse noch einmal nachzuvollziehen. Der Film setzt die Vielzahl von Erinnerungen und

**21** | Ebd., S. 55.

**22** | Ebd.

**23** | Ebd., S. 57.

**24** | Ebd., S. 58.

**25** | Susan Sontag, *Das Leiden anderer betrachten*, München 2003, S. 30.

**26** | Claude Lanzmann zitiert in Didi-Hubermann 2007, S. 138.

**27** | Ebd., S. 138f.

Beschreibungen zu einer detaillierten Darstellung der systematischen Massenvernichtung zusammen. Die Verknüpfung der Aussagen der Holocaust-Überlebenden mit aktuellen Aufnahmen von den Orten des Geschehens vermitteln den Eindruck der Undarstellbarkeit des Ereignisses. Mit diesem filmischen Verfahren schwört *Shoah* Imaginationen der Vernichtung und Vorstellungsbilder in den Köpfen der Zuschauer herauf. Es sind die aktuellen Aufnahmen der Stätten der Vernichtung, welche die Imagination der Zuschauer freisetzen, ohne dass historisches Bildmaterial zum Einsatz kommt.[28]

Im Denken Lanzmanns verhindern »Bilder ohne Einbildungskraft« das Entstehen von Vorstellungsbildern, auf die er zu der Darstellung des Undarstellbaren setzt. Zugleich lösen Vorstellungsbilder den Widerspruch zwischen der Notwendigkeit, der systematischen Vernichtung der Juden Europas zu gedenken und der gleichzeitigen prinzipiellen Unmöglichkeit der Darstellung. Lanzmann versteht *Shoah* als einen Ausdruck des Respekts vor den Ermordeten, ihrer nicht mitteilbaren Erfahrung und begreift seinen Film als eine Reflexion über die (Un-)Möglichkeit eines Gedächtnisses in Bezug auf die Toten der Shoah. Dementsprechend kommt für Lanzmann eine abbildende Rekonstruktion der Ereignisse, wie *Schindlers Liste* sie vornimmt, einem Tabubruch gleich. Scharf verurteilt er Spielbergs Vorgehen, den Holocaust mit dokumentarisch anmutenden, aber letztendlich narrativen Erzählstrukturen zu einem Gegenstand der Unterhaltung zu machen. Im Zuge dessen ernennt Lanzmann seinen eigenen Film zu der einzig angemessenen Darstellungsweise und spricht sich für ein Bilderverbot aus:

**28** | In Bezug auf die Evokation von Vorstellungsbildern schreibt Gertrud Koch der Verschränkung von Zeugenaussagen und Landschaftsaufnahmen eine zentrale Bedeutung zu. Die Vernichtung wird in *Shoah*, so Koch, »räumlich projiziert ins Sichtbare«. Die Filmwissenschaftlerin erläutert: »Er fährt an die Stätten der Vernichtung. Verräumlichung findet in der Gegenwart statt, abwesend bleibt, was zeitlich zurückliegt, die Vernichtung selbst. Sie wird (oft nur aus dem Off) in der Imagination der Protagonisten ausschnitthaft erzählt. [...] die Anwesenheit einer Abwesenheit in den Imaginationen der Vergangenheit verbindet sich mit dem Konkretismus der Bilder gegenwärtiger Orte, Vergangenheit und Gegenwart greifen ineinander, das Vergangene wird vergegenwärtigt, das Gegenwärtige in den Bann der Vergangenheit gezogen.« Gertrud Koch, *Die Einstellung ist die Einstellung. Visuelle Konstruktionen des Judentums*, Frankfurt am Main 1992, S. 152.

»Der Holocaust ist vor allem darin einzigartig, daß er sich mit einem Flammenkreis umgibt, einer Grenze, die nicht überschritten werden darf, weil es ein bestimmtes absolutes Maß an Greueln nicht übertragbar ist: Wer es tut, macht sich der schlimmsten Übertretung schuldig. Die Fiktion ist eine Übertretung, und es ist meine tiefste Überzeugung, daß jede Darstellung verboten ist.«[29]

## Wider Repräsentation

Ebenso wie Lanzmann bestreitet Jean-François Lyotard, dass Repräsentationen die geeigneten Mittel sind, den Holocaust erfassen zu können. In seinen Überlegungen stellt sich die Möglichkeit einer Erzählbarkeit des europäischen Judenmords nicht, da dieser in seiner Ungeheuerlichkeit die Grenzen herkömmlicher kollektiver Erinnerungsstrategien sprenge. Der Holocaust widersetze sich der Geste des Zeigens und bleibe so mit jeglicher Darstellungsweise unvereinbar. Nach Lyotards Auffassung kann sich eine Bezugnahme auf den Holocaust nur außerhalb des bereits Bekannten vollziehen, da dieser nicht mit dem vorhandenen sozialen Erfahrungsschatz kompatibel ist, bzw. durch diesen aufgefangen oder verwertet werden kann.

In seinen Texten spricht er immer wieder von einem »Unsagbaren« oder »Undarstellbaren«. Es markiere einen blinden Fleck im Denken. Obwohl das Wort »unsagbar« etwas außerhalb der Sprache zu greifen versucht, hält es an deren Regelsystem fest.[30] Es zeugt von einer Abwesen-

**29** | Claude Lanzmann, »Ihr sollt nicht weinen. Einspruch gegen Schindlers Liste«, in *Frankfurter Allgemeine Zeitung* vom 05.03.1994, nachgedruckt in Christoph Weiss (Hg.), *Der gute Deutsche. Dokumente zur Diskussion um Steven Spielbergs ›Schindlers Liste‹ in Deutschland*, St. Ingbert 1995, S. 173-178, hier S. 175.

**30** | In Lyotards Denken verhält sich Sprache grundsätzlich ambivalent. Ein Satz »geschieht« und mit ihm geschieht das Subjekt. In den Äußerungen, im Sprechen positioniert es sich und nimmt Gestalt an: »Sender und Empfänger werden im Universum, das der Satz darstellt, situiert, genauso wie dessen Referent und dessen Sinn.« Sprache wird so nicht nur zur Voraussetzung von Subjektivität, darüber hinaus artikuliert sie den Menschen und nicht umgekehrt. Sprache beugt sich demzufolge nicht gänzlich dem Willen des Sprechenden, da sie ihm als Fundament vorausgeht. Sie kommt ihm zuvor und steht ihm nicht vollkommen zur Verfügung. Jean-François Lyotard, *Der Widerstreit*, München 1987, S. 30.

heit, die untrennbar mit dem gedacht wird, was es hinter sich zu lassen strebt. Das Unsagbare bleibt immer der Sprache verhaftet: »Etwas entzieht sich, das der Sprache ebenso inhäriert, wie es sie regiert«[31], schreibt Dieter Mersch. Dennoch formuliert das Unsagbare in seiner Negativität eine Positivität, es bleibt erfahrbar und damit virulent. Mersch zufolge meint dies, dass

»es nicht nur die Grenze der Darstellung [behauptet], sondern vor allem ein Anderes, das den Ordnungen des Symbolischen und der Schrift entgegensteht und sich ihrer Aneignung entzieht. Wir haben es also nicht mit einem Mangel zu tun, einer Verfehlung, die das Wort, das Werk, das Bild scheitern lassen, sofern sie etwas zu fassen trachten, was sich dem Begriff, der Markierung oder der Abbildung verweigert, sondern mit einem nicht zu tilgenden Überschuß, einer fortwährenden Unruhe.«[32]

Im Rekurs auf Freuds Konzept der Verdrängung[33] attestiert Lyotard der kollektiven Erinnerung an den Holocaust eine missliche Schieflage, denn

**31** | Dieter Mersch, »Geschieht es? Ereignisdenken bei Derrida und Lyotard«, http://www.momo-berlin.de/Mersch_Ereignis.html, letzter Zugriff am 29.11. 2012.

**32** | Ebd.

**33** | Freud definiert die Verdrängung als Abwehr schmerzhafter Erinnerungen und deren Tilgung aus dem Bewusstsein des Patienten. Das Verdrängte bildet nur eine kleine, aber wirkungsmächtige Teilmenge des Unbewussten. Sie umfasst jene Aspekte, die aufgrund ihres hohen Konfliktpotenzials mit den Bewusstseinsinhalten verworfen werden. Während konfliktarme Inhalte des Unbewussten sich ungehindert realisieren können und dem bewussten Erleben zugänglich werden, bleiben die verdrängten Erinnerung unzugänglich aber stets virulent. Dieser Mechanismus zehrt permanent an den Kräften des Verdrängenden: »Man darf sich den Verdrängungsvorgang nicht wie ein einmaliges Geschehen mit Dauererfolg vorstellen, etwa wie wenn man etwas Lebendes erschlagen hat, was von da an tot ist; sondern die Verdrängung erfordert einen anhaltenden Kraftaufwand, mit dessen Unterlassung ihr Erfolg in Frage gestellt wäre, so daß ein neuerlicher Verdrängungsakt notwendig würde. Wir dürfen uns vorstellen, daß das Verdrängte einen kontinuierlichen Druck in der Richtung zum Bewußten hin ausübt, dem durch unausgesetzten Gegendruck das Gleichgewicht gehalten werden muß.« Sigmund Freud, »Die Verdrängung« (1915), in Anna Freud et al. (Hg.), *Sigmund*

die Symbolisierungen der öffentlichen Erinnerungskultur kompensieren in seiner Sicht die Schrecken der Vergangenheit. Stets überwindet die Darstellung das Entsetzen, das sie zu zeigen versucht. Sie ist »eine Aufhebung, eine Erhöhung, die etwas beiseite schafft und (er)hebt.«[34] Die Problematik werde an dem Begriff Erinnerung selbst deutlich. Erinnerung verleibt sich das Wort »Innen« als seinen Bestandteil ein. Bei der Erinnerungstätigkeit wird Vergangenes oder Entfallenes in das Bewusstsein gerufen und integriert, also ver-inner-licht. Die in öffentlichen Manifestationen vollzogene Objektivierung von Erinnerung (zum Beispiel als Denkmal) verkehrt das Innen jedoch nach Außen. Somit wird das Innere in der Darstellung veräußert und zugleich seiner Komplexität beraubt, da deren symbolische Sinnaufladungen identitätssichernden Auswahlverfahren unterliegen. Folglich beschreibt Lyotard das kollektive Erinnern in *Heidegger und »die Juden«* (1988) als eine Form der kollektiven Unterrichtung, die gemeinschaftliche Vorstellungen festschreibt: »In Ansehung des Vergessens jedoch ist dieses, in Memoralien und Denkmalen niedergelegte Gedächtnis höchst selektiv, denn es verlangt, das vergessen werde, was das Gemeinwesen und seine Rechtfertigung in Zweifel ziehen könnte.«[35]

Mit seiner Bestimmung der Präsenz eines Undarstellbaren macht Lyotard den Status des Holocaust als epochale Zäsur deutlich, die sich dem geläufigen Schema der Zeit entzieht.[36] Ihm zufolge kann das, was nie die Gestalt einer Aufzeichnung angenommen hat, auch nicht vergessen oder gar geleugnet werden:

»Was [...] mangels einer Aufzeichnungsoberfläche, mangels eines Ortes oder einer Dauer, in der die Aufzeichnung situiert werden könnte, nicht aufgezeichnet wurde – was also nicht synthetisierbar, weder in Raum noch in der Zeit der Herrschaft, weder in der Geographie noch in der Diachronie des seiner selbst gewissen Geistes einen Platz finden kann –, sagen wir: was kein möglicher Stoff von Erfahrung ist, da die Formen der Bildungen der Erfahrung, und sei sie unbewußt,

*Freud – Gesammelte Werke*, Band 10, Frankfurt am Main 1976, S. 248-261, hier S. 253.

**34** | Jean-François Lyotard, Heidegger und »die Juden«, Wien 1988, S. 17.

**35** | Ebd., S. 15.

**36** | Vgl. Elisabeth Weber und Georg Christoph Tholen (Hg.): *Das Vergessen(e). Anamnesen des Undarstellbaren*, Wien 1997, S. 13.

die die sekundäre Verdrängung beibringt, dafür nicht tauglich und geeignet sind, kann mithin auch nicht vergessen werden. Es bietet dem Vergessen keinen Angriffspunkt und bleibt ›nur‹ als Affizierung präsent, von der man nicht weiß, wie sie qualifiziert werden könnte, als ein Zustand des Todes inmitten des Lebens des Geistes (- comme un état de mort dans la vie de l'esprit).«[37]

Letztlich erhebt Lyotard den Zustand eines unbefriedeten Vergessens zu einem Idealzustand. Er verordnet der Gesellschaft quasi eine »Krankheit auf Rezept«, um die Erinnerung an den Holocaust in ihr dauerhaft gewährleistet zu sehen. »Während aber Freud die Verdrängung als einen Befund konstatierte, den er zu beseitigen hoffte,« merkt Aleida Assmann an, »erhebt Lyotard die Verdrängung paradoxerweise in den Rang einer Norm, indem er die Traumatisierung zur einzig adäquaten Form des Bezugs zum Holocaust erklärte.«[38]

Lyotards These steht in Widerspruch zu allen Erinnerungskulturen, die es gab und gibt. Es ist kaum verwunderlich, dass Aleida und Jan Assmann seinem Konzept energisch widersprachen und Anfang der 1990er den Begriff des »kulturellen Gedächtnisses« prägten. Das kommunikative und das kulturelle Gedächtnis stehen für zwei Modi im kollektiven Erinnern, die unterschiedlichen Zeitstrukturen unterliegen.[39] Der Modus des kommunikativen Gedächtnisses steht für die generationsbedingte Erinnerung, während der Modus des kulturellen Gedächtnisses für eine Fixierung der individuellen in eine überzeitliche Erinnerung steht. Demzufolge definiert Jan Assmann das kulturelle Gedächtnis als »Sammelbegriff für alles Wissen, das im spezifischen Interaktionsrahmen einer Gesellschaft Handeln und Erleben steuert und von Generation zu Generation zur wiederholten Einübung und Einweisung ansteht.«[40] Es ist der

---

**37** | Lyotard 1988, S. 38.

**38** | Aleida Assmann, *Erinnerungsräume: Formen und Wandlungen des kulturellen Gedächtnisses*, München 2006, S. 261.

**39** | Jan Assmann, *Das kulturelle Gedächtnis: Schrift, Erinnerung und politische Identität in frühen Hochkulturen*, München 1992, S. 51f.

**40** | Jan Assmann, »Kollektives Gedächtnis und kulturelle Identität«, in ders. und Tonio Hölscher (Hg.), *Kultur und Gedächtnis*, Frankfurt am Main 1998, S. 9-19, hier S. 9.

»jeder Gesellschaft und Epoche eigentümliche Bestand an Wiedergebrauchs-Texten, -Bildern und -Riten [...], in deren ›Pflege‹ sie ihr Selbstbild stabilisiert und vermittelt, ein kollektiv geteiltes Wissen vorzugsweise (aber nicht ausschließlich) über die Vergangenheit, auf das eine Gruppe ihr Bewußtsein von Einheit und Eigenart stützt.«[41]

Nach Assmann basiert das kommunikative Gedächtnis auf einem »durch persönlich verbürgte und kommunizierte Erfahrung gebildete(n) Erinnerungsraum.«[42] Da es sich als Generationengedächtnis an persönlichen Erfahrungen und Erinnerungen seiner Träger festmacht, ändert sich der Vergangenheitsbezug des kommunikativen Gedächtnisses ständig, es ist diffus und alltagsnah zugleich. Dagegen ist das kulturelle Gedächtnis das Ergebnis der Tendenz, von der Autorität sprachlicher, persönlicher Zeugenschaft abzurücken und bildlicher, durch Medien fixierten Überlieferungen der Vergangenheit den Vorzug zu geben. Es wirkt fundierend und alltagsfern. Im kulturellen Gedächtnis, das »mit festen Objektivationen sprachlicher und nicht-sprachlicher Art« wie zum Beispiel Ritualen, Tänzen und Mythen arbeitet, gerinnt Vergangenheit »zu symbolischen Figuren, an die sich die Erinnerung heftet.«[43] Es rückt von den unwiederholbaren Erfarungen Einzelner ab, wirkt symbolisch kodierend und entzieht sich Veränderungen. Seine Merkmale sind Geformtheit, Organisiertheit und Verbindlichkeit.[44] Kurz, das kulturelle Gedächtnis bewahrt Fixpunkte der Vergangenheit bzw. typisierbare Erfahrungen. Seine Fixpunkte werden »durch kulturelle Formung (Texte, Riten, Denkmäler) und institutionalisierte Kommunikation (Rezitation, Begehung, Betrachtung) wachgehalten.«[45]

Die zeitliche Grenze zwischen kommunikativem und kulturellem Gedächtnis liegt Assmann zufolge bei 80 Jahren. Aber schon nach der Hälfte der Zeit beginnen beide Gedächtnisformen parallel zu verlaufen. Wer heute Aufnahmen aus der Zeit des Nationalsozialismus anschaut, kann den Blick meist nicht mehr auf eigene Erfahrung beziehen. Den Schub der Erinnerungs- und Sammlerarbeit (für den auch *Schindlers Liste* steht)

**41** | Ebd., S. 15.

**42** | Assmann 1992, S. 50.

**43** | Ebd., S. 52.

**44** | Vgl. ebd. S. 56.

**45** | Assmann 1998, S. 12.

führt Assmann darauf zurück, dass auf der einen Seite der Wunsch der Zeitzeugen wachse, ihre Erinnerungen, die das kommunikative Gedächtnis bilden, weiterzugeben, während auf der anderen Seite die folgende Generation die aussterbende Zeitzeugengeneration als Geschichtsquelle erkenne und sich um eine Fixierung deren historischen Erfahrungen im kulturellen Gedächtnis bemühe. Den Übergang des Nationalsozialismus in das in das kulturelle Gedächtnis, der sich mit dem momentan stattfindenden Generationenwechsel vollzieht, kann durchaus als Erklärung für das große Interesse und den Erfolg von Spielbergs Film herangezogen werden.[46] *Schindlers Liste* entstand demnach in einer Schwellensituation, die »durch die Gleichzeitigkeit zweier ungleichzeitiger Arten des kulturellen Umgangs mit dem Holocaust geprägt«[47] ist. Letztendlich stellt Spielberg den Holocaust mit künstlerischen Mitteln dar, die nicht nach den Maßgaben des kommunikativen, wohl aber nach den Konventionen des kulturellen Gedächtnisses Authentizität vermitteln. Mit anderen Worten, während die von Lanzmann in *Shoah* befragten Überlebenden versuchen, ihre individuellen, aber bruchstückhaften Erfahrungen des Holocaust mitzuteilen und von einem kommunikativen Gedächtnis zeugen, gestaltet Spielberg den Stoff in schematisierten ästhetischen Formen, die der Verbindlichkeit des kulturellen Gedächtnisses entsprechen.

## Für Repräsentation

Lanzmanns und Lytotards Position teilt Susan Sontag nicht, sondern gesteht eine unwiderrufbare Erschütterung und umfassende Verwundung ihrer selbst durch Aufnahmen der Konzentrationslager ein. Rückblickend bezeichnet sie in *Über Fotografie* (1977) den ersten Anblick von Fotografien aus Bergen-Belsen und Dachau als »negative Epiphanie« und als eine »Art der Offenbarung, wie sie für unsere Zeit prototypisch ist.«[48] Eindrücklich beschreibt Sontag, dass ein Blick nicht zurückzuholen ist, unabhängig davon wie sehr sie sich wünscht, vor den Bildern die Augen zu schließen und sich ins Nichtwissen zurückfallen zu lassen. Die niederschmetternden Bilder aus den Lagern lassen die Zwölfjährige vor Angst erstarren, zugleich bilden sie den Anfang einer seelischen Bewegung, die

**46** | Martínez 2004, S. 57.

**47** | Ebd.

**48** | Susan Sontag, *Über Fotografie*, Frankfurt am Main 1984, S. 25.

untrennbar mit ihren existentiellen, politischen und moralischen Erwartungen verwoben ist.[49] Eindrücklich demontiert Sontag die Behauptung, dass Repräsentationen des Schreckens diesen nicht vermitteln können und zudem die Vorstellungskraft des Betrachtenden lahmlegt.

Für Jacques Rancière hingegen ist in *Die Politik der Bilder* (2005) das Dogma der Undarstellbarkeit nicht aufrechtzuerhalten, weil ein prinzipielles Bilderverbot nach seiner Auffassung

> »die Probleme der Regulation der repräsentativen Distanz in Probleme der Unmöglichkeit der Repräsentation [verwandelt], das Verbot schleicht sich also in diese Unmöglichkeit ein, wobei es sich selbst verleugnet, indem es sich als einfache Konsequenz der Eigenschaften des dargestellten Gegenstands ausgibt.«[50]

In seinem Denken geht Rancière nicht von der Kunst als solcher aus, sondern unterscheidet »drei große Regime der Identifizierung dessen, was wir *Kunst* nennen.«[51] Alle Regimes definieren Tätigkeiten des Herstellens, Erkennens und Umgehens mit dem, was jeweils als Kunst gilt. Die ersten beiden, das ethische und das repräsentative Regime, nehmen ihren Anfang in der Antike. Das ethische Regime, das Rancière in Bezug auf Plato erläutert, stellt die Frage nach dem Ursprung, dem Wahrheitsgehalt, dem Gebrauch und der Wirkungen von Bildern in Bezug auf die Gemeinschaft. Im später einsetzenden repräsentativen Regime, dieses beginnt bei Aristoteles, stehen all jene Regeln im Zentrum, die das Verfertigen von Kunstobjekten definieren. Regeln, die eng verbunden sind mit der Einteilung von Sujets der Kunst in hohe und niedrige oder mit der Ordnung der Künste in verschiedene Gattungen, Genres etc. In Rancières Argumentation ist die Annahme einer Undarstellbarkeit ausschließlich in dem repräsentativen Regime der Kunst denkbar:

> »Dieses Regime reguliert die Beziehungen zwischen dem Sagbaren und dem Sichtbaren, zwischen der Entfaltung der Schemata des Verstandes und den

**49** | Vgl. Georges Didi-Huberman, »Das Öffnen der Lager und das Schließen der Augen«, in Ludger Schwarte (Hg.), *Auszug aus dem Lager: zur Überwindung des modernen Raumparadigmas in der politischen Philosophie*, Bielefeld 2007a, S. 11-45, hier S. 17.

**50** | Jacques Rancière, *Die Politik der Bilder*, Zürich/Berlin 2005, S. 130.

**51** | Jacques Rancière, *Die Aufteilung des Sinnlichen*, Berlin 2008, S. 36.

sinnlichen Erscheinungen. Man kann daraus schließen, daß das Undarstellbare, wenn überhaupt, so nur innerhalb dieses Regimes existieren kann. Denn dieses Regime definiert die prinzipiellen Vereinbarkeiten und Unvereinbarkeiten, die Bedingungen der Zulässigkeiten und die Kriterien der Unzulässigkeiten.«[52]

Gegenüber den autoritären Dispositiven des ethischen und repräsentativen Regimes verhält sich das ästhetische Regime Rancière zufolge demokratisierend, alle Bilder und alle Sujets sind hier gleichwertig. Es entzieht sich allen ehemals festgelegten Regeln und den damit verbundenen Hierarchien, seien es die ethischen zwischen »wahren« und »falschen« Lehren, seien es die repräsentativen Hierarchien zwischen dem »Darstellungswürdigen« und dem »Unwürdigen«. Mit dem Verlassen repräsentativer Ordnungen, Rancière verortet den Bruch mit repräsentativen Hierarchien in der Wende zum 19. Jahrhundert, hält eine Wahrnehmung Einzug in die Kunst, für die alle vormals hierarchisierten Inhalte gleich sind. Dewegen werde im ästhetischen Regime die Frage nach der richtigen oder falschen Darstellung sowie die Behauptung der Undarstellbarkeit hinfällig.[53] In diesem Sinne haben in Lanzmanns *Shoah*

»die Probleme der Undarstellbarkeit und der Adaption der Mittel und Zwecke der Repräsentation [...] eher relativen Charakter. Wenn man weiß, was man darstellen will - für Claude Lanzmann handelt es sich hier um die Wirklichkeit des Unglaublichen, um die Gleichheit des Wirklichen und des Unglaublichen -, dann gibt es keine Eigenschaft des Ereignisses, die die Darstellung verbietet, die die Kunst, im Sinne des Kunstgriffs, verbietet. Es gibt kein Undarstellbares als Eigenschaft des Ereignisses. Es gibt nur Möglichkeiten der Auswahl.«[54]

---

**52** | Rancière 2005, S. 135.

**53** | Jedoch zeigt sich der egalisierende Effekt der Wahrnehmung bzw. Sinnlichkeit nur in der Reibung mit identifizierbaren Gegenständen, Bedeutungen und Geschichten. Im ästhetischen Regime liegt jedem Kunstwerk ein unentscheidbarer Streit zwischen hierarchisierten Verständlichem und Entzug des Verstehens durch rauschhafte Sinnlichkeit, zwischen »Konsens« und »Schizophrenie« zugrunde. Jedes Kunstwerk unterliegt also einer Doppellogik von Kontinuität und Bruch, die Rancière als »Bild-Satz« bezeichnet. In dieser paradoxalen Einheit können sowohl Bild als auch Satz die Rolle der Unterbrechung ebenso wie die des Zusammenhangs übernehmen. Vgl. Rancière 2005, S. 57f.

**54** | Ebd., S. 149.

Zudem argumentiert Rancière in *Der emanzipierte Zuschauer* (2008), dass Lanzmann mit dem Argument des Undarstellbaren zwei Arten von Repräsentation in einen Widerspruch setze, der nicht fraglos aufrecht erhalten werden könne. Keineswegs sei die Rede eine Manifestation des Unsichtbaren, das dem Sichtbaren gegenteilig gegenüber liege:

> »Wer durch eine Erzählung bezeugt, was er in einem Todeslager gesehen hat, vollzieht genauso eine Darstellung wie derjenige, der versucht hat, eine sichtbare Spur aufzuzeichnen. Auch seine Rede erzählt nicht das Ereignis in seiner Einheit, sie ist nicht sein manifestierter Schrecken. Man wird sagen, dass darin ihr Verdienst liegt, dass sie nicht alles sagt, dass sie zeigt, dass man nicht alles sagen kann. Doch das begründet einen radikalen Unterschied zum ›Bild‹ nur dann, wenn man diesem willkürlich unterstellt, es hätte den Anspruch alles zu zeigen.«[55]

Nach Rancière erweist sich der unauflösliche Gegensatz von Bild und Rede als gegenstandslos, weil beide in einem komplexen Beziehungsspiel »zwischen dem Sichtbaren und dem Unsichtbaren, dem Sichtbaren und das Wort, dem Gesagten und dem Ungesagten«[56] hergestellt werden. Ebenso wie das Bild sei die Erzählung niemals als ein Duplikat der Sache zu denken, sondern immer als eine Veränderung, Verdichtung und Verschiebung, die in einen Vorgang der Bedeutungsproduktion eingebettet ist. Kurz, beide unterliegen einem Figurationsprozess, der einem bestimmten Dispositiv des Filmemachers folgt. Letztendlich spiele Lanzmann Rancière zufolge ein doppeltes Spiel: Zwar postuliere er, die Stimme des Zeugen der Lüge des Bildes entgegenzusetzen, komme jedoch selber nicht ohne Bilder aus und hierarchisiere diese auf fragwürdige Weise.

## Bilder trotz allem

»Um zu wissen, muß man sich ein Bild machen.«[57] Mit diesem Satz zieht Georges Didi-Huberman das Dogma Undarstellbarkeit als normative Grundlage für einen angemessenen Umgang mit dem Holocaust in Zweifel. Eingehend beschäftigt er sich in *Bilder trotz allem* (2003) mit zwei von

**55** | Jacques Rancière, *Der emanzipierte Zuschauer*, Wien 2009, S. 108.
**56** | Vgl. ebd., S. 111.
**57** | Didi-Huberman 2007, S. 15.

vier Fotografien, die ein anonymes Mitglied des Sonderkommandos im Auftrag des polnischen Widerstandes im August 1944 als Beweis für die Vernichtungslager in Auschwitz-Birkenau anfertigte. Auf ihnen ist ein schwarzer Türrahmen zu sehen, welcher in der Geschichte dieser Fotografien oftmals wegretuschiert wurde, um die Aufmerksamkeit auf das zu lenken, was durch die Tür zu sehen ist, nämlich eine Gruppe nackter Frauen und Kinder auf dem Weg in die Gaskammer und die im Freien vorgenommene Einäscherung von Vergasten. Laut Didi-Huberman stellt dieser Türrahmen, der nichts zu sehen gibt, weil er nur das Schwarz eines dunklen Innenraums wiedergibt, das Innere der Gaskammer dar, in der sich der Fotograf vor der Wache versteckt hält, um heimlich fotografieren zu können.[58] Trotz des fehlenden und letztlich unmöglichen Gesamtbilds könne nicht so getan werden, als gebe es keine Fotografien aus den Lagern. Vielmehr seien diese Bilder »Risse«, die »trotz allem« einen Widerschein und Moment des Realen bieten würden.[59] Mit der Formulierung »trotz allem« will Didi-Huberman »den produktiven Akt dieser Bilder selbst zum Ausdruck bringen [...] einen Akt des Widerstands in Auschwitz im Jahr 1944«.[60]

Für Didi-Huberman beruht die Zeugenschaft dieser Bilder nicht in dem, was auf ihnen als Bruchstücke der Realität festgehalten wird. Vielmehr bezeugen sie gerade durch ihre Unschärfe und ihren Ausschnitt die existenzielle Verfasstheit der Todeslager. Sie sind unvollkommene Bilder, »bedeutungslos und unentzifferbar« wie jedes Archivbild, »solange man keine spekulative Verbindung imaginiert, die das, was man dort sieht, mit dem, was man aus anderer Quelle weiß, verbindet.«[61] Es ist die notwendige Arbeit an der Lesbarkeit der Geschichte, die Didi-Huberman

**58** | Didi-Huberman reagiert mit seinem Text auf eine polemische Diskussion, die sich an seinem Katalogbeitrag zu der von Clement Cheroux kuratierten Ausstellung *Mémoire des Camps* (2001) entzündete. Gerard Wajcman und Elisabeth Pagnoux fechten Didi-Hubermans Interpretation der Aufnahmen in der von Lanzmann herausgegebenen Zeitschrift »les temps modernes« an. Sie werfen Didi-Huberman vor, er würde die Fotografien auf unangemessen religiöse Weise fetischisieren. Ebenso beteiligt sich Lanzmann an der Debatte und bezichtigt Didi-Huberman des Voyeurismus und Vergnügens am Entsetzen.

**59** | Vgl. Didi-Huberman 2007, S. 121.

**60** | Vgl. ebd., S. 93.

**61** | Ebd., S. 163.

nachdrücklich betont. Er macht deutlich, dass die geschichtliche Zeugenschaft der Bilder immer ein Erzeugnis eines konstruierenden, montierenden Moments sind. Im Rekurs auf Benjamin verweist er auf die Möglichkeit, durch die ästhetische Strategie der Montage Aspekte einer Undarstellbarkeit in die Darstellung selbst zu integrieren:

»›Was man nicht sehen kann, muß man zeigen.‹ […] Die erste und einfachste Möglichkeit, zu zeigen, was sich der Möglichkeit entzieht, besteht darin, das Dargestellte in der Montage nur indirekt zum Vorschein zu bringen […] Was man nicht sehen kann, muß man also zu einer Montage machen, um die Differenzen, die einige lückenhafte visuelle Monaden voneinander trennen, so gut es eben geht zu denken zu geben. Auf diese Weise läßt sich trotz allem erkennbar machen, was niemals vollständig erfaßbar ist und in seiner Gesamtheit unzugänglich bleibt.«[62]

Unter Rückgriff auf Godards filmische Montage in *Histoire(s) du cinéma* (1988-1998) als Beispiel einer sich ihrer Grenzen bewussten ästhetischen Strategie der Darstellung erklärt Didi-Huberman, dass kein Bild »ein genaues Bild« (une image juste), sondern jedes Bild »bloß ein Bild« (juste une image) sei.[63] Nach seiner Auffassung ergibt sich Erkenntnis erst durch Montage, sie kontextualisiert Bilder und macht Geschichte lesbar. Didi-Hubermann erläutert: »Das Bild ist weder nichts noch alles, es ist nicht einfach – es ist nicht einmal zweifach. Es entfaltet sich dem Mindestmaß an Komplexität, das zwei aufeinandertreffende Perspektiven unter dem Blick einer dritten Perspektive hervorbringen.«[64] Das heißt, historische Lesbarkeit stellt sich nicht im Beharren auf die dokumentarische Echtheit her, sondern durch die Kombination mit anderen Bildern oder anderen Zeugnissen. Folglich sei Montage eine Strategie, die »dem Denken seinen Ort im Visuellen«[65] verleihe.

So wie Benjamin bemerkt, dass der historische Index der Bilder nicht nur sagt, »daß sie einer bestimmtem Zeit angehören«, sondern vor al-

**62** | Ebd., S. 191 und S. 196.

**63** | Ebd., S. 192.

**64** | Ebd., S. 215.

**65** | Ebd., S. 198.

lem, »daß sie erst in einer bestimmten Zeit zur Lesbarkeit kommen«[66], folgert auch Didi-Huberman, dass eine Lektüre der Geschichte nur erfolgen kann, wenn die Gemachtheit der Bilder aus heutiger Perspektive zur Sichtbarkeit gebracht wird.[67] Erst mit der Kontextualisierung von Bildern und ihrer neuen Verortung (in einer anderen Montage) könne ein Denken in Gang gesetzt werden, das davor schütze, die Dinge im Unbegreiflichen zu belassen. Erst dann könnten sich die Augen auf die Bilder öffnen und Geschichte lesbar werden. »Das Gedächtnis der Shoah«, so Didi-Huberman, »muss unablässig neue Zusammenhänge herstellen, neue Ähnlichkeiten und Unterschiede hervorbringen, sich unblässig neu konfigurieren und nach Möglichkeit an Präzision gewinnen.«[68] Hingegen ist ein Beharren auf dem Undarstellbaren, Undenkbaren sowie dem Unvorstellbaren nach Didi-Huberman »eine bloße Weigerung, das Bild zu denken.«[69]

Es ist auffällig, dass Didi-Huberman in seinem Bestreben das Dogma der Undarstellbarkeit zu widerlegen, selbst einen neuen moralischen Imperativ einführt. Ihm zufolge müssen diese Bilder entstehen, sie müssen zeigen, dass diese unvorstellbare Situation tatsächlich existiert hat. Gleichzeitig setzt die moralisch-kritische Kontextualisierung, die Didi-Huberman vorschlägt, ein spezifisches Wissen voraus, nämlich die Kenntnis eines Archivs von anderen Bildern und Diskursen. Erst mit der Einbettung in dieses Wissen kann das Bild seinen Sinn entfalten.

Ich werde diese Diskussion nicht weiter verfolgen, denn was mich eigentlich interessiert, ist den Weg zu verfolgen, auf den Fast diese etablierten Theoriekonzepte in sein Projekt einfließen lässt. Indem *Spielberg's List* sich dem zentralen Protagonisten in Lanzmanns Beweisführung zuwendet, zeigt Fast Lücken zwischen den theoretischen Versprechen der Un-/Darstellbarkeit und der konkreten Umsetzung von Kunstprojekten auf und weiß diese geschickt zu nutzen. Die Diskussion um *Schindlers Liste*, die Kritik der »Spielbergianisierung«[70] des Holocaust und die Rei-

**66** | Walter Benjamin, »Erkenntnistheoretisches, Theorie des Fortschritts«, in Hermann Schweppenhäuser und Rolf Tiedemann (Hg.), *Walter Benjamin, Gesammelte Schriften*, Band V.1, Frankfurt am Main 1974c, S. 570-611, hier S. 577f.

**67** | Didi-Huberman 2007a, S. 14.

**68** | Didi-Huberman 2007, S. 225.

**69** | Ebd., S. 224.

**70** | Vgl. Georg Seeßlen, *Steven Spielberg und seine Filme*, Marburg 2001.

bungen, die sich in der Schwellensituation zum Übergang in das kulturelle Gedächtnis zwischen den verschiedenen Modi des Erinnerns ergeben, bilden die Ausgangslage, aus der Fast seine Arbeit *Spielberg's List* entwickelt. Statt die alten Debatten um Spielbergs Film unter veränderten Vorzeichen fortzusetzen, gelingt es ihm, an der Figur des Zeitzeugen die wechselseitigen Beziehungen von Realität und Fiktion zu thematisieren.

## In medialen Zwischenräumen nisten

Tatsächlich verpflichtet sich Fast in *Spielberg's List* einem scheinbar neutralen Blick auf seine Protagonisten und die Orte, die in ihren Erzählungen vorkommen. Es ist kein Zufall, dass er sich für die Form des Zeitzeugen-Interviews entscheidet. Zeitzeugen laden den Zuschauer zu einer Identifikation mit den Geschehnissen ein. Ihr Bericht umfasst persönliche Empfindungen und Erfahrungen und verleiht dem geschilderten historischen Ereignis Glaubwürdigkeit. Zugleich schafft sein Auftreten eine affektive Bindung des Zuschauers an das Erzählte.[71]

Harald Welzer zufolge ist die durch den Zeitzeugen vermittelte emotionale Bedeutsamkeit des geschilderten Ereignisses zweifach wirksam. Zum einen sichere sie dem Erzählendem die Überzeugung, dass er sich genau erinnert. Zum anderen gelangt der Zuhörer zu der Ansicht, einem authentischen Bericht beizuwohnen, der seinerseits für ihn an Bedeutung gewinnt. Unabhängig davon, ob die Schilderung deckungsgleich mit fundierten historischen Fakten ist oder nicht, spielt die emotionale Besetzung des Erzählten eine tragende Rolle. Welzer erklärt:

»Hinsichtlich der Kommunikation von Erinnerungen ist das besonders deswegen interessant, weil ja nicht nur eine Geschichte – falsch oder richtig – erzählt wird, sondern sich über den Duktus des Erzählens wiederum das Hören der Geschichte zu einem emotionalen Ereignis macht, das jenseits des inhaltlich Mitgeteilten Bedeutung hat.«[72]

---

**71** | Vgl. Keilbach 2008, S. 141.

**72** | Harald Welzer, *Das kommunikative Gedächtnis. Eine Theorie der Erinnerung*, München 2002, S. 42-44.

Was in *Spielberg's List* auf den ersten Blick als Rückgriff auf eine wohlbekannte Konvention eines Dokumentarfilms durchgehen mag, entpuppt sich bei näherer Betrachtung als ein geschickter Verweis des Künstlers auf die Produktion einer filmischen Illusion von »ungestellter« Realität. Fasts Interesse gilt der Arbeit an der Authentizitätsfiktion des Dokumentarischen, deren Mechanismen er zugleich aufdeckt und seinerseits anwendet.

Die künstlerischen Eingriffe Fasts in das Material werden vor allem durch die voneinander abweichenden Untertitel der Interviews augenfällig. Sie markieren für den Zuschauer, was dieser sonst vergessen soll. Nämlich, dass im Dokumentarfilm zugunsten des Eindrucks von Wirklichkeitsnähe selektive Prozesse (wie die Wahl der Zeugen und die Editierung ihrer Schilderungen) ausgeblendet werden. In der Regel bleibt ebenso die Machtverteilung innerhalb der Interaktion zwischen Fragesteller/Filmemacher und Interviewpartner unerwähnt. Das heißt auch, dass die flüssige Rede im Interview nur scheinbar frei ist. Sie ist einer Montage unterworfen, die bestimmten dramaturgischen Spannungsmustern folgt. Somit treibt Fast mit der konstanten Abwandlung der Untertitel ein narratives Organisationsprinzip auf die Spitze, das der Zuschauer üblicherweise kaum wahrnimmt, aber jedem Interview zu eigen ist. Dazu schreibt Hito Steyerl in *Die Farbe der Wahrheit* (2008):

»Denn fast jedes filmische Interview ist ein montierter Kompromiss zwischen den Aussagen der Protagonisten und der Vorstellung des Regisseurs darüber, was sie eigentlich sagen sollten. Je nachdem tendiert das Ergebnis mal mehr in die eine, mal mehr in die andere Richtung. Ein Interview ganz ohne Eingriffe ist kaum vorstellbar, zumal schon die Fragen, die Kadrage etc. Beeinflussungen der Aussagen darstellen. Insofern sind Montagen Kreuzungspunkte, an denen sich zwei Narrative vermitteln: das des Protagonisten und das des Monteurs, der daraus oft erst eine kohärente Erzählung macht. Die Aussagen der Befragten werden einem Narrativ unterworfen, das festlegt, was sie sagen sollen.«[73]

Folglich basiert die Autorität des Zeugenberichts oftmals weniger auf historischer Faktizität, sondern auf einer »Gemachtheit«, einer »artefactua-

**73** | Steyerl 2008, S. 67.

lité« im Sinne Derridas.[74] Das heißt, mit dem sichtbaren Form des Zeitzeugenberichts geht immer eine visuelle Konditionierung auf bestimmte mediale Rhetoriken einher. So prägte etwa die »Shoah Foundation«, die Spielberg 1994 als Nachfolgeprojekt von *Schindlers Liste* gründete, durch ihr schematisiertes Aufnahmenverfahren visuelle Standards und verbreitete ihre vereinheitlichten Aufnahmen der Zeugenberichte weltweit.[75] In den jeweils etwa zweistündigen Interviews wurden die Zeitzeugen dazu

---

**74** | Als ein Bild-Beweis der Aussage ist das mediale Protokoll des Interviews in Derridas Ansicht ambivalent, da es zum einen dessen Wiederholbarkeit (im juristischen Zusammenhang) garantiert und zum anderen für Authentizität als künstlich erzeugtes Produkt einer Darstellung steht. Derrida zufolge ist mediale Natürlichkeit immer künstlich, weil ihre Wirklichkeit und Wahrheit das Konstrukt eines technischen Netzwerkes ist und eine Auswahl darstellt. So geht er davon aus, dass jeder öffentliche und damit protokollierbarer Akt des Sprechens an ein »mediales Dispositiv« geknüpft ist, das Authentizität im Sinne von Unmittelbarkeit des Gegebenen fragwürdig erscheinen lässt. Da insbesondere die Informationsmedien ihre Repräsentationen als Wahrheit und Tatsachenberichte präsentieren, prägt Derrida den Begriff »artefactualité«, den er wie folgt definiert: »Dieses Schachtelwort ›artefactualité‹ soll zunächst bedeuten, daß es Aktualität im Sinne dessen, ›was aktuell ist‹ oder dessen, ›was unter dem Namen Nachrichten im Radio oder Fernsehen verbreitet wird‹, nur in dem Maße gibt, wie ein Ensemble technischer und politischer Dispositive aus einer nicht endlichen Masse von Ereignissen die ›Tatsachen‹ gewissermaßen auswählt, die die Aktualität ausmachen sollen: das, was man unter diesen Umständen ›die Tatsachen‹ nennt, aus denen sich die ›Informationen‹ speisen.« Jacques Derrida und Bernard Stiegler, in Peter Engelmann (Hg.), *Echographien, Fernsehgespräche*, Wien 2006, S. 56.

**75** | Um die Geschichte des Holocaust zu dokumentieren, gründete Spielberg die »Survivors of the Shoah Visual History Foundation« und ihr »Visual History Archive«, die mit 60 Millionen Dollar ausgestattet wurden. Neben der Archivierung sieht die Stiftung eine Verbreitung des Materials zu pädagogischen Zwecken vor. In den folgenden fünf Jahren führten ehrenamtliche Mitarbeiter 52.000 Interviews in 56 Ländern. Das gesammelte Filmmaterial mit einer Gesamtdauer von etwa 120.000 Stunden wurde verschlagwortet, katalogisiert und auf digitalen Datenträgern archiviert. Seit 2006 ist die »Shoah Foundation« Teil der University of Southern California (USC), an der das »Shoah Foundation Institute for Visual History and Education« gegründet wurde.

aufgefordert, sich zu der Vorkriegszeit, der Verfolgung und der nachfolgenden Zeit zu äußern. Die Interviews fanden in den privaten Wohnungen der Menschen statt, wurden in ihrer Muttersprache geführt und in einer einzigen, gleichbleibenden Kameraeinstellung gedreht. Nach dem Ende der eigentlichen Erzählung präsentierten die Überlebenden ihre Familie, um ihr Weiterleben zu dokumentieren. Somit findet nicht nur Spielbergs Film, sondern auch seine Stiftung ihr Echo in *Spielberg's List.* Gleich dieser befragt Fast seine Interviewpartner in deren privater Umgebung und übernimmt visuelle Konventionen, die die »Shoah Foundation« begründet hat. Jedoch stört er diese durch seine gezielte Beeinflussung der Untertitel auf sicht- und hörbare Weise. Er rückt die Sprache ins Bild und diese ist, wie Fast deutlich macht, eine potenziell trügerische Komponente in der Wahrheitsproduktion. Selbst der Dolmetscher ist in seiner Übersetzung der Interviews kein neutraler oder verlässlicher Zeuge, wie die divergierenden Untertitel belegen. Vielmehr wird der Filmdreh zu einem gewaltsamen Akt, schreibt Maria Muhle in ihrem Artikel *Omer Fast: When Images Lie... About The Fictionality of Images* (2009):

»Fast introduces a parellelism based on the homonymy of the word ›to shoot‹: to shoot someone, to shoot a film. The factories become the film set, the machine gun becomes the camera, taking people becomes taking pictures, Amon Goth becomes Spielberg, to make a film (or to shoot a movie) is thus a violent act that has to deal with a reality that withdraws from representation. The search for authenticity, for historical details (the photocopies of the ›authentic‹ lists) or for a true image condemns Spielberg's attempt to failure.«[76]

Gemäß Steyerls Konzept der »Dokumentalität« hebelt Fast die Authentizitätsstrategien des Dokumentarischen aus und macht sie sich zu nutze.[77]

**76** | Maria Muhle, »Omer Fast: When Images Lie... About The Fictionality of Images«, in *Afterall Journal*, Nr. 20, 2009, S. 36-44, hier S. 42.

**77** | Steyerl plädiert dafür, den Gebrauch dokumentarischer Formen als unterschiedliche »Politiken der Wahrheit« im Sinne Foucaults zu untersuchen. Die verstärkte Thematisierung von dokumentarischen Verfahrensweisen in künstlerischen Produktionen unterscheidet sie in zwei grundsätzliche Strategien. Zunächst umreißt sie den »flat documentary style«, der die Adaption von dokumentarischen Mitteln als Instrument zur Authentizifierung nutzt. Als Gegenentwurf zeichnet Steyerl das Idealbild der »Dokumentalität«. In Anlehnung an Foucaults

Die widerspenstigen Untertitel unterwandern die Aussagen der Interviewten und weisen in ihren Abweichungen darauf hin, dass Dokumentarfilme stets interessegeleitete Konstrukte sind. Gleichzeitig verzichtet Fast darauf, dokumentarische Strategien als ein Korrektiv von fiktionalen Dramaturgien vorzuschlagen. Vielmehr macht er sich an der strikten Unterscheidung von Fiktion und Dokumentation zu schaffen. Entsprechend seiner Vorlage greift Fast in *Spielberg's List* gängige dokumentarische Codes auf, die mit der Repräsentation des Holocaust verknüpft sind. Jedoch tut er dies nicht, um wie Spielberg eine Authentizitätsfiktion zu erschaffen und vermeintliche Gewissheiten über die Vergangenheit zu produzieren, sondern um die Fiktion von Wahrheit zu unterlaufen.

Bezeichnend hierfür ist, dass Fast seine Videoarbeit durch die formale Gestaltung in die Nähe des »Mockumentary« rückt. Der Begriff »Mockumentary» setzt sich aus den englischen Wörten »to mock« (zu Deutsch spotten, sich mokieren, aber auch nachahmen) und »documentary« (Dokumentarfilm) zusammen. Im Zentrum eines Mockumentary steht immer sein Vorbild, der Dokumentarfilm, dessen ästhetische Merkmale er adaptiert. Im Gegensatz zu seinem Vorbild präsentiert ein Mockumentary seinem Publikum jedoch fingierte Inhalte, deren Enthüllung als Täuschung seinen ebenso charakteristischen wie unverzichtbaren Bestandteil darstellt. Demzufolge gründet sich die Besonderheit eines Mockumentarys im Erkennen des spannungsgeladenen Verhältnisses von Beglaubigung und Irreführung. Der Zuschauer wird zu der Frage angestiftet, ob er einen echten Dokumentarfilm sieht oder nicht. Diese Ambivalenz

Begriff der »Gouvernementalité« zeichnen sich künstlerische Arbeiten durch Dokumentalität aus, wenn sie nicht nur ihre dokumentarische Form und Bildsprache, sondern auch ihre Funktion als Produzent von Wahrheit einer genauen Prüfung unterziehen. Das heißt, in ihren Mittelpunkt rücken diese Arbeiten die spezifischen gesellschaftlichen Spielregeln, nach denen Wahrheiten »geschaffen« werden. Steyerls Konzept der »Dokumentalität« beschreibt den Ist-Zustand gängiger Beglaubigungsroutinen des Dokumentarischen und stellt zugleich den Stolperstein dar, der diese aus der Bahn werfen kann. Letztendlich steht der Begriff »Dokumentalität« für die Handlungsmöglichkeit, einer einseitigen Wahrheitsproduktion und den etablierte Ordnungen von Seh- und Denkgewohnheiten entgegenzuwirken. Vgl. Hito Steyerl, »Politik der Wahrheit – Dokumentarismen im Kunstfeld«, in *Springerin*, Heft 3, 2003, S. 18-21.

ist unabdingbar, denn würde der Film eindeutig als echter Dokumentarfilm gelesen und die fiktionalen Elemente nicht wahrgenommen werden, würde das Genre ebenso wenig funktionieren, als wenn der Zuschauer die Filme als typische fiktionale Filme lesen und dabei keinerlei Verbindung mit dem dokumentarischen Genre assoziieren würde. Mit anderen Worten, zum einen führt das Mockumentary fingierte Inhalte unter Verwendung von dokumentarischen Codes dem Zuschauer als Wahrheit vor. Zum anderen setzt das Genre auf den Moment der Enttarnung dieser fiktionalen Elemente, mit der die Pseudodokumentation zugleich den Blick für die Verfertigung von Realität im Medium Film schärft.[78]

Auch Fast nutzt den Hollywoodfilm wie ein Fundstück und beutet die in in seiner Vorlage angewendeten Repräsentationsstrategien aus. Er integriert nicht nur Material des Spielfilms in *Spielberg's List*, sondern bietet zahlreiche Personen als glaubwürdige Zeugen der Geschichte an. Erst nach einiger Zeit erweisen sich ihre Erzählungen als Irreführung. In dem Moment, in dem der Zuschauer die Irreführung erkennt, artikuliert sich ein Gefühl der Verunsicherung, wenn nicht gar der Befremdung. Auf diesen Effekt zielt Fast ebenso wie der Regisseur eines Mockumentaries ab. Jedoch entzieht sich die Videoarbeit der Einordnung als klassischer Mockumentary, weil sie Abstand von einer Entlarvung nimmt und auf einer Unentscheidbarkeit beharrt.

Zusammenfassend lässt sich festhalten, dass *Spielberg's List* ein historisches Ereignis aus der Sicht seiner Reinszenierung in der öffentlichen Darstellung der Mainstream-Medien betrachtet. Fast vollzieht Spielbergs Schritte nach und rückt den wunden Punkt von dessen Projekt in den Blick, nämlich das unbedingte Begehren nach Wahrheit und Echtheit mit Mitteln der Fiktion auszuloten. Der Verweis auf das Fiktionale, Inszenierte und Dramatisierte in dem dokumentarisch wirkenden Bildmaterial von *Schindlers Liste* dient Fast weniger dem kulturkritischen Fingerzeig auf die eigene Reflexivität, als vielmehr der Frage, welche Effekte die Ausdehnung der Fiktion des Hollywoodfilms im Leben seiner Protagonisten zeigt.

Während der Interviews spinnen die Berichte von Fasts Zeitzeugen eine ganz eigene Geschichte und schachteln Erzähl-, Realitäts- und Zeitebenen subtil ineinander. Trotz der Erkenntnis, in Fasts Arbeit nicht nur

**78** | Vgl. Maren Sextro, *Mockumentaries und die Dekonstruktion des klassischen Dokumentarfilms*, Berlin 2009, S. 48f.

Holocaust-Überlebenden zu begegnen, ist es für den Betrachter schwer, sich der Sogkraft der Erzählungen der Komparsen zu entziehen. Oftmals schildern diese ihre Erinnerungen an die Filmarbeiten in einer Weise, die der emotionalen Intensität der Erzählungen von Holocaust-Überlebenden über ihre leidvollen Erfahrungen in nichts nachsteht. Indem Fast seine Protagonisten in den Vordergrund stellt, beschäftigt dieser sich nach Tom Holert damit, »wie historische Wahrheit erzeugt wird und wie der Anspruch auf Wahrheit die Selbstorganisation des Individuums beeinflusst.«[79] Folglich ist es weniger die Kritik an einer filmischen Rhetorik als vielmehr die Möglichkeit, andere Menschen in der Begegnung zu Darstellern ihrer eigenen Erinnerung zu machen, die Fast an der Hinwendung zum Dokumentarischen reizt. Er sagt:

»I don't think I have made works with people who tell their story for the first time on camera. It's important for me to have people who at least have transitioned from having that experience to becoming protagonists in retelling the story, becoming active storytellers in a way. As a documentary, the work examines those dynamics: what happens in that process when we go from having an experience, which is not documented - to becoming performers of that experience.«[80]

## Zeugen zeigen

Ist die emotionale Erfahrung der Statistin in dem fiktionalen Setting der nachgebauten Filmkulisse weniger wahr, weniger real, als die der echten Augenzeugin? Es scheint, dass die glaubhafte emotionale Gehalt ihrer Erfahrung mit dem inszenierten Ereignis die Komparsen zu authentischen Zeugen einer Repräsentation macht. In diesem Sinne formuliert Fast unter Rückgriff auf Bill Nichols' Diktum »Documentary is a fiction (un)like any other«[81] seine Zweifel an der Notwendigkeit, an der Trennung des dokumentarischen und fiktionalen Genres festzuhalten. Die zentrale These

---

**79** | Tom Holert, »Aufmerksamkeitsspanne«, in Sabine Schaschl (Hg.), *Zur Erinnerung - Omer Fast*, Berlin 2010, S. 130-171, hier S. 138.

**80** | Kris Paulsen, »Omer Fast and Kris Paulsen: A Conversation«, http://wexarts.org/blog/omer-fast-and-kris-paulsen-conversation, letzter Zugriff am 22.02.2016.

**81** | Bill Nichols, *Representing Reality. Issues and Concepts in Documentary*, Bloomigton/Indianapolis 1991, S. 105.

des Filmtheoretikers lautet, dass Dokumentarfilme in ihrer Eigenschaft als andere Fiktion weniger Geschichte(n) erzählen, als dass sie unter Anwendung verschiedener Adressierungsweisen Argumente über die historische Welt hervorbringen. Ein dokumentarisches Argumentieren über die Welt kann in Nichols' Theorie imaginäre oder gar poetische Dimensionen annehmen. Unverkennbar klingt in Nichols' Auffassung des Dokumentarfilms als andere Fiktion John Griersons berühmte Formulierung an, nach der sich der Dokumentarfilm der »kreativen Behandlung der aktuellen Wirklichkeit (the creative treatment of actuality)«[82] verdanke. Dennoch fallen Fiktion und das Dokumentarische in Nichols' Theorie nicht in eins oder lassen sich nicht mehr differenzieren. Obwohl Dokumentarfilm nur eine »andere Fiktion« ist, unterscheidet er sich von der Fiktion des Spielfilms. In erster Linie aufgrund der unterschiedlichen Erzähl- und Addressierungsweisen und Zuschauererwartungen setzt Nichols eine Historizität des dokumentarischen Films und eine mythische Qualität des Spielfilms voraus. Dementsprechend merkt Fast an:

»Aber warum in Genres reden? [...] Schließlich präsentieren sowohl fiktionale als auch dokumentarische Filme Geschichten, die nach den Überzeugungen des Zuschauers fragen und deren Urteil über das Dargestellte sowohl anstoßen wie aufheben [...] wir [können] an die Wahrheiten von Fiktionen ebenso wie an jene von Nicht-Fiktionen glauben.«[83]

Obwohl das Auftreten eines Augenzeugen einen unmittelbaren Rückschluss auf ein historisch verbürgtes Ereignis zuzulassen scheint, handelt es sich bei seinem Bericht um einen Rekonstruktionsversuch, bei dem sich die Subjektivität der Wahrnehmung sowie die Möglichkeit des Irrtums nicht ausschließen lassen. Wer von ihnen berichtet, tut dies aus der Distanz und diese zeitliche Verschiebung beinhaltet die Gelegenheit, nachträgliche Veränderungen – bewusst oder unbewusst – vorzunehmen. In diesem Sinne bringt Steyerl ihre Zweifel an dem dokumentarischen Anspruch auf die Wiedergabe von Fakten im Zeitzeugeninterview zum Ausdruck:

**82** | John Grierson und Forsyth Hardy (Hg.), *John Grierson on Documentary* (1946), London 1979, S. 13.

**83** | Holert 2010, S. 146.

»Zeugen zu Garanten dokumentarischer Wahrheit zu machen bedeutet also, das Risiko eines eigentlichen bodenlosen Vertrauens einzugehen. Denn stellen Zeugen wirklich einen ungefilterten Zugang zur Realität her? Oder ist das Zeugnis nicht fundamental opak – subjektiv gefärbt, von Interessen geprägt, von Sprachbildern verführt, in Rechthaberei verliebt? Bezeugt es nicht vielleicht eher die Realität, wie sie gewesen sein soll, als die Realität, wie sie wirklich war? Kann es von dokumentarischen Artikulationen nicht aus dem Kontext gerissen, verstümmelt oder falsch wiedergegeben werden?«[84]

Es scheint, als wäre Fast weniger von einem chronischen Misstrauen gegenüber dem Zeugen als vielmehr von den Untiefen beflügelt, die der Vorgang der Verfertigung von Erinnerung in seiner Komplexität bereithält. Umreißt Steyerl die Figur des Zeugen als in sich ungesichert, »sie balanciert an ihrer Erinnerung entlang, wie an einem Geländer, das nur in ihrer Einbildung existiert«[85], ernennt Fast dieses permanente Ringen um Gleichgewicht zu seinem Arbeitsfeld. Akribisch verfolgt Fast den Balanceakt zwischen Wahrheitsverpflichtung und Einbildung. Seine Faszination an der Figur des Zeitzeugen beschreibt Fast folgendermaßen: »Es ist eine erzählte Art von Erfahrung. Man kriegt eine gewisse Art von Distanz. Und in der Distanz finden manche Dinge statt, die für mich sehr interessant sind. Psychologische Dinge, das Unterdrücken, das Erfinden, die Selbstdarstellung der Erzähler.«[86]

Mit *Schindlers Liste* liegt der Selbstinszenierung seiner Zeugen ein überaus populäres Reenactment des historischen Moments zugrunde. In *Spielberg's List* folgt Fast dem Impuls, die Überkreuzung von privater und öffentlicher Erinnerung einzufangen. In dieser Überschneidung entsteht ein gespaltenes Subjekt des betrogenen/betrügenden Zeugen, das es Fast ermöglicht, »historische Ereignisse aus der Sicht ihrer öffentlichen Darstellung sowie der nachträglichen privaten und kritischen Erinnerungen derer zu betrachten, die ›vor Ort‹ waren, um sie wiedererstehen zu lassen.«[87] Fast begreift den Prozess, durch den das Ereignis

**84** | Steyerl 2008, S. 19.

**85** | Ebd., S. 18.

**86** | Tanja Runow, »Wie ein Vampir – Omer Fast im Gespräch mit Tanja Runow«, http://www.dradio.de/dlf/sendungen/corso/1645487/, letzter Zugriff am 10.10.2012.

**87** | Lütticken/Fast 2007, S. 151f.

zur Erinnerung wird, als ein Produkt von einer (Selbst-)Inszenierung, in dem psychische und mediale Mechanismen ineinandergreifen. Folglich unterbindet er in *Spielberg's List*, dass die erzählte Geschichte auf nur eine Dimension reduziert werden kann. Stattdessen zeigt er diese als instabil und durch Wiederholungen und Wiedergaben kontinuierlich veränderbar. *Spielberg's List* operiert, so Fast,

»mit der Ambiguität, die den Erfahrungen dieser Personen zugrunde liegt. Als Erzählende können sie eine unmögliche Vergangenheit in allen selbst erlebten Einzelheiten in Erinnerung rufen; als Zeugen haben sie reale Ereignisse durchlebt, die aber dennoch nur Kopien sind. Indem ich die Erinnerungen des Erzählenden und die Überlegungen des Zeugen derart mischte und ineinander schnitt, dass ihr ursprünglicher Standpunkt verloren ging und sie miteinander verschwammen, versuchte ich, sozusagen einen Zeitraum der dritten Art zu eröffnen, der mit den normalerweise unverrückbaren Vorstellung von Vergangenheit und Gegenwart, authentischem Ereignis und Kopie spielt.«[88]

Im Fehlen von Markierungen, die zuverlässig anzeigen, mit welcher Ebene der Betrachter es gerade zu tun hat, gründet sich die Irritation, die *Spielberg's List* auslöst. Die Erinnerung an das für den Film nachgebaute KZ der bloßen Statistin steht gleichberechtigt neben derjenigen einer Statistin, die im realen KZ interniert war. Das Souvenir-Foto von den Dreharbeiten steht neben dem Dokument aus dem wirklichen Lager. Beide werden gleichwertig behandelt und sind gleichermaßen glaubwürdig. Die Aufregung eines Statisten angesichts der Tatsache, dass während der Dreharbeiten eine »echte« Liste der KZ-Häftlinge ausliegt (die Untertitel lauten: »the original list as Xerox copy/The original list typed on a Gothic typewriter in German«) verdeutlicht, dass die Unterscheidung von Original und Kopie nicht immer gelingt. Gleichzeitig zeigt der emotionale Aufruhr, dass eine Grenzziehung nicht nötig scheint, um »wirkliche« Erfahrung und Erinnerung möglich zu machen. *Spielberg's List* führt den Prozess des Einnistens in den Zwischenräumen massenmedialer Narrationen mit all seiner Komplexität vor Augen. Und hier kann von einer »Entwirklichung« der Geschichte keine Rede sein. Mit *Spielberg's List* öffnet Fast einen Erinnerungsraum, der zwischen faktischen Erleben und fiktiver Darstellung angesiedelt ist. Seine Protagonisten (und ihre Betrachter),

**88** | Ebd., S. 143f.

müssen in ihm ihre möglichen Wirklichkeiten mit sich selbst ausloten. Mit anderen Worten, sein Verhältnis zur Realität und seine Wahrheiten bestimmt jeder in dieser Grauzone für sich selber.

## Unbewusste Strukturmatrizen

Was im letzten Unterkapitel skizziert wurde, war ein Schwinden der Grenze zwischen Fakt und Fiktion in Fasts Projekt, das sich dokumentarischer Genrecodes bedient. Angesichts der Tatsache, dass sich bildhafte Versatzstücke vor verbal weitergegebenen Aussagen über Geschichte schieben, ist der Appell dieser Überlagerung strikt entgegenzuwirken, zu einem kulturkritischen Reflex geworden. Mit Blick auf diese Debatte erklären sich sowohl die Aktualität von Fasts Arbeit, als auch die weitestgehend einhelligen Reaktionen auf diese innerhalb der Kunstkritik. Demnach stelle Fast mit *Spielberg's List* eindeutig eine Mahnung an die Mediengesellschaft in den Raum, seine Videoinstallation werfe Inke Arns zufolge

> »grundlegende Fragen zu einem drängenden und höchst komplexen Thema auf: Wenn irgendwann keine Augenzeugen mehr da sind, die über den Holocaust berichten können, wie wird sich unser Verständnis zu diesem verändern? Wird sich an diesem Verhältnis etwas ändern, wenn der Holocaust jenseits von Dokumentarfilmen oder Geschichtsbüchern nur mehr über Spielfilme à la *Schindlers Liste* vermittelt wird?«[89]

Aus Arns Perpektive bilden faktenorientierten Dokumentarfilme und auf den Affekt setzende Hollywoodfilme einen Gegensatz. Damit folgt sie einer traditionellen Unterscheidung, die das Erfundene/Fiktionale dem Spielfilm und das Vorgefundene/Dokumentierte dem Dokumentarfilm zuschreibt.[90] Zugleich ist ihre Schlussfolgerung von der Sorge einer Trivialisierung der Geschichte getragen. Gewiss zeugen die Bilder der Vi-

---

**89** | Arns 2007, S. 54.

**90** | Seit der in den 1970er Jahren einsetzenden wissenschaftlichen Auseinandersetzung mit Dokumentarfilmen hat diese Trennung jedoch an Relevanz verloren. Siehe zu dem Verhältnis zwischen Fiktion und Wirklichkeit als zentrales Problem der zeitgenössischen Dokumentarfilmtheorie Eva Hohenberger, »Dokumentarfilmtheorie. Ein historischer Überblick über Ansätze und Probleme«, in dies. (Hg.): *Bilder des Wirklichen. Texte zur Theorie des Dokumentarfilms*, Berlin

deoinstallation gleichzeitig von einem historischen Ereignis und dessen späterer Dramatisierung. Nach Fast erklärt sich das zweideutige Vergnügen von *Spielberg's List* genau aus dieser Verschiebung von Bedeutung.[91] Jedoch beschränkt er sich nicht darauf, ein bloßes Verblassen der Autorität einer auf Zeugenschaft beruhenden Authentizität zu thematisieren, sondern gibt mit der Einführung der Figur des »betrügenden/betrogenen Zeugen«[92] eine zweischneidige Antwort auf Arns Frage. Nach meinem Dafürhalten wird die Lesart einer simplen Medienkritik *Spielberg's List* nicht gerecht, da Fast seine Protagonisten klar in den Vordergrund stellt und diese mit ihren Schilderungen einer »unmöglichen Vergangenheit«[93] über eine einfache Medienkritik hinausweisen. Argumentieren möchte ich vielmehr, dass Fast in der Tat Auswirkungen von medialer Authentizitätserzeugung auf seine Interviewpartner zeigt, und zwar nicht im Sinne einer Komplexitätsreduktion oder »Entwirklichung« von Geschichte und Erinnerung, sondern im Sinne eines positiven Imaginationsraums, den sie sich zwischen Fakt und Fiktion erschließen. Sicherlich verkörpern die befragten Statisten den befürchteten Verlust autarker, lebendiger Erinnerung überdeutlich. Sowohl 50 Jahre als auch zehn Jahre sind eine lange Zeit nach der es schwer fällt, sich zuverlässig an Details der Vergangenheit zu erinnern und ein Lavieren von medialen Bildern in die persönliche Erinnerung auszuschließen. Schließlich ergeht es den ehemaligen Komparsen in *Spielberg's List* in ihren Erinnerungen an eine unmögliche Vegangenheit nicht anders als ihren medial geübten Zuschauern.

Mit Blick auf den unbewussten Import von medialen Bildern in die subjektive Erinnerung erläutert Welzer im Rekurs auf Erving Goffmann, dass Menschen bestrebt seien, in der Interaktion mit anderen ein gewisses Bild bzw. eine soziale Rolle von sich zu vermitteln, das kulturell bedingten Wahrnehmungsmustern folgt. Welzer zufolge stellt nicht nur das eigene Selbstbild, sondern auch das subjektive Erinnerungsvermögen immer eine Komposition aus Erzählungen von Familienmitgliedern, eigenen Wahrnehmungen und medialen Vorlagen dar. Unbewusst werden »Strukturmatrizen«, die auf kulturellen Rahmen bzw. sozial bedingten,

1998, S. 8-34 sowie dies. und Judith Keilbach (Hg.), *Die Gegenwart der Vergangenheit. Dokumentarfilm, Fernsehen und Geschichte*, Berlin 2003.

**91** | Holert 2010, S. 166.

**92** | Lütticken/Fast 2007, S. 152.

**93** | Ebd., S. 144.

erlernten Erfahrungsschemata basieren, in den eigenen Selbstentwurf integriert. Mit der Integration von Erinnerungen aus zweiter Hand werden auch Filme zu Wahrnehmungs- und Deutungsrahmen für Erlebnisse und strukturieren damit Erinnerungsprozesse.[94] Demnach ist die mentale Bilderwelt der Zeitzeugen zum einen bedingt durch das kollektive Imaginäre ihrer Kultur, der sie sozial angehören, zum anderen durch die Einmaligkeit und Unverwechselbarkeit der aus seiner individuellen Geschichte stammenden Bilder, und schließlich durch die wechselseitige überlagerung und Durchdringung beider Bilderwelten. Das heißt, Zeitzeugen adaptieren Geschichten, montieren Spielfilmszenen in die eigene biographische Erinnerung und bemerken diese Adaption von medialen Vorlagen nicht einmal, da sie einer bewussten Steuerung entzogen ist.

## Der Zeitzeuge als sozialer Akteur

Neben der Plausibilität seiner Geschichte gründet die Einschätzung der Glaubwürdigkeit eines Zeitzeugen maßgeblich auf seiner Erscheinung: Der Zeitzeuge »verkörpert« Glaubwürdigkeit. Seine physische Präsenz spielt eine wichtige Rolle dabei, diese zu herzustellen. Eigenheiten im Blick, in der Mimik oder in der Gestik verleihen dem Zeitzeugen eine Lebendigkeit, die ihn und seine Erzählung echt erscheinen lassen. Nach eigenen Angaben wählt Fast für seine Arbeiten bevorzugt Personen aus, die geübt darin sind, ihre Erlebnisse vor der Kamera zu schildern. Seine Interviewpartner orientieren sich an medialen Vorlagen und kulturellen Strukturmatrizen, die mit visuellen Konditionierungen einhergehen. Kurz, Fasts betrogene/betrügende Zeugen agieren anhand einer inneren Vorstellung, wie ein Zeuge auszusehen (und sich anzuhören) hat. Dass ein in seiner Erzählung geübter Zeitzeuge, wie Fast ihn für seine künstlerische Arbeit bevorzugt, in seiner Präsenz und Emotionalität nicht gänzlich unbefangen, sondern auf den Blick der Kamera ausgerichtet ist, deutet Bill Nichols mit dem Begriff des »sozialen Akteurs« an, den er im Rekurs auf Walter Benjamin entwirft.

In seinem einflussreichen Aufsatz *Das Kunstwerk im Zeitalter seiner technischen Reproduzierbarkeit* (1936) beschreibt Benjamin die Veränderung des Schauspielers Auge in Auge mit dem neuen Medium Film: »Dem

**94** | Vgl. Welzer 2002, S. 171-178.

Film kommt es viel weniger darauf an, daß der Darsteller dem Publikum einen anderen, als daß er der Apparatur sich selbst darstellt.«[95] Eben darin liege die besondere Testleistung, mit der sich der Schauspieler vor der Kamera ausstelle. Denn die Apparatur und auch das Eingreifen des Cutters nähmen stetig Stellung zu der Leistung des Schauspielers, der sein Spiel nicht mehr während der Darbietung dem Publikum anpassen könne. Nicht nur der Filmschauspieler entkomme zu keinem Zeitpunkt dem selbstentfremdenden Blick der Kamera, auf den er seine Gesten hin entwirft. Ebenso tiefgreifend verändere der Film die Wahrnehmung des Publikums. Ohne persönlichen Kontakt zum Filmdarsteller werde dieses zu Beobachtern, die die Sichtweise der Aufnahmeapparatur übernähmen.[96] Benjamin zufolge ist der Einfluss ihrer massenhaft technischen Reproduktion auf die Entwicklung der Kunst abzulesen an einer Verlagerung vom Kultwert zum Ausstellungswert sowie am Verlust der Aura, die dem einzigartigen, in kultische Tradition und Geschichte eingebetteten Werk ebenso zueigen war wie dem Bühnendarsteller die Magie persönlicher Gegenwart.

Gleich professionellen Schauspielern, die den Blick der Kamera verinnerlicht haben, setzen sich Nichols' soziale Akteure vor der Kamera in Szene. Im Dokumentarfilm nehmen sie die Pose ihres Selbst ein und spielen sich als Rolle, agieren also vor der Kamera anders als ohne sie.[97] Demnach bringen sich soziale Akteure selbst vor der Kamera zur Aufführung. Sie imaginieren, wie sie im Bild erscheinen werden und unterwerfen sich damit aus eigenem Antrieb dem kulturellen Bilderrepertoire und dessen narrativen Strukturen.[98] »Wir lernen, uns selbst mit den Augen der Kamera zu sehen; sich für attraktiv halten, heißt nichts anderes als zu glauben, daß man auf einem Foto gut aussehen würde,«[99] schreibt Susan Sontag über das Nachdenken des eigenen Erscheinens im und als Bild. Das heißt, Fasts Interviewpartner in *Spielberg's List* schildern nicht

**95** | Walter Benjamin, »Das Kunstwerk im Zeitalter seiner technischen Reproduzierbarkeit« (Dritte Fassung), in Rudolf Tiedemann, und Hermann Schweppenhäuser (Hg.), *Walter Benjamin, Gesammelte Schriften*, Band I.2, Frankfurt am Main 1974b, S. 473-509, hier S. 488f.

**96** | Vgl. ebd.

**97** | Nichols 1991, S. 120f.

**98** | Vgl. ebd., S. 42.

**99** | Sontag 1980, S. 84.

nur eine unmögliche Vergangenheit, sondern kalkulieren den Blick der Kamera mit ein und entwerfen eine Projektion ihrer Selbst. In diesem Moment der Projektion vollzieht sich eine Arbeit an der Subjektivität, die in ihrem Ergebnis jedoch in einem gewissen Maß unberechenbar bleibt, wie Hanne Loreck in ihrem Text *Diskrete Manöver zwischen Modul und Modell* (2013) ausführt:

»Wir entwerfen uns auf andere und eine Situation hin, werfen gleich dem Filmprojektor eine Vorstellung in den Raum, die, bildlich gesprochen, abhängig von der Oberfläche, auf die sie trifft, deutlich, scharf konturiert, oder aber auch fleckig und faltig sein kann, uneindeutig, unvollständig, imperfekt.«[100]

In diesem Sinne thematisiert *Spielberg's List* nicht nur das Verfertigen von Erinnerungen im Prozess des Erzählens, sondern auch die »Konstituierung des Subjekts-als-Schauspiel«[101] vor der Kamera. Wie lassen sich die vorangegangenen Überlegungen auf *Spielberg's List* übertragen? Fast sagt, er interessiere sich für den Prozess, »wie Erfahrung sich [...] in Erinnerung verwandelt und wie diese Erinnerungen dann zu Geschichten werden [...]; sie werden aufzeichnet und gesendet und so weiter.«[102] In diesem Zusammenhang beobachtet er die Anpassungsleistung des Einzelnen an die Anforderungen eines kulturellen Verhaltensrepertoires, das die gegenwärtige Gesellschaft vorgibt. Gleichzeitig verzichtet er jedoch darauf, diese Anpassung als eine Komplexitätsreduktion von Geschichte festzuschreiben und zeigt, dass die Adaption von medialen Vorlagen in die eigene Erinnerung nicht nur als eine aktive, sondern auch als eine kreative Handlungsmöglichkeit zu sehen ist.

**100** | Hanne Loreck, »Diskrete Manöver zwischen Modul und Modell«, in Georg Kargl Fine Arts und Nadim Vardag (Hg.), *Nadim Vardag, Wiederholen und Ausblenden – Repeat and Fade*, Nürnberg 2013, S. 13-20, hier S. 15f.

**101** | Kaja Silverman, »Dem Blickregime begegnen«, in Christian Kravagna (Hg.), *Privileg Blick. Kritik der visuellen Kultur*, Berlin 1997, S. 41-65, hier S. 44.

**102** | Omer Fast zitiert in Michalka, »›The Casting‹ reviewed«, in ders. (Hg.), *Omer Fast. The Casting*, Köln 2007, S. 121-140, hier S. 121.

## Die Dualität von Fremd und Eigen

Die enge Verknüpfung von Erinnerung mit Bildern zeigt Ridley Scotts Film *Blade Runner* (1982) eindrücklich. Sogenannten »Replikanten« werden von ihrem Hersteller künstliche Erinnerungen an ihre Kindheit eingepflanzt, um sie in dem Glauben zu lassen, sie seien Menschen. Um sie in ihrer kurzen, vier Jahre dauernden Lebensspanne kontrollierbar zu machen, dienen manipulierte und standardisierte Fotos zur Beweisführung der Erinnerung und damit der eigenen menschlichen Existenz. Die Menschmaschinen hüten sie wie einen Augapfel, gehen sie verloren, schrecken sie nicht vor einem Mord zurück, um wieder in den Besitz der Erinnerungsstücke zu gelangen. In *Blade Runner* ist der profitorientierte Hersteller der Replikanten zugleich der Hersteller von stereotyper Erinnerung. Er schafft artifizielle Erinnerungen, in der Bilder wie Prothesen des Selbst wirken und stellt so das Funktionieren der Replikanten in den ihnen zugeschriebenen Rollen und gesellschaftlichen Aufgaben sicher. Die Fotografien in *Blade Runner* führen dem Kinopublikum die grundlegende Frage vor Augen, ob Erinnerung jemals zuverlässig als »falsch« oder »echt« eingeordnet werden kann sowie die Frage danach, wie Bilder zu dieser Unsicherheit beitragen. Wie kann der Betrachter davon ausgehen, dass seine subjektiven Erinnerungen, die er auf Fotografien stützt und über diese bezieht, nicht ebenso »falsch« sind, wie die der Replikanten?

(Massen-)medien stehen sowohl für die Werkzeuge, welche Vergangenheit festhalten bzw. erinnerbar machen, als auch für das Archiv, aus dem sie jederzeit abrufbar sind. In den letzten Jahren weisen viele Kulturtheoretiker auf die Tendenz hin, dass mediale Überlieferungen von Vergangenheit unsere Vorstellung von Geschichte nicht nur formen, sondern persönliche Erinnerungen zu überformen drohen. In den meisten Überlegungen ist das Subjekt dieser Überschreibung passiv ausgeliefert. Zusätzlich wird die Entwicklung von einem autarken Erinnerungsvermögen hin zu einer durch Massenmedien vermittelten Erinnerung (mediated memory) oder auch prothetischen Erinnerung (prosthetic memory) als unumkehrbare Komplexitätsreduktion beschrieben.[103] *Blade Runner* gibt einen unerfreulichen Ausblick auf eine Gleichschaltung wider Wil-

**103** | Vgl. hierzu zum Beispiel Dieter Roelstraete, »Wessen ›Ende der Geschichte‹? Eine unzeitgemäße Betrachtung zur Kunst und Historiografie«, in Yilmaz Dzi-

len durch artifizielle Erinnerung und scheint diese Befürchtung zu bestätigen.

José van Dijck weist in *Mediated Memories in the Digital Age* (2007) darauf hin, dass ein Amalgam, in dem sich die Dualität von Fremd und Eigen im Prozess des Erinnerns immer mehr auflöst, die theoretische Diskussion zu beflügeln scheint, genau an diesen Unterscheidungen festzuhalten. Zwar werde die zunehmende Nähe von Erinnerung und bilderzeugenden Medien bescheinigt, aber dennoch mit entgegengesetzten Konstellationen interpretiert. So werde Erinnerung als innerer, physischer und damit menschlicher Vorstellungsprozess gelesen, während Medien als externes Werkzeug definiert werden, welche diese menschliche Eigenschaft in eine künstliche Ebene auslagern. Damit steht die natürliche, körperliche Erinnerung einer künstlichen, technisch bedingten Erinnerung gegenüber. Einerseits stellen Medien zwar die unabdingbaren Hilfsmittel für das beschränkte menschliche Erinnerungsvermögen, sie konservieren Ereignisse in ihren Bildern für die Nachwelt. Andererseits werden sie als Bedrohung betrachtet, das menschliche Erinnerungsvermögen zu korrumpieren bzw. zu verfälschen.[104] Darüber hinaus werden Medien sowohl hinsichtlich ihres privaten Gebrauchs als auch hinsichtlich ihres öffentlichen Einsatzes charakterisiert. Sie vermitteln also sowohl persönliche als auch kollektive Erinnerung. Folglich scheint Erinnerung nicht mit aber auch nicht ohne Medien stattzufinden. Aus diesem Dilemma heraus schält sich die Sorge um den Verlust einer authentischen Erinnerung, welche zunehmend durch eine artifizielle Erinnerung der Spielfilme und Dokudramen ersetzt wird.

Auch das Konzept der prothetischen Erinnerung setzt voraus, dass es den Urzustand einer authentischen Erinnerung gibt. Da prothetische Erinnerungen ihren Ursprung außerhalb des gelebten Erfahrungsschatzes einer Person haben, wird der natürliche dem künstlichen, weil durch massenmediale Bilder eingetrübten oder besser: angereicherten Zustand gegenübergestellt. Mediale Bilder werden hier als Erweiterung, als technischer Zusatz oder als Prothese der individuellen Erinnerung begriffen. In der Medizin ersetzen Prothesen fehlende Körperteile durch mechanische

wior (Hg.), *Wessen Geschichte. Vergangenheit in der Kunst der Gegenwart*, Köln 2009, S. 76-85.

**104** | Vgl. José van Dijck, *Mediated Memories in the Digital Age*, Stanford 2007, S. 15-17.

Kopien des verlorenen Gliedmaßes und so lässt das Wortgebilde »Prothetische Erinnerung« explizit an den technischen Aspekt denken, der mit ihnen in Verbindung gebracht wird. Erneut spiegelt sich in dieser Bezeichnung die Auffassung der Medien als ein von außen eindringender Fremdkörper in die menschliche Kapazität des Erinnerns. Ersatzteile mit Erinnerungen zu verknüpfen, setzt einen Verlust voraus, eine Leerstelle, die überbrückt werden muss. In ihrer Präsenz deutet die Prothese immer auf ein Fehlen und auf ein Provisorium hin. Zugleich hat die Gleichsetzung von Medien und Prothesen eine lange Tradition.

Bereits 1930 tituliert Sigmund Freud in *Das Unbehagen in der Kultur* den Menschen als eine Art »Prothesengott«. Brille, Flugzeug, Grammophon, Kamera, Motor und Schiff sind einige Beispiele, die Freud als Prothesen und damit als Werkzeug benennt, die der Mensch benutzt, um seine sensorischen und motorischen Fähigkeiten zu erhöhen. Erfolgreich verlängert der Mensch mit technischen Erfindungen seine Organe und überwindet mit deren Einsatz Grenzen, die sein Körper ihm setzt: Das Mikroskop macht Dinge sichtbar, für deren Winzigkeit die Netzhaut des Auges nicht ausgestattet ist. Das Fernrohr blickt in die Weite, die dem Fokus des Auges entzogen ist. Der Motor räumt Hindernisse aus dem Weg, die reine Muskelkraft nicht bewältigen können. Schiffe und Flugzeuge überbrücken riesige Entfernungen und machen schnelle Fortbewegung in Wasser und Luft möglich.[105] In der Erfindung von technischen Hilfen zeigt sich nach Freud das ehrgeizige Streben des Menschen, seine körperlichen Beschränkungen zu überwinden und damit dem schutzlosen Ausgeliefertsein an die Natur zu entkommen. Indem er sich mit Werkzeugen ausrüstet, die seine Macht über das Menschenmögliche steigern, gelingt es ihm, die vergleichsweise schwächliche Beschaffenheit seines natürlichen Körpers beinahe zu vergessen. Der Wunsch, über sich und seine physiologischen Grenzen hinaus zugelangen, versetzt den Menschen in einen scheinbar omnipotenten Zustand, der jedoch keine bedingungslose Glückseligkeit stiftet. Zwar verleiht ihm Kultur, unter der Freud »die ganze Summe der Leistungen und Einrichtungen [...], in denen sich unser Leben von dem unserer tierischen Ahnen entfernt und die zwei Zwecken dienen: dem Schutz des Menschen gegen die Natur und der Regelung

**105** | Sigmund Freud, *Das Unbehagen in der Kultur und andere kulturtheoretische Schriften* (1930), Frankfurt am Main 2004, S. 55f.

der Beziehungen der Menschen untereinander«[106] versteht, die Anmutung einer gottähnlichen Erscheinung. Dennoch ist die Abhängigkeit von künstlichen Ergänzungen in Freuds Sicht problematisch, weil es dem Prothesengott trotz seines Strebens nicht gelingt, alle Fallstricke der menschlichen Existenz endgültig außer Kraft zu setzen. Die Prothesen zeigen sich widerspenstig und der Mensch ist nicht vollkommen Herr über seine Erfindungen.[107] Unweigerlich bringt der technische Fortschritt Fehlfunktionen seiner Apparate mit sich, die den Menschen unversehens mit seiner Abhängigkeit von ihnen konfrontiert und zwingt, wieder in Hilflosigkeit gegenüber den Naturgewalten zu verharren. Ist kein Fernrohr oder Mikroskop zur Hand, streikt der Motor und sind Schiffe und Flugzeuge außer Betrieb, fühlt der Mensch die eigene Ohnmacht im Versagen seiner nach außen verlagerten, technischen Hilfsorgane doppelt so stark.

In den 1960er Jahren spitzt Marshall McLuhan Freuds Überlegungen zu. Er formuliert die These, dass jedes menschengemachte Medium eine Erweiterung einer natürlichen Körperfunktion darstellt, sei sie physisch oder psychisch. In McLuhans Interpretation der zunehmend technisierten Lebenswelt lassen sich Medien und Mensch nicht mehr voneinander trennen. Ist Freuds Prothesengott noch fähig, in den (leidvollen) Zustand eines ergänzungsfreien Seins zurückzufallen und eine Grenze zwischen seinem natürlichen, technikfreien Körper und den medialen Hilfsmitteln zu ziehen, ist der Mensch in McLuhans Auffassung dazu nicht mehr in der Lage. Er ist weitestgehend blind gegenüber den Medien, die ihn in seinem Denken und Handeln bestimmen. Medien verändern den Menschen und die Bedingungen seiner Existenz und lassen sich nicht mehr ohne weiteres von ihm instrumentalisieren.[108] McLuhan löst dieses Problem der Nichtwahrnehmbarkeit, indem er postuliert, dass Medien erst dadurch bewusst werden, wenn sie als Inhalt in einem anderen Medium in Erscheinung treten. »Das Medium ist die Botschaft« und stellt zugleich ein »kulturelles Unbewußtes«[109].

---

**106** | Ebd., S. 57.

**107** | Ebd.

**108** | Vgl. Dieter Mersch, *Medientheorien zur Einführung*, Hamburg 2006, S. 116f.

**109** | Ebd.

In *Understanding media – The extensions of man* (1964) ist McLuhans Medienbegriff disparat. Unter Medien werden hier nicht nur Filme, Fernsehen, Radio oder Telefon, sondern auch Räder, Kleidung, Geld oder Waffen verstanden. Was genau Medien ausmachen, definiert McLuhan nur nach einer einzigen Bedingung: Sie sind Erzeugnisse menschlichen Könnens. Seiner Auffassung zufolge ist das Rad eine Erweiterung des Fußes, das Buch eine Erweiterung des Auges, die Kleidung eine Erweiterung der Haut und so weiter. Jedes Medium verkörpert die Reaktion des überreizten menschlichen Nervensystems auf die zunehmende Beschleunigung des technisierten Lebensalltags. Als Folge tragen die nichtorganischen Erweiterungen des Körpers zu dem Verkümmern des jeweiligen ergänzten Körperteils bei. Der Gewinn (zum Beispiel die Beschleunigung), welcher die Ausweitung des Körpers durch Extensionen (zum Beispiel das Rad) mit sich bringt, wird mit Verlust und Apathie bezahlt.[110] Trotz des hohen Preises der Abwertung des Körpers, an den die Aufwertung der Sinne und Erweiterung der Handlungsmöglichkeiten gekoppelt ist, ist der Einsatz der Medien nicht aufzuhalten, da sie die narzisstische Struktur des Menschen stützen. Medien durchdringen seinen gesamten Lebensbereich und erzeugen mediale Umwelten. Diese Umwelten prägen zwar den Menschen, ihre zugrundeliegenden Mechanismen bleiben ihm allerdings verborgen.[111] Kurz, in McLuhans Entwurf machen Medien den Menschen aus und ein Außerhalb der Medien ist nicht mehr denkbar. In erster Linie wirken Medien autoamputativ und stumpfen den natürlichen Sinn ab. Allerdings setzt sich der Mensch durch die Integration der Technologien in seine Physiologie zu einem neuartigen Ganzen wieder zusammen.[112]

Die Pole von Aktivität und Passivität sind in diesem Prozess nicht eindeutig auszumachen, da es kein Außen und damit auch keine Möglichkeit zur bewussten Steuerung gibt. Der Mensch beherrscht nicht souverän das Fortschreiten der Erweiterung seiner Anlagen, da seine Wahrnehmung und sein Denken durch Medien konstituiert werden. Zugespitzt ausgedrückt, er passt sich den Medien an und nicht umgekehrt.

---

**110** | Vgl. Marshall McLuhan, *Understanding media - The extensions of man* (1964), London/New York 2001, S. 46f.

**111** | Vgl. Marshall McLuhan und Quentin Fiore, *Das Medium ist Massage* (1967), Berlin/Frankfurt am Main 1984, S. 84f.

**112** | McLuhan 2001, S. 51.

Technik und Mensch bedingen sich gegenseitig. Kurz, in McLuhans Entwurf einer »posthumanen« Evolution wird der Werkzeugmacher idealerweise eins mit seinen Werkzeugen. Dies mag auf den ersten Blick ebenso fatalistisch wie futuristisch klingen. Dieter Mersch liest hingegen die Untrennbarkeit von Mensch und Maschine weniger als den Anfang einer utopischen, hybriden Cyborgkultur, sondern vielmehr als ein allgemeingültiges Prinzip: »Sie [die Medien] sind, wie Techniken überhaupt oder sämtliche von Menschen gefertigte Artefakte, Prothesen.«[113]

## Prothetische Erinnerung

In *Prosthetic Memory. The Transformation of American Remembrance in the Age of Mass Culture* (2004) definiert Alison Landsberg die prothetische Erinnerung als eine öffentliche Erinnerung, die privat erfahren wird. Ihr Entstehen verortet Landsberg an den Nahtstellen von Individuum und den in der Mediengesellschaft bereitgestellten visuellen Repräsentationen von Geschichte. Als beispielhafte Schnittstellen nennt Landsberg das Kino und das Museum. Beide stellen Erfahrungswelten dar, die den Weg für eine neue Form der kulturellen Erinnerung ebnen. Da prothetische Erinnerung öffentlich und damit allgemein zugänglich ist, ermöglicht sie dem Betrachter, sich auf eine emotionale Weise in eine umfassende historische Erzählung zu verstricken und in den Standpunkt anderer hineinzuversetzen.[114]

Obwohl sie nicht unmittelbar im eigenen Erleben verwurzelt sind, stellen prothetische Erinnerungen zwar keine privaten, dafür aber personalisierte Erinnerungen. Vor allem dank Internet und Kino ist sozial heterogenen Gruppen die Möglichkeit der Personalisierung von fremden Erinnerungen an Vergangenheit gegeben. Damit ist prothetische Erinnerung einerseits kollektiv, weil sie als öffentliche Erinnerung geteilt wird. Andererseits unterscheidet sie sich von der traditionellen Auffassung eines kollektiven Gedächtnisses, da in diesem nach Maurice Halbwachs die Stabilität von gemeinsamen Erinnerungen an die Zusammensetzung und Bestand einer bestimmten Gruppe gebunden ist.

**113** | Mersch 2006, S. 109.

**114** | Vgl. Landsberg 2004, S. 2. Mit der »prosthetic culture« schlägt Celia Lury ein ähnliches Konzept vor. Siehe Celia Lury, *prosthetic culture. photography, memory and identity*, London/New York 1998.

Wie autark ist individuelle Erinnerung bzw. kann eine persönliche Erinnerung unabhängig von dem jeweiligen sozialen Umfeld entstehen? Im Sinne von Halbwachs' Entwurf des kollektiven Gedächtnisses sind diese Fragen eindeutig zu verneinen. Er stellt die These auf, dass wir uns immer innerhalb bestimmter sozialer Bündnisse erinnern. In *Das Gedächtnis und seine sozialen Bedingungen* (1925) geht er von einem Gruppengedächtnis aus, durch welches sich das Individuum als Bestandteil einer Gruppe definiert und mit dem es zugleich interagiert und kommuniziert. In Halbwachs Sicht ist das individuelle in Opposition zu dem kollektiven Gedächtnis nicht in der Lage, nur aus sich heraus Erinnerungen wieder ins Leben zu rufen.[115] Das, was als persönliche Erinnerung provisorisch in uns schlummere, werde erst durch die Gruppe virulent. Selbst wenn die Erinnerung als individuell erfahren werde, kämen in ihr die Vorstellungen der anderen zutage, so Halbwachs, »jedes individuelle Gedächtnis ist ein ›Ausblickspunkt auf das kollektive Gedächtnis.‹«[116] Mit anderen Worten, in unserer Erinnerung sind wir nie allein, wir erinnern uns immer mit den anderen, allerdings merken wir dies nicht.

Da durch gemeinsame Erinnerungen die Eigenarten einer Gruppe gesichert werden, dient das kollektive Gedächtnis ihrem Zusammenhalt. Das heißt, es exististiert nur im Plural und sichert neben der Beständigkeit die Eigenart einer Gruppe. Um den Erhalt der Gruppe zu gewährleisten, blendet das kollektive Gedächtnis Veränderungen weitestgehend aus. Demzufolge ist die Vergangenheit als solche nicht gegeben. Vielmehr formt sie sich nach bestimmten Sinnbedürfnissen der jeweiligen Gruppe und ist ein Produkt der Gegenwart. Dennoch sind in Halbwachs Auffassung Erinnerungen nicht konstant und gleichbleibend. Sie stehen weder für sich noch überdauern sie die Zeit. Vielmehr verblassen sie, sobald die Gruppe sich auflöst oder das Individuum aus ihr herausfällt. In diesem Fall geht dem Individuum jener Teil an Erinnerungen verloren, über den es sich der Gruppe versichert und identifiziert.[117] Obwohl Erinnerungen soziale Interaktion und Bestätigung durch die Gruppe brauchen, um zu entstehen und aufrecht erhalten zu werden, erlebt das Individuum sie als privat und gegeben. Halbwachs schreibt: »Unsere Erinnerungen – jede

**115** | Vgl. Maurice Halbwachs, *Das kollektive Gedächtnis* (1939), Frankfurt am Main 1985, S. 12.

**116** | Ebd., S. 31f.

**117** | Vgl. Assmann 2006, S. 131.

für sich genommen – gehören jedermann; aber die Folge unserer Erinnerung würde uns allein gehören, und nur wir allein wären in der Lage, sie zu kennen und wieder heraufzurufen.«[118]

Im Unterschied zu Halbwachs' Modell des Gruppengedächtnisses sind prothetische Erinnerungen als öffentliche Erinnerungen nicht an eine einzige Gruppe gebunden. Vielmehr flottieren sie zwischen sozial heterogenen Gruppen und widersprechen so der Annahme, dass Erinnerung und Gedächtnis Produkte bestimmter sozialer Kontexte sind. Nach Landsberg sind prothetische Erinnerungen weder rein kollektiv noch rein privat, sie verbleiben in der Schwebe zwischen diesen Polen.[119] Der Medienwissenschaftlerin zufolge fungiert prothetische Erinnerung als globale Erinnerung, die als Erfahrung von massenmedialen Repräsentationen von Geschichte deren Bedingungen von Konsumtion unterliegt. Somit umarmt das Konzept der prothetischen Erinnerung den hartnäckigen Vorwurf an Hollywoodfilme, Erinnerungen in stereotype Versatzstücke zu verwandeln und ernennt ihn zu seinem signifikanten Bestandteil. In dem kulturtheoretischen Feindbild des Massenkonsums, der audiovisuelle Zeugnisse der Vergangenheit industrialisiere und instrumentalisiere, erblickt Landsberg die Möglichkeit, mit prothetischer Erinnerung soziale und kulturelle Grenzen zu überwinden. Am Beispiel der Schlussszene von *Schindlers Liste* konstatiert sie die emanzipative Wirkung eines medial angereicherten Erinnerns:

»The closing scene of *Schindler's List*, [...] in which the film actors dissolve into the real Schindler Jews in Israel, introduces the possibility of transmitting memory from real survivor to both actor and spectator. This transmission is not predicated on an essential connection between Schindler Jew and actor, or Schindler Jew and spectator; the transmission is meant to take place across ethnic lines, across chasms of difference.«[120]

**118** | Maurice Halbwachs, *Das Gedächtnis und seine sozialen Bedingungen* (1925), Frankfurt am Main 1985, S. 366.

**119** | Vgl. Landsberg 2004, S. 19.

**120** | Ebd., S. 127. Allerdings räumt Landsberg ein, dass die emotionale Erfahrung der prothetischen Erinnerung eine kognitive Annäherung an Geschichte überschatten kann.

Überdies vermag sich nach Landsbergs Auffassung der Einzelne der Instrumentalisierung von Bildern als Handlungsware zu widersetzen. Seine Wahrnehmung vollzieht sich abseits stereotyper Sinnstiftungen als ein individueller Prozess der Aushandlung von fremden und eigenen Anteilen, wie Landsberg fortfährt:

»I argue that reception is more complicated than such critics allow, that commodities and commodified images are not capsules of meanings that spectators swallow wholesale but are the grounds on which social meanings are negotiated, contested, and sometimes constructed. Two people watching a film may each develop a prosthetic memory, but their prosthetic memories may not be identical. For each, the memories are inflected by the specificities of his or her other experiences and place in the world.«[121]

Demnach ist protethisches Erinnern ein doppelbödiger Seinszustand, in dem sich eine massenmedial eng geführte Erinnerung für jede Person einzigartig ausnimmt. Im Sinne McLuhans stellen Medien in der Theorie der prothetischen Erinnerung den Grund/Nährboden für das Wissen und die Vorstellungskraft des Menschen. Jedoch geht Landsberg im Unterschied zu McLuhan davon aus, dass es dem Teilnehmer der massenmedialen Gesellschaft gelingt, sich seiner Prothesen bewusst zu werden. Prothetische Erinnerung entspringt aus massenmedialen Darstellungen von Geschichte und obwohl diese vom Rezipienten angeeignet werden, verschwindet die Unterscheidung von künstlichen zu eigenen Erinnerungen nicht einfach im Nexus des subjektiven Zurückschauens. Ferner sieht Landsberg die Sinne dank der prothetischen Erinnerung geschärft und nicht abgestumpft. Prothetische Erinnerungen werden nicht nahtlos integriert, sondern bleiben als Fremdkörper, als ein Außen im eigenen Wahrnehmungsprozess erfahrbar: Es bleibt ein Phantomschmerz. Gerade die permanente Reibung (bzw. der spürbare Zweiklang von echt und künstlich) bildet im Entwurf der prothetischen Erinnerung das Potenzial, Nähe zu stiften und Emphatie mit anderen zu empfinden. Somit definiert sich die Qualität der prothetischen Erinnerung nicht über das Beharren auf eine Allgemeingültigkeit von Erinnerung, sondern über eine Aufrechterhaltung der Differenz.[122] Das heißt, das prothetisch er-

**121** | Ebd.

**122** | Vgl. ebd., S. 134.

innernde Subjekt sieht sich sowohl in die Vergangenheit versetzt und ist sich gleichzeitig seines Standorts in der Gegenwart bewusst. Kurz, es ist »völlig dort und trotzdem völlig hier und jetzt, und das ist es ja, diese unheimliche Verdoppelung, um die es bei einem Reenactment geht.«[123]

## Realitätsstiftende Fiktionen

Wie bereits erwähnt entwirft Arns künstlerisches Reenactment als eine wirksame Methode, die Übermacht eines medial beeinflussten Gedächtnisses zu brechen. Doch tritt *Spielberg's List* die Beweisführung an, dass ein entfremdetes Wissen über Geschichte körperlich wieder angeeignet werden muss, um Anteil an der Vergangenheit zu haben? Kritisiert Fasts Projekt die Entwirklichung und den Verlust von »authentischen« Erinnerungen der Holocaust-Überlebenden, die zunehmend fiktionalen Darstellungen des Holocaust in Hollywoodfilmen weichen? Arns Diagnose steht unter der Prämisse eines unauflöslichen Gegensatzes von individueller und medialer Erinnerung und greift meines Erachtens zu kurz. Ein wichtiger Aspekt von *Spielberg's* List bliebe unterschlagen, wenn ich es bei der Feststellung beließe, dass Fast Medienkritik betriebe. Keineswegs klagt er einfach nur das Geschichtemachen von Dokumentarfilmen, Nachrichten, Realityformaten und Spielfilmen im Sinne einer Lähmung von konkreter Bedeutung an. Vielmehr verweist er auf die wechselseitigen Beziehungen von Fiktion und Wirklichkeit und deutet an, dass Fiktionen durchaus imstande sind, Realität zu erzeugen.

Indem Fast Genrekonventionen des Dokumentarfilms aufdeckt, aufgreift und durch manipulierte Untertitel bearbeitet, wird der Status der Bilder in *Spielberg's List* seine Stabilität entzogen. Er schwankt permanent zwischen vorgefunden und nachgestellt, künstlich und authentisch, zwischen dokumentarisch und fiktional. So gesehen dokumentiert die Arbeit nicht nur den Hollywoodfilm und dessen Kritik, sondern auch die zweideutige Beweisführung der Bilder. Fast spielt gekonnt mit den Erwartungen an das Medium Film und das dokumentarische Genre. Jedoch beklagt er nicht etwa den Verlust oder die Naivität des Glaubens an die Indexikalität des fotografischen bzw. filmischen Bildes, sondern

---

**123** | Anton Lukas und Silvie Naunheim, »Diese unheimliche Verdoppelung«, in Milo Rau, *Die letzten Tage der Ceausescus: Texte und Materialien*, Berlin 2009, S. 244-247, hier S. 245.

zeigt Möglichkeitsformen des Dokumentierten auf, in denen bestimmte Bedeutungen durch Bilder und Rede nahegelegt, aber immer wieder verschoben werden können.

Zugleich spielt *Spielberg's List* mit der Beunruhigung darüber, dass es Seinszustände im Erinnern von historischen Ereignissen gibt, die sich der eindeutigen Einordnung in Fakt oder Fiktion zu entziehen scheinen. Geschickt hebt Fast die Gegenüberstellung von Fakt und Fiktion auf. Das heißt, als Gegenstand der Erfahrung (der Protagonisten) ist für den Betrachter weder die Wahrheit oder die Fiktion als das zu erkennen, was sie sind. Fiktion wird hier nicht als Trugbild oder Lüge und damit als Gegenpart zur Wahrheit bestimmt oder gewertet.

Seinen Zweifel, dass die Grenze von Fiktion und Realität immer klar umrissen ist und gesichert werden müsse, teilt Fast mit Jacques Rancière. Entsprechend Rancières Diktum »Zeugnis und Fiktion unterstehen ein und demselben Sinnstiftungsregime«[124] lässt sich *Spielberg's List* als Anstoß lesen, Erzählungen nicht auf die Klassifizierung der Kategorien wahr oder falsch zu beschränken. Rancière definiert Fiktion als einen »Rückgriff auf künstlerische Mittel, um ein ›System‹ von repräsentierten Handlungen, zusammengesetzten Formen und Zeichen, die aufeinander verweisen, zu schaffen.«[125] Demnach sind Fiktionen in Rancières Verständnis keine Unwahrheiten, sondern optionale Handlungsmöglichkeiten, die innerhalb des gesellschaftlichen Feldes Voraussetzungen für Veränderungen und Umwertungen darstellen. Folglich macht sich in *Spielberg's List* Fiktion als Vorhandenes, das nicht real ist, trotzdem als erlebbare Welt geltend. Fiktion wird aus ihrer Funktion/Zuweisung als Lüge oder Fälschung entlassen und als Komponente zur subjektiven Welterfassung freigesetzt. Hier ist Fiktion nicht eine potenzielle Bedrohung für die Unversehrtheit einer authentischen Realität, sie wird als eine Erweiterung des Vorhandenen, der Welt oder von Seinsmöglichkeiten gezeigt. Zwar spitzt Fast das Problem, dass fiktive Erzählungen die Wahrnehmung historischer Wirklichkeit zunehmend struktieren, zu. Allerdings spielt Fast mit seiner Entscheidung, Statisten von ihren Erlebnissen berichten zu lassen, nicht nur auf den zunehmenden Einfluss der Massenmedien auf den individuellen und kollektiven Erinnerungs-

**124** | Rancière 2008, S. 60.

**125** | Rancière 1999, S. 29f.

prozess an. Vielmehr fahndet er, um mit Brigitte Weingart zu sprechen, nach der »›real‹ stattfindenden Überblendung von Original und Kopie, von authentischem Schauplatz und nachgebauten Kulissen im Umgang derer, die mit diesen Stätten zu tun hatten und dokumentiert diese.«[126] Das heißt, Fast legt sein Augenmerk auf einen aktiven Prozess der Aushandlung von Erinnerung und Wahrheit, der bezeichnend für die visuelle Zugehörigkeit zu einer mediengesättigten Gesellschaft ist. Kurzum, es geht Fast nicht um die Wahrheit oder die wahre Geschichte, sondern um eine individuelle Wahrheit, in der sich authentische Erfahrung in fiktionalen Settings vollziehen kann.

Letztendlich sieht Fast die Aneignung des Lebens durch Film zwar kritisch/unter Vorbehalt, erkennt das Kino aber als äußerst wirksame Technik des Erinnerns an.[127] Fast rückt die diskursive Produktion eines Wissens um das Fiktive und das Dokumentarische in den Mittelpunkt seiner Arbeit und befeuert mit dem Einblick in diese ein paradoxes Genießen des Betrachters, wie Matthias Michalka hervorhebt. Der tatsächliche Status der dagestellten Ereignisse ist zweitrangig, so der Kunsthistoriker und Kurator,

> »weit wichtiger ist die aus einem Zusammenspiel von außerfilmischen, filmischen und psychischen Faktoren resultierende Wirkung der Darstellungen selbst: eine Faszination, die über die bewusste Erfahrung der geschichtsbildenden Funktionen der Kamera hinausgeht und selbst dann zur Geltung kommt, wenn klar ist, dass die Geschichten und Projektionen inszeniert, beziehungsweise gefakt sind. Ja, mehr noch: Wir wissen um die Konstruiertheit, Funktionslogik und das manipulative Potenzial dieser Darstellungen, und dennoch oder gerade deshalb fesseln sie uns.«[128]

Indem er die »Identitäts-Performance« seiner betrügenden/betrogenen Zeugen vorführt, entblößt *Spielberg's List* durchaus deren Sehnsucht (und die des Zuschauers), Geschichte als künstliche Inszenierung zu erleben,

---

**126** | Brigitte Weingart, »Zwischenräume – Ein Annäherungsversuch«, in Isabel Podeschwa (Hg.), *ars viva 03/04 – Film, facing footage: Omer Fast – Jeanne Faust*, Berlin 2003, S. 17-28, hier S. 20.

**127** | Vgl. Jennifer Allen, »Omer Fast: Der Geschichte zuschauen«, in Podeschwa 2003, S. 31-40, hier S. 31.

**128** | Michalka 2007, S. 138.

aber denunziert sie/ihn nicht dafür. Er überlässt es dem Betrachter, die irritierenden Erzählungen seiner Protagonisten in Realität und Fiktion zu scheiden. In demselben Maße, wie Fast das Vertrauen des Betrachters in dokumentarische Codes erschüttert, sensibilisiert er diesen für das eigene Rezeptionsverhalten einschließlich verinnerlichter Authentizitätskriterien. In seiner Konsequenz bedeutet das auch, dass fiktionale und nichtfiktionale Berichte nicht als solche kenntlich gemacht oder beurteilt werden. Fast überlässt die Unterscheidung dem Betrachter, der demnach zu einer unablässigen Tätigkeit des Urteilens über den Status des Gezeigten bewegt wird. Es liegt bei dem Zuschauer selbst, wie er mit der Unbestimmtheit der Grenzen umgeht. Ob diese Unschärfe in die Angst vor der Gefahr des Überhandnehmens der Fiktion über die »authentische« Erinnerung kippt oder als eine berechtigte Rezeptionsmodalität gewertet wird, liegt in seinen Händen.

## Nachtrag: Die dritte Erinnerung

Letztendlich führen die Protagonisten in *Spielberg's List* Verschiebungen und Verhaltensweisen vor, die ihnen »die visuelle Zugehörigkeit in einer mediengesättigten Gesellschaft sichern.«[129] Dass diese Anpassungsleistung nicht ausschließlich im Sinne eines Verlustes von Autonomie und Authentizität interpretiert werden muss, zeigt das zuvor vorgestellte Konzept von Alison Landsberg. Der Entwurf spielt auf den »Zeitraum der dritten Art« des betrogenen/betrügenden Zeugen als Effekt einer Selbstkonstruktion mithilfe von medialen Bildern an, den Fast in *Spielberg's List* irritierend ausdehnt. Zudem führt seine Arbeit eine Art dritte Erinnerung ein, weshalb ich in diesem Zusammenhang noch Pierre Huyghes Reenactment *The Third Memory* (1999)[130] nicht unerwähnt lassen möchte. Huyghe inszeniert einen Blick auf den Hauptdarsteller, der sich gänzlich von Fasts Annäherung an seine Interviewpartner unterscheidet.

Der zweikanaligen Videoinstallation liegt ein Banküberfall aus dem Jahr 1972 zugrunde, der in die Filmgeschichte eingegangen ist. Der 27-jährige John Wojtowicz überfiel zusammen mit dem 18-jährigen Sal

**129** | Fast zitiert in Holert 2010, S. 162.

**130** | Pierre Huyghe, *The Third Memory*, Videoinstallation, zweikanalig, Digital Beta, transferiert auf DVD, 9:46 Minuten, 1999.

Naturale eine Bank in Brooklyn, um die Geschlechtsumwandlung seines suizidgefährdeten Geliebten zu finanzieren. Der Überfall scheiterte kläglich. Nicht nur, dass die Tageseinnahmen der Bank einige Stunden zuvor abgeholt worden waren. Darüber hinaus verhinderte das unerwartet frühe Eintreffen der Polizei die Flucht vom Tatort, so dass Wojtowicz und Naturale mit acht Angestellten in der Bank eingeschlossen wurden. Während der 14-stündigen Belagerung zeigt sich Wojtowicz wiederholt vor der Bank und seinem Publikum aus Polizisten, Reportern und Schaulustigen, um seinen Forderungen Nachdruck zu verleihen. Wie auf einer Bühne marschierte er auf dem eng bemessenen Areal des Bürgersteigs auf und ab. Ebenso versäumte er es nicht, während der Geiselnahme Telefoninterviews mit der Presse zu geben. Legendär ist dieser Überfall vor allem deswegen, weil die Verhandlungen zwischen Polizei und Geiselnehmern als erstes Verbrechen live im amerikanischen Fernsehen übertragen wurden. Selbst die Ausstrahlung einer Ansprache des Präsidenten Richard Nixon wurde aufgrund der dramatischen Ereignisse unterbrochen. Vor ihren Bildschirmen bangten die Zuschauer um das Leben der Geiseln und fieberten dem Ausgang der Belagerung entgegen. Tatsächlich fand diese ein tragisches Ende, als ein FBI-Agent Naturale am John F. Kennedy Airport vor den Augen der Geiseln erschießt, Wojtowicz hingegen wurde verhaftet und zu zwanzig Jahren Haft verurteilt.

Drei Jahre später kommt Sydney Lumets Film *Dog Day Afternoon* (1975) ins Kino, der eine hollywoodgerechte Version des Überfalls auf die Leinwand bingt. Al Pacino interpretiert seine Rolle des »Sonny Wortzic« als manischen Kriminellen, der zwischen kindlicher Naivität und fataler Selbstüberschätzung permanent schwankend in sein Unglück läuft. Obwohl der Film vor der freien Erfindung von Szenen und Dialogen nicht zurückschreckt, so hat es den Schlachtruf »Attica! Attica!«, den Wortzic seinen Gegnern vor der belagerten Bankfiliale entgegenschleudert, nie gegeben, schmückt sich der kommerziell erfolgreiche Film mit der Aura des Authentischen. 1976 ist *Dog Day Afternoon* für sechs Oscars nominiert und gewinnt die Auszeichnung für das beste Drehbuch. Kritiker loben das vielschichtige Portrait, das Lumet von einem Kriminellen zeichne. Zugleich erfährt sein Vorbild im wahren Leben keine Erwähnung im Vor- oder Abspann des Films. Ein Umstand, der sicherlich den langjährigen rechtlichen Auseinandersetzungen zwischen Wojtowicz und Warner Bros. geschuldet ist. Dennoch stellt das Ausbleiben der Verknüpfung mit dem Namen des ursprünglichen Täters den Anspruch auf Glaubwürdigkeit des Films auf tönerne Füße.

Huyghe integriert in seine Videoinstallation Material der original Live-Berichterstattung des amerikanischen Fernsehsenders ABC und Ausschnitte aus *Dog Day Afternoon*, um diese dem Reenactment des Täters gegenüber zu stellen. »›The third Memory‹«, sagt Huyghe, »is perhaps the most straightforward, the most didactic of all my works. The first time I saw it myself I was sure it should be shown in the Education Department of museums.«[131]

Tatsächlich fällt es nicht schwer, die Entwicklung der »Ersten Erinnerung« des Originalverbrechens, hin zu einer »Zweiten Erinnerung« der publikumswirksamen Aufbereitung durch Hollywood bis zu der »Dritten Erinnerung« des Reenactment des mittlerweile gealterten Täters anhand der Arbeit zu verfolgen. Indem Huyghe den medialen Einverleibungsprozess des Verbrechens zur Schau stellt, setzt er diesen einem direkten Vergleich mit Wojtowicz' Reenactment aus. Mit dieser augenfälligen, aber wirksamen Strategie ermöglicht Huyghe selbst einem ungeübten Betrachter einen kritischen Blick auf die Repräsentationsstrategien der Massenmedien.[132] Zudem betont Huyghe in Interviews, dass es ihm in der Arbeit nicht um den Film und die Kritik an Hollywood, sondern um die subjektive Erinnerung seiner Hauptperson und vor allem um das aktive Wiederinkraftsetzen derer geht.[133] Bemerkenswert ist, dass diese dritte, prothetische Erinnerung eine Verquickung aus eigener Erinnerung an das Erlebte und der Erinnerung an die Kinoversion darstellt. John Wojtowicz führt ein Leben im Schatten einer filmischen Erinnerung, die nicht die seine ist. Fakt und Fiktion, Erinnerung und Filmbilder überlagern sich nicht nur, für Wojtowicz sind sie geradezu ununterscheidbar geworden.

---

**131** | Huyghe zitiert in Adrian Dannatt, »Where Fact and Fiction Meet«, in *The Art Newspaper*, New York 2002, http.//www.theartnewspaper.com/news/article.asp?idart=4510, letzter Zugriff am 31.08.2011.

**132** | Vgl. Ruth Erickson, »The Real Movie: Reenactment, Spectacle, and Recovery in Pierre Huyghe's The Third Memory«, in *Framework: The Journal of Cinema and Media*, Volume 50, 2009, S. 107-124, hier S. 109.

**133** | Vgl. Dannat 2002.

In dem Reenactment bewegt sich Wojtowicz durch eine reduzierte Filmkulisse. Er sieht sich also mit der Situation konfrontiert, seine Geschichte an dem Ort der Fiktion zu erzählen, die sich seines Lebens bemächtigt hat.[134] In einen schwarzen Anzug gekleidet, dirigiert er Statisten durch das Bühnenbild, als hätte der Überfall erst gestern stattgefunden. Energisch versucht Wojtowicz die vergangenen Ereignisse richtigzustellen. Zum einen klagt er das ungerechte Hollywood an, das ihn um seine Einnahmen gebracht habe und als »Millionär auf Stütze« zurücklasse. Zum anderen sucht er den durch *Dog Day Afternoon* kolportierten und frei erfunden Verrat an Sal zu berichtigen. Obwohl er fest davon überzeugt ist, von Warner Bros betrogen worden zu sein, identifiziert er sich nach wie vor mit Al Pacino und dessen »makelloser« Schauspielkunst.

Allerdings scheint Wojtowicz sich jedoch nicht an der fahrigen und nervösen Interpretation Pacinos seiner selbst zu orientieren. Vielmehr scheint er dessen Verkörperung des maskulinen Gangsters in *Der Pate* (1972) im Sinn zu haben. Unmittelbar vor dem Überfall sahen sich Wojtowicz und Naturale im Kino Francis Ford Coppolas neuesten Film an, um eine Vorstellung davon zu bekommen, wie sich ein »echter« Ganove benimmt.[135] Wojtowicz korrigiert in *The Third Memory* das Hollywood-Reenactment seiner selbst zugunsten einer Selbstimagination als souveräner und nobler Gangster.

Um Wojtowicz' Erinnerung anzuregen, wählt Huyghe eine überaus sinnfällige Form. Er arrangiert und zeigt Dreharbeiten zu einem Film, der zugleich die Sehnsucht seines Darstellers und dessen Tragödie darstellt. Durch die Entscheidung Huyghes, die Kameraleute und Beleuchter, welche Wojtowicz aus verschiedenen Blickwinkeln festhalten, in der späteren Projektion sichtbar zu machen, gewinnt die ohnehin artifizielle Anmutung des Reenactment an Schärfe. Zugleich positioniert er Wojtowicz als Protagonist, Regisseur und Kommentator in einer Person. Letzterer erlebt den Raubüberfall quasi unter eigener Regie für seinen persönlichen Film neu.[136] Zwar ergreift Wojtowicz die Gelegenheit, mit der Schilderung seiner Version der Ereignisse das erdrückende Vorbild zu korrigieren, dennoch ist ein Kollabieren seiner verschiedenen Rollen während seiner Erzählung zu bemerken. Zusehends verstrickt sich Wojtowicz in seinem

**134** | Vgl. ebd.

**135** | Vgl. Erickson 2009, S. 117.

**136** | Vgl. ebd., S. 109.

Bemühen, sich gegen die Aneignung seines Lebens durch Hollywood zur Wehr zu setzen. Schon zu Anfang von *The Third Memory* scheint es ihm schwer zu fallen, eine Trennung aufrecht zu erhalten. So ist als Voiceover über die Eingangssequenz von *Dog Day Afternoon* folgender Satz zu hören: »My name is John S. Wojtowicz, I'm the real Sonny Wortzic. And I'm the one you see in *Dog Day Afternoon*.«[137] An anderer Stelle beschreibt er in seinem Eifer, dass ein Schusswechsel mit der Polizei »in the real movie«[138] stattfand.

Auch wenn es zynisch klingen mag: Als Verbrechen ist John Wojtowicz' wahnwitziger Überfall ein Debakel. Als Spektakel hingegen stellen sich die Geschehnisse am 22. August 1972 als Erfolg heraus. Dessen ist sich Wojtowicz bewusst. Trotz allen Unbills ist er geschmeichelt, dass Hollywood sich seines Lebens angenommen hat. Indem Huyghe Wojtowicz die Nachempfindung einer Filmproduktion als Plattform für das Wiedererleben seiner Geschichte zur Verfügung stellt, provoziert er seinen übereifrigen Hauptdarsteller, die Grenzen zwischen Filmadaption und eigener Erinnerung weiter zu verwischen. Zu stark ist Wojtowicz' Bedürfnis, sich vor den Kameras und den Mikrofonen ins rechte Bild zu setzen. Schonungslos tritt nicht nur die kritiklose Orientierung an den Rollenvorbildern der Filmindustrie, sondern die totale Verinnerlichung dieser zutage.

Nicholas Bourriaud interpretiert *The Third Memory* als Sieg des Protagonisten über die Einverleibung seiner Geschichte durch Hollywood. In Bourriauds Deutung ermöglicht das Reenactment Wojtowicz, eine kritische Distanz zwischen seiner und der Geschichte von *Dog Day Afternoon* herzustellen. Er schreibt in seinem Artikel *The Reversibility of the Real: Nicholas Bourriaud on Pierre Huyghe* (2006):

»The video *The Third Memory* [...] poses the question of the relationship between fiction and reality: does one work for the other? [...] Using the tools of production made available to an audience – events, processes, objects or images – Huyghe suggests structures that enable us to interpret life, rather than simply being

**137** | Ebd., S. 117.

**138** | Ebd., S. 118.

subjected to its formatting processes. [...] *The Third Memory* enables Wojtowicz to bring closure to his story after a detour through Hollywood fiction.«[139]

Zwar reinstalliert Huyghe seinen Protagonisten als Autorität über seine Geschichte und die Bilder, in denen diese erzählt wird. Allerdings ignoriert Bourriaud, dass sich Wojtowicz' wiedergewonnene Autorität über die Erzählung seiner Geschichte als unbeständig erweist. Dementsprechend zeigt Huyghe Wojtowicz nicht als souveränen Erzähler, sondern fängt den Konflikt des Schwebens zwischen privater und medialer Erinnerung seines Protagonisten ein. Weniger das Gelingen einer friedvollen Synthese, sondern vielmehr die Komplikationen einer Vermischung von realen Leben und Fiktion wird thematisiert. Ruth Erickson führt an, dass Bourriauds Interpretation einer Erlösung von den Schatten der filmischen Erinnerung zu kurz greife. Die Kuratorin schreibt in ihrem Aufsatz *The Real Movie: Reenactment, Spectacle, and Recovery in Pierre Huyghe's The Third Memory* (2009):

»Interpreting *The Third Memory* simply as the disavowal of *Dog Day Afternoon* ignores Wojtowicz's layered psychological reciprocity with Pacino, while an interpretation of total complicity disregards Wojtowicz's moments of resistance. Instead, Wojtowicz aspires to become the gangsters he idolized. By starring in the reenactment of his own robbery, Wojtowicz tries to recapture the fame and recognition previously unavailable to him (that because of his incarceration and subjugated position in society als well as *Dog Day Afternoon's* popularity). The fiction of this performance enables Wojtowicz's self-imagination, which simltaneously resists *Dog Day Afternoon* and exalts it.«[140]

In *The Third Memory* widmet sich Huyghe weniger der Sorge um ein Lavieren von Hollywood-Inszenierungen in die persönliche Erinnerung. Vielmehr zeigt er die Konsequenzen eines experimentellen Konzepts der eigenen Biografie. Er präsentiert ein Lebensmodell, in dem sich historische und filmische Erinnerung ununterscheidbar miteinander verquicken und verschiedene Selbstkonstruktionen kollidieren. Gleichzeitig

**139** | Nicolas Bourriaud, »The Reversibility of the Real: Nicholas Bourriaud on Pierre Huyghe«, in *Tate Etc.*, issue 7, Summer 2006, http://www.tate.org.uk/context-comment/articles/reversibility-real, letzter Zugriff am 27.03.2016.

**140** | Erickson 2009, S. 117f.

kollabiert in Wojtowicz' Reenactment die Differenz, aus der sich nach Landsberg prothetische Erinnerungen speisen. In Huyghes Arbeit wird deutlich, dass Wojtowicz seine technischen Prothesen des künstlichen Erinnerns als Teil seines natürlichen Körpers akzeptiert. Sie sind nicht mehr von ihm zu lösen. Angesichts der Einverleibung seines Lebens durch Hollywood annektiert er im Gegenzug den Anspruch auf Ruhm und Anerkennung als Star, dessen Einforderung sein Lebensinhalt wird.

# Andrea Geyer – Criminal Case 40/61: Reverb

Andrea Geyers Reenactment *Criminal Case 40/61: Reverb* (2009) basiert auf dem Gerichtsverfahren gegen den ehemaligen SS-Obersturmbannführer Adolf Eichmann, das vom 11. April bis zum 31. Mai 1961 vor dem Bezirksgericht in Jerusalem stattfand. Die sechskanalige Videoinstallation stützt sich sowohl auf die historischen Bildaufnahmen aus dem Gerichtssaal als auch auf die reflexive Aufarbeitung des Prozesses. So zieht Geyer unter anderem Hannah Arendts Prozessbericht *Eichmann in Jerusalem* (1964), der zunächst als fünfteilige Serie in »The New Yorker« erschien sowie das Buch *Gerechtigkeit in Jerusalem* (1967)[1] des damaligen Anklagevertreters Gideon Hausner heran. In der Herausbildung der Erinnerung an den Genozid im Nationalsozialismus markierte der Eichmann-Prozess eine Wende. Seine weltweite mediale Verbreitung in der Presse, im Radio und im Fernsehen machten die Ereignisse des Holocaust erstmals einer breiten Öffentlichkeit zugänglich.[2] Gleichzeitig etablierte die intensive Berichterstattung über den Prozess die Figur des Zeitzeugen, der seitdem eine zentrale Rolle in der medial inszenierten Erinnerung an den Holocaust übernimmt.

Bei Geyers Projekt handelt es sich nicht um ein detailgetreues Reenactment des Prozesses oder seines schwarzweißen Bildmaterials. Vielmehr zeigen sechs Monitore jeweils einen Videofilm in Farbe, der sechs verschiedene Figuren in Szene setzt, die für das mediale Ereignis Eichmann-

**1** | Gideon Hausner, *Gerechtigkeit in Jerusalem*, München 1967.

**2** | Vgl. Annette Wieviorka, »Die Entstehung des Zeugen«, in Gary Smith (Hg.), *Hannah Arendt Revisited: »Eichmann in Jerusalem« und die Folgen*, Frankfurt am Main 2000, S. 136-159, hier S. 136.

Prozess stehen. Die Videos sind so miteinander synchronisiert, dass die Äußerungen der jeweiligen Protagonisten sich aufeinander zu beziehen scheinen. Geyer weist ihnen klar definierbare Rollen zu, die sie und mithilfe von Zwischentiteln benennt: *Accused/Angeklagter, Prosecutor/Ankläger, Reporter/Berichterstatter, Judge/Richter, Defense/Verteidiger, Audience/Zuschauer.* Statt verschiedene Schauspieler auftreten zu lassen, entscheidet sich Geyer dafür, alle Figuren von ein und derselben Person, dem asiatisch-amerikanischen Performancekünstler Wu Ingrid Tsang, darstellen zu lassen. Folglich unterscheiden sich die sechs Figuren allein in Frisur, Gestik, Kleidungsstil, Mimik und Stimmlage voneinander. Unabhängig von ihrer Funktionen im Prozessgeschehen befinden sich die von ihm verkörperten Personen stets im Zentrum des Bildes. Sie sitzen oder stehen an einem Tisch, der selten leer bleibt. Auf ihm befinden sich abwechselnd Akten, Bücher, Mikrofone oder ein Radio. Insbesondere die technischen Utensilien verweisen neben der Kleidung darauf, dass die Handlung in den 1960er Jahren anzusiedeln ist. Geyer lässt Wu nicht in einem Gerichtssaal auftreten, sondern versetzt das Geschehen in einen abstrahierten Archivraum. Während des Reenactment bleibt der Hintergrund weitgehend gleich.

In einem Voiceover, das den leeren Raum zeigt, rahmen rechts und links bodenlange graue Stoffvorhänge den Archivraum. Hohe Papierstapel (Zeitungen, Akten?) begrenzen den linken und rechten Bildrand. Im Vordergrund ist mittig ein Holzschreibtisch und ein Stuhl plaziert. Stuhl und Tisch bilden das Zentrum des Geschehens: Wu durchquert nicht den Archivraum oder nutzt dessen geschlossene Schubfächer zur Interaktion, sondern verbleibt hinter dem Schreibtisch und integriert die auf ihm liegenden Gegenstände in das Spiel. Die Akten, Bücher und Zeitschriften, die sich jeweils in den Auftritten der verschiedenen Figuren auf ihm stapeln, müssen zu einem früheren Zeitpunkt aus dem Archivraum entnommen worden sein. Während seiner Performance verbleibt Wu kontinuierlich hinter dem Schreibtisch, als wolle er die zeitliche durch die räumliche Distanz betonen. Als Hintergrund und Rahmung der auftretenden Figuren gedacht, ist das Archiv in seiner Geschlossenheit ebenso beredt wie diese. Tatsächlich ist es vor allem der Raum, der dem Betrachter eine sofortige, eindeutige Verortung des Geschehens als Re-Inszenierung von Vergangenheit ermöglicht.

Bereits im Titel unterstreicht Geyer mit dem Ausdruck »Reverb«, zu Deutsch »Nach-« oder »Widerhall«, dass ihre Arbeit sich aus dem Archiv medialer Beobachtung bzw. Darstellung zusammensetzt. Mit verschiedenen Hinweisen spielt Geyer darauf an, dass historische Ereignisse immer durch nachträgliche diskursive Operationen zum Sprechen gebracht werden. In seiner Rolle als Zuschauer schaltet Wu das Radio an und lauscht der Berichterstattung in hebräischer Sprache. Geyer spielt darauf an, dass es in Israel zum Zeitpunkt der Verhandlung keine Fernsehstation gab, hier wurde der Prozess im Radio übertragen. Zudem liest Wu in seiner Rolle als Adolf Eichmann seine Aussage aus einer Illustrierten und nicht aus einer Mappe oder von einem Block ab. Nicht zuletzt übernimmt Wu wortgetreu die Eingangspassage aus Arendts berühmten Buch, das ihre Prozessbeobachtungen für »The New Yorker« zusammenfasst. Die Rolle des Reporters basiert ausschließlich auf Arendts Bericht und wird folgerichtig von Wu als Verkörperung Arendts, ihrer Erscheinung, Sprechweise und Stimmlage dargestellt. Geyer führt dem Betrachter die medialen Spuren des Prozesses deutlich vor Augen bzw. setzt sie ihm ins Ohr. Den Aspekt der medialen Überlieferung betont Geyer ausdrücklich in ihrer Projektbeschreibung: »The performer re-enacts not so much the historical figures but the traces they left behind.«[3] Dementsprechend ergänzt seit 2010 die siebenteilige Serie *Evidence (Criminal Case 40/61)*[4] die Videoinstallation. Die Fotografien zeigen jeweils mittig auf dem Holztisch des Archivraums angeordnet das Radio, Aktenordner, Tonbandspulen, eine Aktentasche aus Leder, gestapelte Bücher in deutscher und englischer Sprache (neben Arendts Buch sind Titel von Bataille, Freud, Hegel, Kafka, Kant und Karl Jaspers vertreten), geschnürte Dokumentenstapel sowie das »Life Magazine«, welches auf der Seite der Berichterstattung über den Prozess aufgeschlagen ist. Mit diesem überdeutlichen Fingerzeig auf die medialen Spuren des Eichmmann-Prozesses rücken folgende Fragen in den Mittelpunkt von *Criminal Case 40/61: Reverb*: Wie erinnern

---

**3** | Andrea Geyer, »Criminal Case 40/61: Reverb«, http://www.andreageyer.info/projects/criminal_case/CriminalCase.html, letzter Zugriff am 02.03.2016. Vgl. ebenso dies., »Conversations With Contemporary Artists: Andrea Geyer«, Vortrag vom 31.10.2010 am MoMA New York, www.moma.org/explore/multimedia/videos/5/599, letzter Zugriff am 10.07.2014.

**4** | Andrea Geyer, *Evidence (Criminal Case 40/61)*, digital c-prints, 16x22 inches, framed, 2010.

*Abbildung 5*

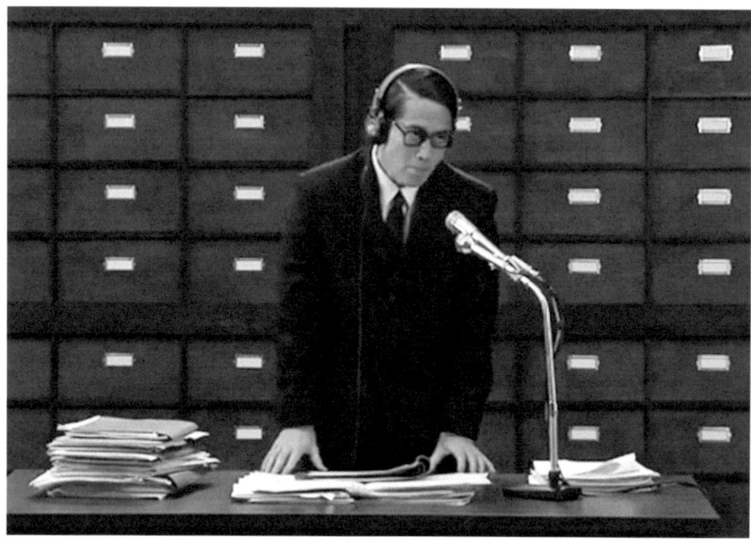

*Abbildung 6*

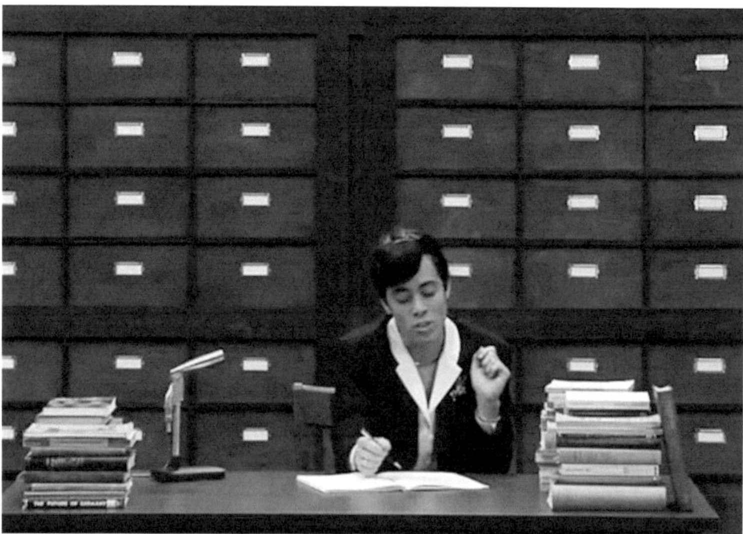

Andrea Geyer, *Criminal Case 40/61: Reverb*, 2009

*Abbildung 7*

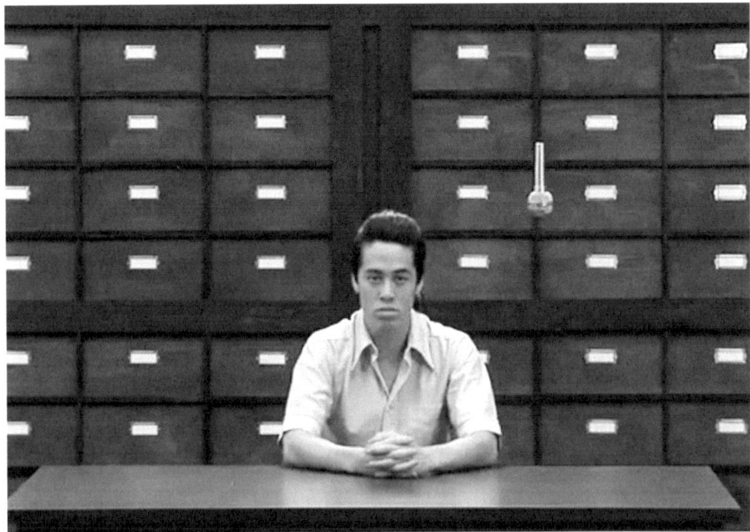

*Abbildung 8*

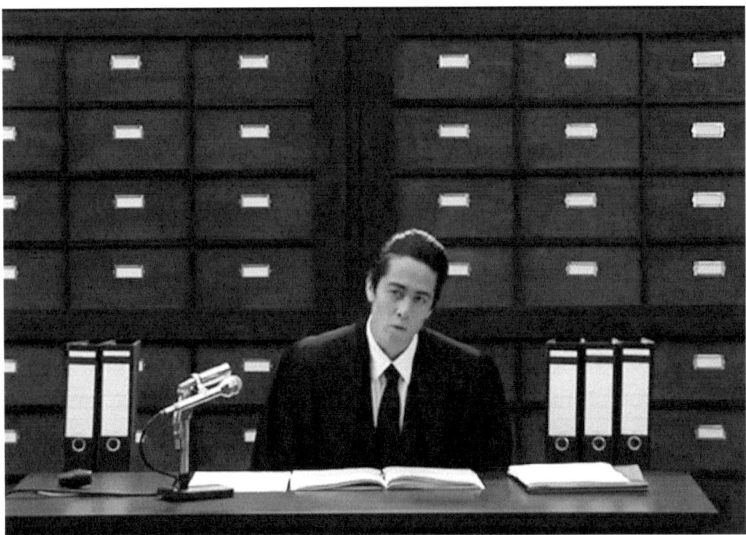

sechskanalige Videoinstallation, 6 Monitore, 6 Stühle,
42 Minuten, Englisch

wir uns an historische Ereignisse, an denen wir persönlich nicht teilgenommen haben? Wer bestimmt, welche Ausschnitte wir aus dem Archiv Geschichte wie zu sehen kriegen?

## Archivarbeit

Dass Reenactments Archivquellen erneut wiederholen und materielle Dokumente die unentbehrlichen Bedingungen des Phänomens in Kunst und Freizeit darstellen, ist in gewisser Hinsicht eine triviale Feststellung. Dass sich die eigene Ordnung des jeweiligen Archivs aus den unterschiedlichen Sammlungsschwerpunkten bzw. der Auswahl der zu bewahrenden Dokumente ergibt, ist ebenfalls keine Neuigkeit. Sowohl die Umstände der Produktion von historischem Bildmaterial als auch die Ordnung und Zugänglichkeit im Archiv bestimmen seine Reinszenierung. Allerdings möchte ich behaupten, dass dieser Aspekt auf die zur Diskussion stehende Arbeit von Andrea Geyer im Besonderen und auf eine sehr eigenwillige Weise zutrifft. Den Hinweis auf die Ambivalenz des Archivs, also darauf, dass es an Selektionsprinzipien gekoppelt ist und Dokumente in archivwürdig (mit bleibenden Wert für die Geschichtsschreibung) oder archivunwürdig (ohne bleibenden Wert) scheidet, knüpft sie in *Criminal Case 40/61: Reverb* nicht an den Vorschlag einer alternativen Überlieferung der Vergangenheit oder die Frage nach einem »anderen Archiv«. Vielmehr fügt sie dem vorhandenen Archivmaterial bewusst eine Leerstelle hinzu und erhebt die Lücke zu der zentralen Bedingung ihres Reenactment.

»Das Eigentliche des Archivs ist seine Lücke, sein durchlöchertes Wesen,«[5] sagt Georges Didi-Huberman und verweist darauf, dass bereits der Rückgriff auf das Archiv weniger frei ist als angenommen. Mit der Lücke spricht Didi-Huberman das Beunruhigende an der Archivierung und den Strukturen des Archivs an, das in den einflussreichen Theorien von Michel Foucault und Jacques Derrida mit der Machtausübung durch Archive zusammenhängt. Beide unterscheiden zwischen dem Aufbewahrungsort bzw. der institutionenellen Archive (les archives) als Depot und dem Archivbegriff (l'archive), der das Archiv als Denkfigur bestimmt. Beide zeichnen das Archiv nicht als statisch, sondern als einer stetigen

**5** | Georges Didi-Huberman, »Das Archiv brennt«, in ders. und Knut Ebeling, *Das Archiv brennt*, Berlin 2007, S. 7-32, hier S. 7.

Dynamik der Veränderung unterworfen. Mit anderen Worten, das Archiv steuert und kontrolliert einerseits den Zugang zur Geschichte. Andererseits birgt es das Problem der Lücke, welche das Ergebnis von im Archiv wirkenden Machtverhältnissen ist.

Zunächst beschreibt Foucault in *Die Archäologie des Wissens* (1969) was ein Archiv aus seiner Sicht nicht sei:

> »Mit diesem Ausdruck meine ich nicht die Summe aller Texte, die eine Kultur als Dokumente ihrer eigenen Vergangenheit oder als Zeugnis ihrer beibehaltenen Identität bewahrt hat; ich verstehe darunter auch nicht die Einrichtungen, die in einer gegebenen Gesellschaften gestatten, die Diskurse zu registrieren und zu konservieren, die man im Gedächtnis und zur Verfügung behalten will.«[6]

Vielmehr begreift er hierunter »Systeme, die die Aussagen als Ereignisse (die ihre Bedingungen und Erscheinungsgebiet haben) und Dinge (die ihre Verwendungsmöglichkeit und ihr Verwendungsfeld umfassen) einführen.«[7] Aus Foucaults Sicht ist das Archiv ein Satz Regeln, dessen Zusammenspiel innerhalb einer Kultur erlaubt oder verhindert, dass Aussagen zu treffen sind. Es ist »das Gesetz dessen, was gesagt werden kann.«[8] Foucaults Archiv ist nicht statisch, sondern ist als »das allgemeine System der Formation und der Transformation der Aussagen«[9] dynamisch und historisch bedingt. Das Archiv ist ortlos und bleibt in seiner Entmaterialisierung unspezifisch, da es der Vielfalt von Diskursen entsprechend als Ganzes nicht beschreibbar ist. Es zeigt sich über Fragmente und Ebenen, auf denen eine bestimmte Praxis stattfinden kann. Es ist allmächtig und allgegenwärtig, da es die Aussagen reguliert. Foucaults Definition des Archivs als ein System der Formation und Transformation von Aussagen betont, dass das Gesagte immer wieder bearbeitet und manipuliert werden kann.[10] Besonders deutlich wird dieser Aspekt in Bezug auf die historische Aussage, die laut Foucault nicht auf das »reine Ereignis der Äußerung«[11] zurückgeführt werden kann, sondern durch die

**6** | Michel Foucault, *Archäologie des Wissens*, Frankfurt am Main 1981, S. 187.

**7** | Ebd., S. 186.

**8** | Ebd., S. 187.

**9** | Ebd., S. 188.

**10** | Vgl. ebd.

**11** | Ebd., S. 148.

Regelung »wiederholbare Materialität«[12] charakterisiert ist, die ihrerseits »Möglichkeiten der Re-Inskription und der Transkription«[13] birgt.

Ebenso wie Foucault fordert Derrida, den »überkommenen Begriff des Archivs aufzugeben oder von Grund auf zu restrukturieren.«[14] Angesichts der dem Archiv innewohnende Möglichkeit der Veränderung, des Über- und Neuschreibens spricht er von der »Gewalt des Archivs«[15]. Schließlich bestimme die spezifische Auswahl des jeweiligen Archivs, was in Zukunft als Geschichte gelesen werden könne und Gültigkeit besitze. Dementsprechend sei das Archiv als eine grundsätzlich (macht)politische Kategorie zu werten: »Keine politische Macht ohne Kontrolle über das Archiv, wenn nicht gar des Gedächtnisses.«[16]

Für Derrida liegt die Gesetzesmacht im Archiv selbst begründet: In der Notwendigwendigkeit das Gesetz geltend zu machen, muss dieses dokumentiert und archiviert werden. Bereits in der Etymologie des Wortes sieht er das Problem der autoritären und interpretierenden Auswahl angelegt, die entscheidend dafür ist, ob die Aufzeichnungen eines Ereignisses der Nachwelt bewahrt werden oder nicht. In *Dem Archiv verschrieben – Eine Freudsche Impression* (1997) weist er darauf hin, dass das lateinische Wort »archivum« auf dem griechischen »archeion« fußt, das »Behörde« sowie »Obrigkeits- oder »Rathaus« bedeutet. Das griechische »ärchein« meint zudem »regieren«. Insbesondere betont Derrida den Doppelsinn des Wortes »arché«, welches sowohl für »Anfang«, »Ursprung« aber auch »Gebot« steht.[17] Das Obrigkeitshaus ist der Ort, an dem die »Archonten« die öffentlichen Dokumente bzw. Gesetzestexte verwahren und interpretieren.[18] Die Autorität der Archonten besteht nach Derrida darin, die »Funktionen der Vereinheitlichung, der Indentifizierung und der Einordnung«[19] inne zu haben. Derrida bezeichnet diese Macht als Kon-

**12** | Ebd., S. 149.

**13** | Ebd., S. 150.

**14** | Jacques Derrida, *Dem Archiv verschrieben – Eine Freudsche Impression*, Berlin 1997, S. 121.

**15** | Ebd., S. 18.

**16** | Ebd., S. 14.

**17** | Ebd., S. 9.

**18** | Ebd., S. 11.

**19** | Ebd., S. 12f.

signationsmacht.[20] Als Archivierungstechnik steht die Konsignation für einen Prozess, der verdeutlicht, dass der Anspruch auf Wahrheit eines Archivs immer ein Ergebnis eines Zugriffs von Außen ist. Derrida schreibt:

»Die technische Struktur des archivierenden Archivs bestimmt auch die Struktur des archivierbaren Inhalts schon in seiner Entstehung und in seiner Beziehung zur Zukunft. Die Archivierung bringt das Ereignis in gleichem Maße hervor, wie sie es aufzeichnet. Das ist auch unsere politische Erfahrung mit den Informationsmedien.«[21]

Somit betont Derrida einerseits den produktiven Anteil des Archivierens: Der Archivar bringe durch seine Tätigkeit den Gegenstand des Archivs hervor, indem er ihn in ein bestimmtes Verhältnis zu dem inneren Bestand des Archivs setzt und von dem Bereich des Außen absetze. Die Produktion und Nutzung des Materials sei ein unabschließbarer Prozess, der erst in der Wiederholung bzw. während des Archivierens Elementen ihren Platz zuweise. Die Umkehrbarkeit und Offenheit sei ein konstitutives Moment jeder Archivierung, weil durch die Nähe oder Ferne zu anderen Elementen des inneren und äußeren Bereichs immer wieder neue sowie nicht-determinierbare Beziehungsgeflechte entstünden. Folglich ist das Archiv nach Derrida weniger auf die Vergangenheit, als vielmehr auf das Kommende gerichtet: »Der Archivar produziert Archivarisches, deshalb wird das Archiv niemals abgeschlossen sein. Es ist von der Zukunft her geöffnet.«[22]

Andererseits stellt Derrida den positiven Kräften der Archivierung das »Archivübel« gegenüber, welches er mit dem destruktiven Wiederholungszwang im Sinne Freuds[23] assoziiert. Ohne die Wiederholung kann

**20** | Ebd., S. 13.

**21** | Ebd., S. 35.

**22** | Ebd., S. 123.

**23** | Nach Freud steht der Wiederholungszwang für die Aktualisierung eines traumatischen Erlebnisses, das in das Unterbewusste verschoben wurde. Jedoch bleibt eine Reflexion und damit ein Durcharbeiten der verdrängten Inhalte während der »nichterinnernden« Wiederholung aus. In *Jenseits des Lustprinzips* (1930) koppelt Freud den Wiederholungszwang an den Todestrieb. Letzterer drückt nach Freud die Tendenz aus, das Leben von Anfang an in den Tod zurückzuführen: »Wenn wir es als ausnahmslose Erfahrung annehmen dürfen, daß alles

das Archiv nicht bestehen, jedoch entstehen mit der Wiederholung Veränderungen. Bereits die erste Aufzeichnung für die Archivierung ist eine Doppelung und somit Entfremdung von dem eigentlichen Gegenstand noch bevor sie überhaupt in das Archiv eingeht:

»Sie bedingt nicht bloß die eindrückende Form oder Struktur, sondern den eingedrückten Inhalt des Eindrucks: der *Druck des Eindrucks* vor der Spaltung zwischen dem Eingedrückten und dem Eindrückenden. Diese Archivtechnik hat kontrolliert was schon in der Vergangenheit was es auch war als Vorwegnahme der Zukunft instituierte und konstituierte.«[24]

Der Schrecken des Archivübels liegt also darin begründet, dass das Archiv mit einem Anspruch auf Wahrheit auftritt, aber sich diese Wahrheit als prozessierbar entpuppt. Kurz, das Archiv bildet keine Wahrheit ab, sondern deren Manipulierbarkeit, die ihrerseits wirkliche Effekte hervorbringt.[25] Derrida geht es in seinem Text darum, zu zeigen, inwiefern die Psychoanalyse »zu einer Theorie des Archivs und nicht zu einer Theorie des Gedächtnisses«[26] werden kann. Schließlich schlägt er vor, »›eine Logik des Unbewussten‹ mit einem Denken des Virtuellen zu kreuzen.«[27] Das »Archiv des Virtuellen«[28] ist weniger ein Ort des Wissens, als vielmehr ein Zustand des Noch-nicht-Wissens, der sich auf die Zukunft hin öffnet und diese mit einbezieht. Derrida schreibt:

»Die Intensität dieses In-der-Schwebe-haltens erregt Schwindel [...], indem es die einzige Bedingung dafür abgibt, damit das Zu-Künftige bleibt, was es ist:

---

Leben aus inneren Gründen stirbt, ins Anorganische zurückkehrt, so können wir nur sagen: Das Ziel alles Lebens ist der Tod, und zurückgreifend: Das Leblose war früher da als das Lebende.«

Sigmund Freud, »Jenseits des Lustprinzips« (1930), in ders. *Das Ich und das Es. Metapsychologische Schriften*, Frankfurt am Main 2009, S. 193-249, hier S. 223.

**24** | Vgl. Derrida 1997, S. 38.

**25** | Vgl. Knut Ebeling, »Die Asche des Archivs«, in Georges Didi-Huberman und ders., *Das Archiv brennt*, Berlin 2007, S. 33-183, hier S. 119.

**26** | Ebd., S. 39.

**27** | Derrida 1997, S. 121.

**28** | Ebd., S. 120.

es ist zu kommen. Die Bedingung, damit das Zu-Künftige zu kommen bleibt, ist nicht nur, daß es nicht bekannt, sondern daß es *als solches nicht wißbar ist.*«[29]

Mit seiner Ausweitung des Archivbegriffs provoziert Derrida Kritik. So fragt zum Beispiel Tom Holert: »Wie sinnvoll ist es überhaupt, bei dem Begriff zu bleiben, wenn man seinen Bedeutungshorizont derart radikal erweitert? Archiv des Nicht-Wissbaren, des Nicht-Sichtbaren – was soll das sein?«[30] Sicherlich ist dieser Einwand nicht von der Hand zu weisen, letztlich bleibt Derridas Archiv durch seinen Einbezug einer nicht-wissbaren Zukunft ebenso unbestimmt wie grenzenlos. Allerdings möchte ich argumentieren, dass die Lücken, die dem Memorierungs- und Wiederholungsdrang entgangen sind, in Derridas Konzept unentbehrlich sind. Im Rekurs auf Freud betont Derrida eine unaufhebbare Spannung zwischen bewusster Erinnerungsleistung und unbewussten Erinnerungsspuren, die nachwirken und zu Brüchen führen können. Erinnern ist nicht ein passiver Vorgang der Enthüllung von Vergangenheit, sondern ein aktiver Prozess der Aktualisierung von Archivbeständen, die niemals vollständig wiedergegeben werden. Folglich konstituieren Lücken als eine weitere Form des Nicht-Sichtbaren und Nicht-Wissbaren das Archiv. Letztendlich stellt sich mit Derrida die Frage wie das, was nicht archiviert ist, sich als Abwesenheit bemerkbar macht. Sind nicht gerade die Leerstellen dazu angetan, die Imagination des Archivnutzers zu stimulieren, der die vorhandenen Lücken zu füllen hat?

Einem von Foucault und Derrida inspirierten Verständnis entsprechend, geht in *Criminal Case 40/61: Reverb* das Interesse an der visuellen Dokumentation von historischen Ereignissen mit einer kritischen Haltung gegenüber dem Archiv einher. Mit Blick auf die Praktiken des archivierenden Speicherns, welche stets einer Dynamik der Veränderung unterworfen sind, greift Geyer die archivierten Bilder des Eichmann-Prozesses wieder auf und nimmt das Archivmaterial als Anlass, sich in den medialen Fluss historischer Darstellungen einzumischen, wobei den Zwischentiteln eine zentrale Rolle zukommt. Sie strukturieren die Videoprojektion: Nicht nur wer gerade durch Wu spricht, sondern auch wo das Dargestellte im Prozessverlauf einzuordnen ist, wird mit ihnen deutlich. In das Auge sticht, dass ein Zwischentitel sich nicht auf eine weitere Rolle

**29** | Ebd., S. 129f.

**30** | Tom Holert, *Regieren im Bildraum*, Berlin 2008, S. 167.

des Perfomers bezieht: *Witness/Augenzeuge*. Das heißt, Geyer klammert die prominente Figur des Augenzeugen im Eichmann-Prozess aus. Sie lässt die Rolle des Zeugen unausgefüllt, Wu begibt sich nicht in den Zeugenstand. Der für sich stehende Zwischentitel markiert eine unbesetzte Rolle und verweist die Betrachter der Installation auf ihre augenblicklich stattfindende Zeugenschaft. Sie sind Augenzeugen der Videoprojektionen und immer auch Augenzeugen von Geschichtsdarstellungen. Im Sinne von Arns Interpretation des Reenactment können die Betrachter/Augenzeugen nun nachspüren, was die historischen Bilder konkret für sie bedeuten, schließlich verkörpern sie das Bild des Augenzeugen im Wortsinn. Jedoch lässt sich der fehlende Zwischentitel meiner Meinung nach auch dahingehend interpretieren, dass Geyer einen Rückbezug auf das Wort »Reverb« im Titel vornimmt. Also die Leerstelle nicht ausschließlich dazu dient, den Betrachter in der Rolle des Augenzeugen auf die ein oder andere Weise zu aktivieren, sondern vielmehr als ein geschickter Hinweis Geyers auf die mediale Figur des Zeitzeugen verstanden werden kann. Denn diese irritierende Lücke bricht mit dem gewohnten Anblick des Zeitzeugen, der in der medialen Aufarbeitung des Holocaust in Film und Fernsehen selbst einer historisch bedingten Wandlung unterliegt.

## Exkurs: Die Entstehung des Zeitzeugen

Über die Aussage des Augenzeugen wird im Rechtswesen die Wahrheit eines Ereignisses, einer Handlung oder einer Situation aufgezeigt. Der Augenzeuge tritt vor Gericht auf, um eine Aussage zu machen, die zur Grundlage von Anklagen, Verteidigungen und Urteilen wird. Als unbeteiligter Beobachter der Tat garantiert er durch seine Distanz die Wahrheit seiner Aussage, die zur Aufklärung des strafrechtlich relevanten Sachverhalts beitragen kann. Zudem berichtet ein Augenzeuge von dem, was er nicht mehr sieht. Vor Gericht wird nicht nur die zeitliche Distanz zum Geschehen verneint, sondern vor allem das Paradox bejaht, dass der Augenzeuge immer erst nach der Tat zum Zeugen wird, wie Derrida in *Aufzeichnungen eines Blinden: das Selbstporträt und andere Ruinen* (1997) ausführt:

»Übrigens ist ein Zeuge als solcher immer blind. Die Zeugenaussage tritt an die Stelle der Wahrnehmung. Es ist unmöglich, gleichzeitig zu sehen, zu zeigen und zu sprechen, und das Interesse am Zeugnis liegt in dieser Dissoziierung selbst. Kein Authentizitätsbeweis kann für die Gegenwart zeigen, was dem Zeugen, sei er auch der sicherste von allen, vor Augen steht, oder besser gesagt, was er gesehen und im Gedächtnis behalten hat, wenn er nicht etwa verbrannt ist (im Hinblick auf die Zeugen von Auschwitz und aller Vernichtungslager bedeutet dies freilich, ›revisionistischen‹ Abstreitungen übel in die Hände zu arbeiten).«[31]

Somit vollzieht sich stets ein Bruch zwischen dem sprachlosen Sehen während des Geschehens und dem sprechenden Nicht-mehr-Sehen vor Gericht, der jedoch zugunsten einer juristisch wirksamen Wahrheit verleugnet wird. Laut Derrida übersetzt ein Zeugenbericht zudem den Blick in das Sprachliche: »Zeugnis ablegen, heißt immer sprechen, einen Diskurs führen, übernehmen, unterzeichnen.«[32] Infolgedessen werde Sehen in der Zeugenaussage durch Glauben ersetzt, weil der Zeuge auf das Abwesende verweise und sein Zuhörer auf dessen Versprechen, die Wahrheit zu sagen, angewiesen sei.[33]

Ferner werde ein Zeugnis vor Gericht stets öffentlich abgelegt: »Niemand bezeugt etwas insgeheim«.[34] In dem Moment seiner Aussage akzeptiere der Zeuge die Bedingungen der Öffentlichkeit, in die er trete und stimme der technischen Aufzeichnung seiner Worte zu. Mit der Aufzeichnung erkenne der Zeuge an, dass über seine Worte verfügt werden kann und dass die aufgezeichnete Zeugenschaft mit dem lebendigen Zeugnis gleichwertig wird. Dennoch gibt es für Derrida kein aufgezeichnetes Zeugnis. Vielmehr hält er an einem Unterschied zwischen dem leibhaftigen Zeugnis und dem medial aufgezeichneten Beweis fest. Nach Derrida ergibt sich eine Spannung zwischen Technik und Zeugnis in der auch die Frage nach dem medialen Dispositiv, das jegliches öffentliche Sprechen vor Gericht strukturiert, mitschwingt.

**31** | Jacques Derrida, *Aufzeichnungen eines Blinden: das Selbstporträt und andere Ruinen*, München 1997, S. 105.

**32** | Derrida/Stiegler 2006, S. 111.

**33** | Vgl. Michael Wetzel, »Der Denker als Zeit-Zeuge. Derrida über Zeugnis und Beweis«, in Hans-Joachim Lenger und Georg Christoph Tholen (Hg.), *Mnema. Derrida zum Andenken*, Bielefeld 2007, S. 209-220, hier S. 211f.

**34** | Derrida/Stiegler 2006, S. 112.

Judith Keilbach zeichnet in *Geschichtsbilder und Zeitzeugen. Zur Darstellung des Nationalsozialismus im Bundesdeutschen Fernsehen* (2008) die Veränderung der Inszenierung und Funktion der Augenzeugen der nationalsozialistischen Verbrechen nach. Dabei stellt die Medienwissenschaftlerin einen Zusammenhang zwischen den Zeitzeugen in Film und Fernsehen sowie den juristischen Zeugen vor Gericht fest. Laut Keilbach variiert der Status der Augenzeugen (entsprechend den Verhandlungsgegenständen und Zielen der jeweiligen Prozesse) zwischen dem des juridischen Zeugen und dem des Zeitzeugen. Juridische Zeugen sind der Neutralität und Unabhängigkeit verpflichtet. Ohne eine Wertung oder Kommentierung vorzunehmen, geben sie dem Gericht Auskunft über das, was sie gesehen haben. Jedoch stehen Zeugen, die dem juridischen Ideal entsprechen nicht für die Aufarbeitung des Holocaust vor Gericht zur Verfügung, »[d]enn alle, die davon erzählen könn(t)en, waren und sind auch nachträglich, nicht zuletzt mit ihren Affekten, in das Geschehen involviert.«[35] Ungeachtet dieser problematischen Zeugenschaft treten Augenzeugen der nationalsozialistischen Verbrechen bei den NS-Prozessen auf, was für die Überlebenden eine enorme psychische Belastung bedeutet und bei einer Reduktion ihrer Erinnerungen auf eine rein juristische Beglaubigungsfunktion die Gefahr einer zweiten Traumatisierung birgt.[36]

Im Laufe der Zeit rücken die Schilderungen der Augenzeugen zunehmend in den Mittelpunkt der Aufmerksamkeit und wandeln den juridischen Zeugen in einen Zeitzeugen. Statt Ereignisse und Dokumentation zu beglaubigen, ist die Aufgabe des Zeitzeugen nun, die Ereignisse durch die Schilderung ihrer konkreten Erlebnisse die nationalsozialistischen Verbrechen für die Zuschauer im Gerichtssaal (und vor den Fernsehgeräten) vorstellbar zu machen.[37] Im Zuge der gesellschaftlichen Auseinandersetzung mit dem Nationalsozialismus kommen Zeitzeugen im Eichmann-Prozess sozusagen vor der Kamera an. Sie werden hier nicht mehr zu der bloßen Bestätigung von Fakten herangezogen, sondern als Affektmenschen präsentiert, um den Zuschauer emotional zu beteiligen.

---

**35** | Keilbach 2008, S. 155.

**36** | Vgl. Judith Keilbach, »Zeugen der Vernichtung. Zur Inszenierung von Zeitzeugen in Bundesdeutschen Fernsehsendungen«, in Eva Hohenberger und dies. (Hg.), *Die Gegenwart der Vergangenheit. Dokumentarfilm, Fernsehen und Geschichte*, Berlin 2003, S. 155-174, hier S. 159.

**37** | Keilbach 2008, S. 142.

Nach Keilbach findet Dieser Wandel seine Entsprechung in Film und Fernsehen, auch hier lassen sich Unterschiede im Umgang mit Zeitzeugenberichten feststellen. Anfangs kam ihren persönlichen Berichten innerhalb dokumentarischen Sendungen über den Nationalsozialismus vor allem eine Beglaubigungsfunktion zu, individuelle Erfahrungen erhielten durch die spezifische Argumentation der Sendung einen exemplarischen Charakter.[38] Hingegen sieht Keilbach in späteren Sendungen die Tendenz bestätigt, durch die Kombination von Statement und Filmaufnahmen den Zuschauern das konkret beschriebene Erlebnis des jeweiligen Zeitzeugen miterleben zu lassen.[39] Nicht nur im Gerichtssaal, auch in aktuellen Geschichtsdokumentationen sieht Keilbach den Status des Zeitzeugen grundsätzlich gewandelt: »In beiden Fällen haben die Zeitzeugen keine juristische Funktion mehr, vielmehr werden sie zu einem wesentlichen Element des Medienereignisses.«[40] Keilbach zieht den Vergleich zwischen dem Hauptkriegsverbrecherprozess vor dem internationalen Militärgerichtshof in Nürnberg (1945/46) und dem Eichmann-Prozess in Jerusalem heran, um den Wandel des juridischen Zeugen in einen Zeitzeugen zu verdeutlichen. Letztere bestätigen nicht mehr einen von vorneherein umrissenen Sachverhalt, sondern stellen mit ihren Erinnerungen nun Geschichte her, sie werden »durch ihre eindrücklichen Schilderungen und körperlichen Präsenz selbst zu Fakten der Geschichte.«[41]

## 1945/46: Verdoppelte Augenzeugenschaft

Erstmals wurden im Nürnberger Prozess, der vom 20. November 1945 bis zum 01. Oktober 1946 stattfand, Bilder und Filmaufnahmen der befreiten Konzentrationslager als Beweismittel eingesetzt. In den befreiten Konzentrationslagern hielten Kamerateams und Fotografen der Alliierten den grauenhaften Anblick systematisch fest, der sich ihren Augen bot. Die maßlose Grausamkeit der Lager mutete so unglaublich an, dass sie Beweise auf Film und Foto geradezu erzwang.[42] Wie um sich zu vergewissern, dass sie tatsächlich dieser Situation ausgesetzt waren, lichteten

**38** | Vgl. Keilbach 2003, S. 161.

**39** | Ebd., S. 171.

**40** | Ebd., S. 172.

**41** | Keilbach 2008, S. 142.

**42** | Vgl. Didi-Huberman 2007a, S. 15.

sich die Soldaten selbst inmitten der Lager ab. Demonstrativ rückten sie sich ins Bild und sorgten in einem Akt der wechselseitigen Beglaubigung für den Wahrheitsgehalt und die Beweiskraft der Bilder. Zugleich bildeten viele Fotos und Filmaufnahmen den Akt des Blickens selbst ab, beispielsweise zeigten die Bilder, »wie Soldaten das Lager erkunden, wie der Ort den Journalisten und politischen Repräsentanten vorgeführt wird oder wie deutsche Anwohner Leichenberge betrachten.«[43]

In der Nachmittagssitzung des 29. November 1945 führte die Anklage im Rahmen ihrer Beweisführung den Film *Nazi Concentration Camps* (1945) vor, der aus Aufnahmen verschiedener alliierter Militärfotografen und Kameramänner zusammgefügt ist. Beglaubigung und Augenzeugenschaft sind zentrale Motive des Films, so sind ihm abgefilmte eidesstattliche Erklärungen vorangestellt, in denen unter anderen der Regisseur George C. Stevens die Authentizität der Aufnahmen bestätigen. Diese »Affidavits« werden im Vorspann laut verlesen und so ihre Bedeutsamkeit akustisch unterstrichen. Damit wurde nicht nur formal eine juristische Notwendigkeit erfüllt, sondern auch eine deutliche Abgrenzung zu der NS-Propaganda angestrebt, deren Bildmaterial in der Gerichtsverhandlung ebenfalls gezeigt wurde. Zahlreiche Einstellungen des Films zeigen Soldaten, deutsche Anwohner sowie politische Repräsentanten, die die Lager besichtigen. Darüber hinaus adressieren ein US-amerikanischer Kriegsgefangener, eine Häftlingsärztin und ein britischer Offizier ihre Aussage direkt in die Kamera und somit an den Zuschauer. Die Augenzeugenberichte über die Situation in den Lagern dienen in *Nazi Concentration Camps* als Bestätigung der zuvor gezeigten Bilder, die sichtbare Anwesenheit der Zeugen direkt am Ort des Geschehens verstärkt die Glaubwürdigkeit des Films. Letztendlich führt *Nazi Concentration Camps* deutlich vor Augen, dass die »objektiven« Fotografien und das Filmaufnahmen Authentizitätsnachweise durch Zeugen benötigen, um vor Gericht als glaubwürdige Beweismittel eingesetzt zu werden. Somit ergibt sich die Glaubwürdigkeit der Bilder aus dem Kommentar und liegt nicht im Wesen der Fotografie als angeblich unbestechlicher mechanischer Augenzeuge begründet.[44]

---

**43** | Keilbach 2003, S. 155.

**44** | Nach Cornelia Brink wurde im Nürnberger Prozess die Glaubwürdigkeit der Aufnahmen von Gutachtern nach folgenden juristisch relevanten Kriterien ermittelt. Als »original« wurden Film- und Fotomaterial bewertet und für das Verfahren

Die gefilmten Augenzeugen stehen in *Nazi Concentration Camps* für die Faktizität der Bilder ein, ihre Funktion ist juridisch. Ebenso beschränkten sich die Aussagen der im Nürnberger Prozess geladenen Zeugen auf beweisfähige Tatsachen, die der Beglaubigung oder Widerlegung der fraglichen Tatbestände dienlich waren. Vor dem internationalen Militärgerichtshof wurde gemeinsam von den Besatzungsmächten Frankreich, Großbritannien, den Vereinigten Staaten von Amerika und der Sowjetunion gegen 24 Repräsentanten des nationalsozialistischen Regimes Anklage wegen der Straftatbestände der Vorbereitung eines Angriffkriegs, des Verbrechens gegen den Frieden, Kriegsverbrechen und Verbrechen gegen die Menschlichkeit erhoben. Der Anklage lagen zahlreiche Dokumente zugrunde, mit denen die Straftaten belegt wurden. Laut Annette Wiviorka bestand die Funktion der hierzu gehörten Zeugen vor allem darin, diese Dokumente zu kommentieren bzw. ihre Richtigkeit zu bestätigen.[45] Obwohl der Prozess in Gänze in Wort und Bild aufgezeichnet wurde und zahlreiche deutsche und ausländische Journalisten im Gerichtssaal anwesend waren, hinterließen ihre Aussagen keinen bleibenden Eindruck, denn die Zeitungen, Illustrierten, Wochenschauen und Radiosendungen berichteten kaum über das Erscheinen der Zeugen vor dem internationalen Militärgerichtshof. Stattdessen galt das Interesse der

---

zugelassen, wenn mittels weiterer (Schrift-)Dokumente oder mündlicher Aussagen die Herkunft der Bilder in Erfahrung zu bringen war, der Produzent und der Entstehungsort bekannt war oder wenn ein Augenzeuge die Übereinstimmung von Bild und fotografierte Situation bestätigen konnte. Hingegen spielte für die Beweistauglichkeit keine Rolle, wer die Foto- oder Filmkamera bediente oder in wessen Auftrag die Bilder aufgenommen wurden. Das zweite Kriterium für die Glauwürdigkeit der Aufnahmen gründete auf den technischen Kenntnissen über ihre Entstehung. Danach waren Fotografien und Filme authentische Dokumente, sofern das Negativmaterial nicht nachträglich manipuliert wurde. Keinen Berücksichtung als Interpretation der im Bild reproduzierten »Wirklichkeit« fanden etwa Inszenierungen vor der Kamera oder die Blickrichtung des Fotografen im Augenblick der Aufnahme, die spätere Auswahl einzelner Sequenzen oder die Kommentierung von Filmszenen und Fotografien während der Vorführung.

Vgl. Cornelia Brink, *Ikonen der Vernichtung. Öffentlicher Gebrauch von Fotografien aus nationalsozialistischen Konzentrationslagern nach 1945*, Berlin 1998, S. 119f.

**45** | Vgl. Wieviorka 2000, S. 141f.

Öffentlichkeit den angeklagten Politikern, Militärs und NS-Ideologen auf der Anklagebank, deren Aufnahmen zum Symbol des Prozesses selbst wurden, wie Cornelia Brink feststellt: »Diese Aufnahmen schienen etwas zu bannen: als ließe sich im Gesicht der Angeklagten, an ihren Blicken und Haltungen etwas über ihren Charakter und ihre Perönlichkeit und damit auch eine Erklärung für die Verbrechen ablesen.«[46] 16 Jahre später sollte im Eichmann-Prozess ein umgekehrter Prozess einsetzen und das Bildmotiv des Zeugen das Abbild des Täters aus dem Bewusstsein der Öffentlichkeit beinahe verdrängen.

## 1962: Zeitzeugen als Erinnerungsmenschen

Während in Nürnberg die Alliierten den Prozess durchführten, erhob Israel im Eichmann-Prozess selbst Anklage. Die Anklagepunkte lauteten: Verbrechen gegen die Menschlichkeit, Kriegsverbrechen, Mitgliedschaft in einer verbrecherischen Organisation und Verbrechen gegen das jüdische Volk. Allerdings fokussierte sich der Prozess im Rahmen dieser Anklage nicht nur auf die Verbrechen von Eichmann, sondern macht die gesamte Vernichtungspolitik des Nationalsozialismus zum Gegenstand der Gerichtsverhandlung. Von Anfang an war der Eichmann-Prozess laut Tom Segev als ein vorrangig emotionales Ereignis konzipiert, es standen dem Historiker zufolge nicht mehr »Adolf Eichmanns Taten [...] im Mittelpunkt der Verhandlung, sondern die Leiden des jüdischen Volkes.«[47] Somit bestimmten zwei widersprüchliche Ziele den Eichmann-Prozess: Die Aufklärung über die nationalsozialistischen Verbrechen und das Hervorrufen von Emotionen und Empathie mit den überlebenden Opfern.

Die verschiedenen Stadien des Vernichtungsprozesses wurden in erster Linie auf der Grundlage von Zeitzeugenaussagen rekonstruiert. Daher spricht Annette Wieviorka von der »Entstehung des Zeugen«[48] durch den Eichmann-Prozess. Als neue Figur der Erforschung, Erinnerung und Darstellung des Holocaust veränderte der Zeuge dessen Geschichtsschreibung, der Genozid wurde zu »einer Abfolge individueller Erfahrun-

**46** | Brink 1998, S. 118.

**47** | Tom Segev, *Die siebte Million. Der Holocaust und Israels Politik der Erinnerung*, Reinbek 1995, S. 460.

**48** | Wieviorka 2000, S. 136.

gen, mit denen die Öffentlichkeit sich identifizieren konnte.«[49] Zugleich schuf das immense Interesse und die Fokussierung der Medien auf die Zeugen im Eichmann-Prozess eine anhaltende soziale Nachfrage nach ihren Aussagen.[50]

Mit dem Erscheinen des Zeugen auf den Bildschirmen und ihrem Eintritt in das Bewusstsein der breiten Öffentlichkeit verlor sich der juristische Blick auf die Zeugen vor Gericht. Der Historikerin zufolge wurden sie als emotionale »Erinnerungs-Menschen«[51] präsentiert, die nicht von den Fakten der Geschichte sprachen, sondern über ihre persönlichen Gefühle und Erfahrungen berichteten. Die neue Funktion der Zeitzeugen bestand darin, »Träger der Geschichte«[52] zu sein und damit quasi selbst zum Quellenmaterial zu werden.

Mit 110 Personen (davon waren 90 Überlebende des Holocaust) traten weitaus mehr Zeugen vor Gericht als im Nürnberger Verfahren. Dies führte zu einer Fokusverschiebung in der weltweiten Berichterstattung über den Prozess, wie Wieviorka schreibt:

> »Begleitet vom Willen, den Krieg, seine Verursacher und seine Verbrecher zu ächten, hatte sich das Scheinwerferlicht in Nürnberg noch auf die Henker und die Mechanismen gerichtet, die den Krieg möglich gemacht hatten. Im Eichmann-Prozeß schwenkte das Licht nun einzig und allein auf die Opfer. Im Gegensatz zur Absicht, in die Geschichte einzugreifen, indem man versuchte, Politiker zu verurteilen und ein neues internationales Recht zu etablieren, stand nunmehr der Gedanke im Vordergrund, eine für heute und morgen lehrreiche Erinnerung zu konstituieren.«[53]

Für das Scheinwerferlicht sorgten zahlreiche Journalisten und Prozessbeobachter, erstmals werden Pressefotografen in einem israelischen Gerichtsgebäude zugelassen.[54] Darüber hinaus hielten vier im Gerichtssaal versteckte Kameras (abwechselnd von ihrem jeweiligen Standort und

**49** | Ebd., S. 152.

**50** | Vgl. ebd., S. 151.

**51** | Ebd.

**52** | Ebd.

**53** | Ebd., S. 152f.

**54** | Vgl. Segev 1995, S. 454.

Blickwinkel aus) den Verlauf des Verfahrens fest.[55] Über 600 Auslandskorrespondenten bestätigten ihr Interesse an dem Verfahren, dessen Bedeutung der damaligen israelischen Ministerpräsidenten David Ben-Gurion als historisch bezeichnete.[56] Der Prozess gegen Eichmann sollte nach Ben-Gurion einen Lerneffekt herbeiführen und der jüngeren Generation die Vergangenheit Israels näherbringen. Dementsprechend folgte die Anklage des Generalstaatsanwalts Gideon Hausner einem pädagogischen Imperativ. In *Gerechtigkeit in Jerusalem* (1967) erläutert er:

»In jedem Strafverfahren sind der Schuldbeweis und die Verhängung einer Strafe zwar von oberster Bedeutung, aber nicht ausschließliches Ziel. Jeder Prozeß hat außerdem seine erzieherische und bessernde Seite. Er macht die Menschen aufmerksam, erzählt eine Geschichte, vermittelt eine Moral.«[57]

Erstmals rief Hausner mit Salo W. Baron, der jüdische Geschichte an der Columbia University lehrte, einen Historiker in den Zeugenstand. Seine Aussage über das europäische Judentum vor und nach dem Holocaust unterstrich den Willen und Anspruch der Anklage, eine Geschichtslektion zu erteilen.[58] Um die verschiedenen Stadien des Vernichtungsprozesses nachzuvollziehen, entschied sich Hausner dafür, Überlebenden des Holocaust das Wort zu übergeben. Den zahlreichen »Hintergrundzeugen« wurde vor Gericht Gelegenheit gegeben, eingehend Bericht über ihre persönlichen Erlebnisse abzulegen. Überdies hielt Hausner sie an, »jede Einzelheit der erlittenenen Schrecken«[59] in Worte zu fassen. Seine Anklage stützte sich im wesentlichen auf ihre mündlichen Aussagen, um die Welt »mit so vielen Einzelheiten wie irgend möglich an die gigantische menschliche Tragödie«[60] zu erinnern.

Jedoch sollten die Augenzeugen Ereignisse wiedergeben, die beinahe 20 Jahre zurücklagen. Um Fehler in ihren Schilderungen zu vermeiden, beschloss Hausner Wieviorka zufolge, ausschließlich Überlebende vor

**55** | Wieviorka 2000, S. 149.

**56** | Vgl. Segev 1995, S. 432.

**57** | Gideon Hausner zitiert in Wieviorka 2000, S. 141.

**58** | Vgl. ebd., S. 136.

**59** | Segev 1995., S. 463.

**60** | Ebd., S. 447.

Gericht zu laden, die ihre Aussagen bereits unmittelbar nach dem Krieg zu Protokoll gegeben hatten:

»Denn entgegen einer zählebigen gängigen Meinung sagten die Zeugen der Shoah beim Eichmann-Prozeß nicht zum ersten Mal aus: Sie wurden aufgrund ihrer ersten, schriftlich vorliegenden Aussagen ausgewählt. Letztere waren entweder bereits veröffentlicht oder mündlich gemacht und aufgezeichnet worden. Nach einer Vorauswahl unterhielt sich Hausner ein erstes Mal mit eventuellen Zeugen und wählte dann diejenigen aus, die die Ehre haben würden, bei einem Prozeß in Gegenwart von Hunderten Journalisten aus der ganzen Welt ihre Aussagen zu wiederholen. Es handelte sich also um ein echtes *casting*.«[61]

Die Mehrheit seiner Zeugen fand Hausner durch die Unterstützung der Mitarbeiter der Archivabteilung der Gedenkstätte Yad Vashem. Er unterzog sie einer strengen Auswahl und legte Wert darauf, dass sie sich gut ausdrücken konnten. Nach eigener Aussage zielte Hausners Zusammensetzung der einberufenen Zeugen darauf ab, möglichst alle gesellschaftliche Schichten mit einzubeziehen. Tatsächlich gab er jedoch bekannten Autoren den Vorzug, deren Erinnerungen zum Zeitpunkt des Prozesses bereits als Buch publiziert worden waren.[62] Hausners Hoffnung, dass die bereits vorliegenden Aufzeichnungen das Gedächtnis der geladenen Zeugen wieder »auffrischen«, wurde jedoch enttäuscht. Stattdessen bestätigten die prominenten Zeugen, was gedruckt vorlag. Die Erzählung wurde zur Erinnerung selbst, schreibt der ehemalige Auschwitz-Häftling Primo Levi: »[...] nach fast vierzig Jahren erinnere ich mich an all das durch das, was ich geschrieben habe: Meine Schriften spielen für mich die Rolle eines künstlichen Gedächtnisses.«[63] Das heißt, obwohl die Staatsanwaltschaft den Eindruck eines unmittelbaren Berichts erwecken wollte, verfügten die meisten Zeugen nach Hannah Arendt eben nicht über »die Gabe, Geschehenes einfach wiederzugeben [...], ganz zu schweigen von der seltenen Fähigkeit, Ereignisse die 16 oder gar 20 Jahre zurückliegen, von dem zu trennen, was man in der Zwischenzeit gelesen, gehört und

**61** | Wieviorka 2000, S. 144f.

**62** | Vgl. Segev 1995, S. 449.

**63** | Primo Levi zitiert in Wieviorka 2000, S. 146.

sich vorgestellt hat«.[64] Im Verfahren und vor allem in der Berichterstattung trat Eichmann als Hauptperson hinter die Zeugen zurück, welche ihre Aussagen ein zweites Mal trafen bzw. reenacteten.[65]

Im Hinblick auf die Anklage gegen Eichmann dienten viele der Zeugenaussagen jedoch nicht der Wahrheitsfindung, häufig bezogen sie sich nicht direkt auf den Angeklagten. Die Mehrheit der Augenzeugen, 53 Personen, kam aus Polen und Litauen und berichteten über Ereignisse, die sich außerhalb von Eichmanns Wirkungsbereich abspielten. In ihrem Prozessbericht bemängelt Arendt dieses »Recht nicht zur Sache zu sprechen«[66], weil es die eigentliche Aufgabe eines Gerichtsverfahrens, nämlich die Überprüfung eines Sachverhalts auf seine Rechtsfolgen, unterwanderte und zweckentfremdete. Letztlich kritisiert sie den Anspruch der Anklage, historische Prozesse und nicht die Person in das Zentrum des Prozesses zu stellen und zitiert Ben-Gurion: »Nicht ein einzelner sitzt in diesem historischen Prozeß auf der Anklagebank und auch nicht nur das Naziregime, sondern der Antisemitismus.«[67] In Arendts Meinung

**64** | Hannah Arendt, *Eichmann in Jerusalem. Ein Bericht von der Banalität des Bösen* (1964), München 1986, S. 336.

**65** | In erster Linie fragten die Sender Aufnahmen der Aussagen der 90 Holocaust-Überlebenden an. Dabei richteten sie sich nicht danach, ob zwischen dem Angeklagten und den von dem Zeugen berichteten Fakten ein Zusammenhang bestand. Der Ohnmachtsanfall des Romanautors Yehiel Dinour, der unter dem Pseudonym »Kazetnik« in den Zeugenstand trat, war die meistgesendete Szene in den Fernsehsendungen über den Eichmann-Prozess. Dinours Kollaps im Gerichtssaal entsprach die Sensationsgier der amerikanischen Sender, wie der damals an der Aufzeichnung beteiligte Kameramann Alan Rosenthal schreibt: »In my own opinion, the worst corespondents were the TV network team. [...] The arguments of the trial, and the recitation of stories of destruction and death seemed to leave them cold. This was boring and passive. What excited them was when an uproar broke out in the court, when a spectator started yelling, or when a witness hurled abuse at Eichmann.«
Alan Rosenthal, *Jerusalem, Take One! Memoirs of a Jewish Filmmaker*, Carbondale/Illinois 2000, S. 77.

**66** | Arendt 1986, S. 337.

**67** | Ebd., S. 91.

hätte sich der Prozess auf Eichmanns Rolle bei der Judenvernichtung beschränken sollen. Demzufolge lautet ihre Schlussfolgerung:

»Aber [...] - trotz der Absichten Ben Gurions und der Bemühungen des Staatsanwalts - saß auf der Anklagebank immer noch ein einzelner, ein Mensch aus Fleisch und Blut; und wenn es Ben-Gurion ›gleichgültig war, was für ein Urteil über Eichmann gefällt wird‹, so blieb für das Jerusalemer Gericht unleugbar die einzige Aufgabe, zu einem solchen Urteilspruch zu kommen.«[68]

Nichtsdestotrotz trug die körperliche Präsenz der Überlebenden maßgeblich zu der Glaubwürdigkeit ihrer Aussagen bei und verlieh ihren Erinnerungen Nachdruck. Ihre anschaulichen und emotionalen Schilderungen machten den Holocaust für die Zuhörer und Zuschauer im Gerichtssaal bzw. vor den Fernsehgeräten vorstellbar. Standen die Zeugen ersteinmal vor den Richtern, erläutert Tom Segev in *Die siebte Million. Der Holocaust und Israels Politik der Erinnerung* (1995):

»war es praktisch unmöglich, sie wieder wegzuschicken oder zur Kürze zu ermahnen. Denn nicht die Politik der Massenmorde stand im Zentrum ihrer Geschichten, nicht die allgemeine Organisation oder der Fahrplan der Züge, für die Eichmann verantwortlich war, sondern der Tod und das Grauen. Die Zeugen erzählten von sich selbst, und das verlieh ihren Worten Macht.«[69]

Gleichzeitig überführte der Eichmann-Prozess die Erinnerung an den Holocaust in den öffentlichen Raum. Die weltweite Übertragung in Rundfunk und Fernsehen, aber auch der offizielle Ort des Gerichtssaals verlieh ihren Berichten Legitimität. Zugleich erschloss ihnen das mediale Interesse am Eichmann-Prozess die Aufmerksamkeit der Öffentlichkeit in einem bisher ungekannten Ausmaß. Blieben die Überlebenden zuvor unter sich, erschloss das Verfahren den Opfern eine soziale Identität als Überlebende, »weil die Gesellschaft ihnen diese zuerkannte.«[70] Sein institutioneller Rahmen verlieh ihren Worten ein besonderes Gewicht, erklärt Wieviorka:

**68** | Ebd., S. 92.

**69** | Segev 1995, S. 463.

**70** | Wieviorka 2000, S. 152.

»Sie erhielten ein doppeltes Gewicht, das kein Buch ihnen geben konnte: eine politische und eine soziale Dimension. Politisch, weil der Staat, vertreten insbesondere durch den Ankläger, am Ursprung des Wortes stand [...]. Sozial, weil das Wort vor Richtern gesprochen wurde, die seinen Wahrheitsgehalt zu bewerten beauftragt waren, und es von den Medien der ganzen Welt verbreitet wurde.«[71]

Für einige Zeugen sollte ihre Aussage im Eichmann-Prozess nicht ihr letzter Auftritt in den Medien sein, sie traten erneut für Claude Lanzmanns Film *Shoah* vor die Kamera.[72] Mit Blick auf das wiederholte Erscheinen derselben Zeitzeugen auf den Kinoleinwänden und Fernsehbildschirmen der Welt verweist Wieviorka auf die Möglichkeit, »den transnationalen Zeugen ›nachzustellen› und die ›Migration‹ seiner Aussagen zu untersuchen.«[73] Von den ersten Aussagen, die in Archiven abgelegt sind oder als Bücher vorliegen bis hin zu ihrem Erscheinen im Dokumentarfilm, ließe sich die Spur und Wandlung ihrer Aussagen bis heute verfolgen:

»Jede Epoche findet [...] einen anderen Träger für das Zeugnis: Papier, Videoband, Gerichtshof, Dokumentarfilm. Selbst wenn die Erzählung in ihren faktischen Komponenten die gleiche bleibt, wird sie entsprechend den Umständen des Zeugnisses selbst ein Teil einer umfassenden Erzählung, einer kollektiven Konstruktion.«[74]

## Inherent echoes across time

Der Dichter Haïm Gouri unterstreicht die Bedeutung des leibhaftigen Zugegenseins der Zeitzeugen im Eichmann-Prozess als maßgeblichen Bestandteil der Erinnerung an den Holocaust: »Sie sagten aus, um das Massaker in seinen Einzelheiten sichtbar zu machen. [...] Sie waren das Wesen des Prozesses, denn sie waren die autorisierten Delegierten des Holocaust. Sie waren die Fakten.«[75] Das Reenactment von *Criminal Case*

**71** | Ebd., S. 149.

**72** | Ebd., S. 148.

**73** | Ebd.

**74** | Ebd.

**75** | Haïm Gouri zitiert in ebd., S. 150.

*40/61: Reverb* verzichtet darauf, diese Fakten dem Betrachter vor Augen zu führen. Die Stimmen der Holocaust-Überlebenden erklingen durch Wus Spiel nicht, obwohl Andrea Geyer in einem Interview über ihr Reenactment den Akt des Sprechens ausdrücklich betont: »Who is talking to whom, when and why, and with what intent? For me and us — as only ever contemporary beings — it is important to recognize these inherent echoes across time and geography, their potential in history and memory that persist through the contemporary.«[76]

Doch welche Strategie verfolgt Geyer damit? Verweist sie mit der auffallenden Abwesenheit der Zeitzeugen auf die toten Opfer des Holocaust?[77] Korrigiert sie die mediale Inszenierung des historischen Prozesses, indem sie den Angeklagten in den Mittelpunkt des Reenactment rückt und die Stimmen der Leidtragenden verstummen lässt? (Schließlich bringt Wu Teile von Eichmanns Kreuzverhör und dem Plädoyer der Staatsanwaltschaft zur Aufführung.) Diesen Fragen sei im Folgenden in Bezug auf die Relation von Interpretation und Werktreue nachgegangen. Denn was die Videoinstallation zeigt, ist weniger eine Chronologie des historischen Eichmann-Prozesses, sondern das Aufzeigen einer Typologie eines von vorneherein medial und politisch verfassten Ereignisses, das seinerzeit bereits als Theaterstück reflektiert wird.[78]

Mehrfach beschwört Arendt in ihrem Bericht das Bild einer Theaterinszenierung, was naheliegend ist, da der Prozess aufgrund des weltweiten Interesses in ursprünglich als Theater erbautes Gebäude verlegt wurde. Da das Gerichtsgebäude in Jerusalem über keinen Raum verfügte, der über 600 Journalisten, Fotografen der internationalen Presse und Zuschauer aufnehmen konnte, fand der Prozess in dem neu errichteten

---

**76** | Vgl. Thom Donovan, »5 Questions for Contemporary Practice with Andrea Geyer«, in *art21 magazine*, 28. Februar 2012, http://blog.art21.org/2012/02/28/5-questions-for-contemporary-practice-with-andrea-geyer, letzter Zugriff am 25.07.2014.

**77** | Vgl. Catherine L. Benamou, »Andrea Geyer: Criminal Case 40/61: Reverb«, in *X-TRA Contemporary Art Quarterly*, Volume 13, Number 4, Summer 2011, http://x-traonline.org/article/andrea-geyer-criminal-case-4061-reverb/, letzter Zugriff am 09.03.2016.

**78** | Vgl. Maria Muhle, »Reenactments der Macht. Überlegungen zu einer medialen Historiographie«, in *Zeitschrift für Ästhetik und Allgemeine Kunstwissenschaft*, Band 56, Heft 2, 2011, S. 263-275, hier S. 272.

Volkshaus Beth-Haam statt. Das Auditorium wies über 750 Sitzplätze und eine Bühne auf, die genügend Platz für die notwendigen Bauten bzw. das Mobiliar eines Gerichtssaals bot.

Infolgedessen beschreibt Arendt die Anordnung des Gerichtssaals als eine hierarchische Bühnensituation: Auf der obersten Stufe des Podiums saßen die Richter, vor ihnen befand sich ein mit unzähligen Büchern und Dokumenten übersäter Tisch, den Gerichtsstenografen flankierten. Auf der zweiten Stufe des Podiums saßen die Dolmetscher. Auf der dritten Stufe befand sich der Glaskasten mit dem Angeklagten und ihm gegenüberliegend der Zeugenstand, die Richter und das Publikum sahen sowohl Eichmann als auch die Zeugen im Profil. Mit dem Rücken zum Publikum saßen auf der untersten Stufe die Vertreter der Anklage, juristische Berater und der Verteidiger. Im Parkett befanden sich die Zuschauer, die Journalisten saßen in der Galerie.[79]

Obwohl sie in dem wohldurchdachten Arrangement über allen anderen thronten, blieb die Haltung der Richter sachlich, wie Arendt bemerkt. Keiner der Richter erlag »der größten Versuchung, in dieser Inszenierung schließlich doch Theater zu spielen.«[80] Ihre neutrale Haltung vermochte sie jedoch nicht davor zu schützen, in dem Schauspiel in Szene gesetzt zu werden, wie Arendt weiter ausführt: »Aber die Richter mochten dem Rampenlicht noch so gewissenhaft ausweichen – da saßen sie eben doch, hoch oben, auf einer Bühne und hatten das Publikum vor sich wie im Theater.«[81] Hingegen erlag der Generalstaatsanwalt den Verlockungen der Kameras und Mikrofone, Hausner gab Fernsehinterviews und hielt Pressekonferenzen ab, zudem neigte er zu »spontanen« Ausbrüchen vor den Journalisten.[82] Hausners Verhalten drohte in Arendts Augen den Prozess in einen Schauprozess umschlagen zu lassen, nicht zuletzt tat er »als Vertreter des Staates alles [...], um seinen Herrn [Ben Gurion] zu gehorchen.«[83]

Arendts berühmten Prozessbericht greift Susan Sontag auf, die in ihrem Aufsatz *Gedanken zu Hochhuths »Der Stellvertreter«* (1964) über den Eichmann-Prozess schreibt: »Der Prozeß ist in erster Linie eine thea-

**79** | Vgl. Arendt 1986, S. 69-71.

**80** | Ebd., S. 70.

**81** | Ebd., S. 74.

**82** | Vgl. ebd., S. 72.

**83** | Ebd., S. 71.

tralische Form. [...] Und da der Prozeß in erster Linie eine theatralische Form ist, ist das Theater ein Gerichtssaal.«[84] Eine (Selbst)Stilisierung der verschiedenen beteiligten Personen fand sozusagen schon im Eichmann-Prozess selbst statt, wie Sontag mit ihrer Gleichsetzung der Verhandlungen mit dem klassischen Drama verdeutlicht:

»Die klassische Form des Dramas ist stets durch den Kampf zwischen dem Protagonisten und dem Antagonisten gekennzeichnet. Die Auflösung des Stückes ist das ›Verdikt‹ über die Handlung. [...] Der Eichmann-Prozeß war ein solches Drama. [...] Er war im tiefsten Sinne Theater.«[85]

Arendts und Sontags Vergleich folgend, entwickelt Geyer *in Criminal Case 40/61: Reverb* sechs (Theater)Rollen, die von dem originalen Bildmaterial inspiriert sind. Allerdings möchte sie die von Wu verkörperten Gestalten nicht als ein akkurates Abbild der Vertreter des historischen Prozesses verstanden wissen: »It is neither an illusionistic personification of historical facts and characters and a simple re-enactment of history, nor is it an attempt to challenge the Eichmann's trial.«[86] Dementsprechend geht es Geyer nicht um eine Wahrhaftigkeit in der Darstellung, vielmehr komprimiert und überzeichnet ihr Reenactment den theatralischen Charakter seiner historischen Vorlage. Betont artifiziell agiert Wu sechs Charaktere aus, gemeinsam mit ihm transformiert Geyer das historische Geschehen zu idealtypischen Sprechakten. In erster Linie sprechen die reinszenierten Figuren und handeln kaum.

Vielmehr handeln sie, indem sie sprechen und so den Kern des historischen Vorbilds als historiographisches Verfahren herausschälen, wie Maria Muhle in ihrem Text *Reenactments der Macht. Überlegungen zu einer medialen Historiographie* (2011) anmerkt:

»Ziel der Arbeit ist es nicht, die Illusion einer Prozess-Szene zu schaffen, sondern vielmehr die Wirkung der Präsenz, des Auftreten der Charaktere zu demonstrieren. In gewisser Weise wird hier also die Künstlichkeit der prozessualen An-

---

**84** | Susan Sontag, »Gedanken zu Hochhuths ›Der Stellvertreter‹« (1964), in dies., *Kunst und Antikunst. 24 literarische Analysen*, Frankfurt am Main 1982, S. 183-191, hier S. 185.

**85** | Ebd.

**86** | Geyer, »Criminal Case 40/61: Reverb«.

ordnung, die immer schon eine theatralische Inszenierung ist, reenacted: Nicht das Verhandelte, sondern die formale Anordnung ›Prozessverhandlungen‹ als ein Theater der Geschichte steht im Mittelpunkt.«[87]

Geyer verzichtet nicht nur auf ein detailgetreues Reenactment der am historischen Prozess beteiligten Personen, sondern sie verzichtet auch darauf, die Ästhetik seiner Filmaufnahmen zu wiederholen. Sie verwendet weder die Kameraeinstellungen noch dreht sie in Schwarzweiß. Darüber hinaus übernimmt Wu nicht die Sprache des Eichmann-Prozesses, der auf Hebräisch und in Teilen auf Deutsch abgehalten wurde. Stattdessen sprechen seine Figuren Englisch. Laut Sontag ist der Eichmann-Prozess nicht nur durch seine Theaterhaftigkeit, sondern auch durch eine grundlegende Paradoxie gekennzeichnet. Der Gerichtssaal bietet einen offiziellen Rahmen, der das emotional aufgeladene Geschehen zu Sachlichkeit verpflichtet. Sontag schreibt:

»[Der Eichmann-Prozeß] war primär ein Akt intensiver Teilnahme durch die Erinnerung und die Erneuerung des Leides, zugleich aber war er in die Formen der Legalität und der wissenschaftlichen Objektivität gekleidet. Der Prozeß ist eine dramatische Form, die den Ereignissen eine gewisse vorläufige Neutralität verleiht.«[88]

Seltsam neutral wirkt auch Wus Spiel. Der Ausruf »Murder, Murder!« entbehrt jede erkennbare Regung. Seine Synthese der typisierten Figuren lässt Wu als beinahe entindividualisiert erscheinen, zugleich unterläuft seine amerikanisch-asiatische Herkunft gängige Klischees bezüglich des Erscheinungsbildes eines Deutschen der NS-Zeit. Diese abstrakte Entrücktheit ist nach Geyer der zeitlichen Distanz zu den historischen Ereignissen geschuldet und ganz im Sinne ihrer Inszenierung:

»Through modes of fictionalization – i.e. selecting, enacting, staging and configuring historical documents – the work opens a dialectical process between the individual as embodiment of history and an abstraction of the individual as universal.«[89]

**87** | Muhle 2011, S. 272.

**88** | Sontag 1982, S. 185f.

**89** | Geyer, »Projektbeschreibung zu Criminal Case 40/61: Reverb«.

Als alleiniger Darsteller des Sextetts fungiert Wu als Erzähler, der den Ausstellungsbesucher im Zentrum der sechs Videoprojektionen unmittelbar anspricht. In der Installationsanordnung stehen sich die verschiedenen Figuren räumlich gegenüber und scheinen sich zu unterhalten. Der Betrachter muss in den Kreis der Monitore und damit zwischen die Protagonisten treten, um die Installation gänzlich wahrnehmen zu können. Mit Eintritt in das Zentrum der Arbeit will Geyer dem Betrachter ermöglichen, Vergangenheit in der Gegenwart wieder-zudenken.[90] Folglich gehe es bei *Criminal Case 40/61: Reverb* nicht um eine Geschichtskorrektur, wie Muhle erläutert:

»Was hier tatsächlich reenacted wird, ist die Arbeit der Reflexion von Geschichte selbst, und zwar dadurch, dass die Künstlerin sich, gemeinsam mit der Schauspielerin, diese Charaktere in ihrer Darstellung ›erarbeitet‹ und als episches Beziehungs-Tableau nachstellt. Geyer [...] inszeniert Geschichte als Historiographie, das heißt als unendlicher Prozess des Wiederholens, des Reflektierens und des Darstellens. [...] Geyers Arbeit zielt genau darauf ab, die Geschichte als eine Darstellungsstrategie auszustellen und in die Momente der Verhandlung dieser Darstellung einzudringen. Es geht nicht darum, sich am Kampf um die Bilder, um ihre Wahrheit oder Lüge zu beteiligen, sondern vielmehr darum, Geschichte als einen Kampf um ihre eigene Wiederholung in Bildern auszustellen.«[91]

In Anschluss an Muhle lässt sich der Zwischentitel *Witness/Augenzeuge* somit um die Assoziation der Kamera als Zeuge historischer Ereignisse erweitern. Der Zeugnischarakter des Mediums Film zeigt sich in zweierlei Hinsicht. Zum einen in Bezug auf den dokumentarischen Status seiner Bildform, zum anderen in Bezug auf ihre Fähigkeit, Zeugenaussagen medial zu speichern: Die Kamera ist nicht Zeuge des Ereignisses, sondern registrierendes Archivmedium, das Zeugen sichtbar und deren Berichte wieder abrufbar macht. Das heißt, im ersten Fall ist das Bildprodukt selbst das primäre Zeugnis, im zweiten Fall zeichnet Film einen Akt des Bezeugens auf und beglaubigt diesen sekundär.

**90** | Sie schreibt: »Criminal Case 40/61: Reverb is an effort to propose terms and strategies with which one can rethink the past in present times and that have the possibility to exceed a mere re-staging.« Ebd.

**91** | Muhle 2011, S. 274.

Insbesondere den fotografisch basierten Medien wird seit ihrem Entstehen ein spezifisches Verhältnis zu der Geschichte zugesprochen. Bereits 1898, vier Jahre nach der Einführung des Kinematographen durch die Gebrüder Lumière, glaubte Boleslas Matuszewski in »der lebenden Fotografie« einen präzisen Protokollanten der Wirklichkeit gefunden zu haben. Scheinbar unbestechlich und ohne weiteres Zutun hält die Filmkamera fest, was sich vor ihrem Objektiv ereignet. Somit bescheinigte der polnische Fotograf und Kameramann dem jungen Medium Film einen privilegierten Zugang zu der Geschichte:

»Der kinematographische Abzug, wo eine Szene sich aus tausend Bildern zusammensetzt und der, wenn er sich zwischen einer Lichtquelle und einem weißem Tuch entrollt, die Toten auferstehen läßt, so ist dieser einfache Streifen bedruckten Zelluloids nicht einfach ein historisches Dokument, sondern ein Stück Geschichte, und zwar einer Geschichte, die nicht verschwunden ist und für die es keines Geistes bedarf, um sie wieder erscheinen zu lassen. Sie schlummert nur und, so wie die elementaren Organismen, die ein latentes Leben führen und sich nach Jahren durch ein bißchen Wärme und Feuchtigkeit wiederbeleben, so genügt ein bißchen Licht, das, von Dunkelheit umgeben, durch eine Linse fällt, um die Geschichte wieder zu erwecken und den vergangenen Zeiten neues Leben einzuhauchen!«[92]

Laut Matuszewski sind es zuerst die technischen Eigenschaften der Filmkamera, welche eine direkte und genaue Abbildung der Wirklichkeit ermöglichen: Im Gegensatz zu der Fotografie sei Film aufgrund der Vielzahl von Einzelbildern der nachträglichen Manipulation durch Retusche entzogen. Demzufolge verleiht Matuszweski dem neuen Medium Film den Status als eine »bevorrechteten Quelle der Geschichte«[93] und spricht ihm angesichts der mechanischen Präzision des Kameraobjektives die Eigenschaft zu, »der wahrhaftige und unfehlbare Augenzeuge par excellence«[94] zu sein.

**92** | Boleslas Matuszewski, »Eine neue Quelle für die Geschichte. Die Einrichtung einer Aufbewahrungsstätte für die historische Kinematographie« (1898), in *montage/av*, 7/2, 1998, S. 6-13, hier S. 9.

**93** | Ebd., S. 9f.

**94** | Ebd.

In seiner Begeisterung klammerte Matuszewski die Verfahren der Bedeutungsproduktion von Filmbildern als Protokollant von Geschichte jedoch aus, auf die *Criminal Case 40/61: Reverb* deutlich verweist. Weder bilden Fotografien zwangsläufig die Realität ab noch lassen sich die zu ihrem Verständnis notwendigen Erklärungen oder Kontexte aus den Bildern selbst herauslesen. Gemeinhin wird die im Bild materialisierte Augenzeugenschaft durch dem Bild äußerliche Eingriffe und Ergänzungen (Bildunterschriften, Montageanschlüsse etc.) kontextualisiert und erst dadurch als Zeugnis eines bestimmten historischen Moments lesbar. Das heißt, fotografische und filmische Bilder sind nicht automatisch Zeugnisse, sondern müssen durch verschiedene Schritte als solche produziert werden, wie zum Beispiel durch eine weitergehende narrative Einbettung.

Der Zwischentitel *Witness/Augenzeuge* ist demnach also als zweideutig aufzufassen, er kann sowohl die Betrachterposition als auch den Kamerablick bezeichnen. Gleichzeitig entzieht sich Geyers Arbeit der didaktischen Zuweisung an das Reenactment durch Wiederaneignung vorrangig das Unabgegoltene, Unverarbeitete und Unverstandene vergangener Ereignisse bloßzulegen. Zweifellos ist sich Geyer der zentralen Bedeutung der Zeugen im Eichmann-Prozess und ihrer Rolle als Teil der medialen Inszenierung der Verhandlungen bewusst, sonst würde sie nicht explizit mithilfe von einem Zwischentitel auf ihn verweisen. Während Omer Fast in *Spielberg's List* Zeugen zeigt, um die Sichtweise des Betrachters auf bestimmte Darstellungsstrategien von Geschichte zu erschüttern, wählt Geyer jedoch die entgegengesetzte Strategie. Sie verwehrt dem Betrachter einen gewohnten Anblick und inszeniert stattdessen ein »hörbares Schweigen«, das eine enormes »Echo« entwickelt. Schließlich lässt Geyer der Rolle des Zeugen gerade durch das Ausklammern in Wus Darstellung die größte Bedeutung zukommen. Denn jeder einzelne Betrachter kann seine Verkörperung der Rolle mit seiner Vorstellungskraft, seinem Erfahrungsschatz und nicht zuletzt seiner Erfindungsgabe individuell füllen. Im Unterschied zu der Bündelung der Rollen der am Prozess beteiligten Personen auf einen Schauspieler, wird die Rolle des Zeugen somit in das Vielfache ausgeweitet. Doch führt diese Ausweitung zu einer »Zeugenschaft als Teilnehmung«[95], in der der Betrachter im Sinne Arns über die medialen Darstellungsstrategien des Eichmann-Prozesses und

**95** | Arns 2007, S. 46.

ihre Auswirkungen auf seine persönliche Wahrnehmung von Geschichte nachdenkt?

Dieser Frage möchte ich im folgenden Kapitel am Beispiel von Rod Dickinsons *The Milgram Re-enactment* (2002) nachgehen. Im gleichen Jahr in dem Eichmann der Prozess gemacht wurde, begann der Sozialpsychologe Stanley Milgram seine berühmte Versuchsreihe über die Gehorsamkeitsbereitschaft gegenüber Autorität an der Yale University. Ausgehend von der Frage, wie die nationalsozialistischen Verbrechen inmitten einer modernen Zivilisation möglich waren, versuchte der Assistenzprofessor herauszufinden, weshalb Menschen auf Befehl einer Autorität bereit sind, anderen Schmerzen zuzufügen. Liegt es an einem grundsätzlichen Charakterfehler dieser Menschen oder gibt es Situationen und Umstände, unter denen möglicherweise jeder in der Lage wäre, andere Menschen zu quälen und zu töten, wenn es ihm befohlen wird?

Das Milgram-Experiment zeigte, dass unabhängig von Bildung oder sozialer Stellung ein Großteil der Versuchspersonen durch eine als legitim angesehene Autoritätsperson dazu gebracht werden können, anderen Schmerzen zuzufügen. Offenbar erlebten die meisten Testpersonen die Verweigerung von Gehorsam als derart radikalen Akt, dass sie es stattdessen vorzogen, ihre grundlegenden moralischen Überzeugungen hinter sich zu lassen. Der Versuch machte deutlich, dass Autorität und Gehorsam auch dann greifen, wenn keine Gewaltandrohung und keine einleuchtende Begründung dafür vorliegen. Weltweit erregten die Ergebnisse der Studie Aufsehen. Sie wirkten »als ethischer Schock, als Desillusionierung über die moralische Autonomie des Menschen.«[96] Das Milgram-Experiment gehört zu den klassischen Experimenten der Psychologie. Jedoch gilt es bis heute als problematisch, da Milgram seine Versuchspersonen unter falschem Vorwand den emotional belastenden Versuch antreten ließ. *The Milgram Re-enactment* ist eine detailgetreue und wortwörtliches Wiederaufführung von Teilen des Milgram-Experiments. Gegenstand der künstlerischen Arbeit ist auch hier das Material seiner Erschließung, so basiert Dickinsons Reenactment auf den Protokollen der

**96** | Gunzelin Schmid Noerr, »Vom Widerstand gegen soziale Aurotität. Die Milgram-Experimente«, in Gerhard Gamm und Jens Kertscher (Hg.), *Philosophie in Experimenten. Versuche explorativen Denkens*, Bielefeld 2011, S. 235-258, hier S. 240.

Studie sowie auf dem 45-minütigen Film *Obedience. A filmed experiment* (1969), der unter Milgrams Regie entstand.

# Rod Dickinson – The Milgram Re-enactment

*Abbildung 9*

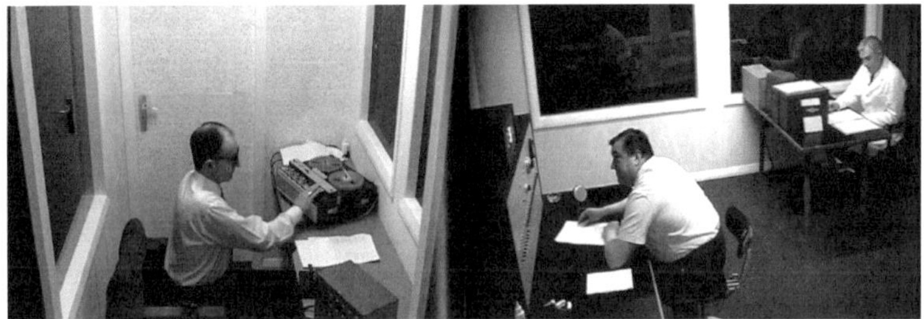

Rod Dickinson (gemeinsam mit Graeme Edler und Steve Rushton), *The Milgram-Re-enactment*, Installation, rekonstruierter Raum des Milgram-Experiments, Audioeinspielung des Reenactment, Video, 220 Minuten, Englisch, 2002

»It's simply shocking!«[1] titelt »The Observer« über das Reenactment des Milgram-Experiments, das am 15. und 17. Februar 2002 im Rahmen der Ausstellung *The Tenth Level* des Centre for Contemporary Art in Glasgow stattfindet. Als wortwörtliche Wiederholung des Experiments überträgt Rod Dickinson in Zusammenarbeit mit Graeme Edler und Steve Rushton dieses 40 Jahre später mit *The Milgram-Re-enactment* (2002) in den Kunstkontext. In den Räumen des CCA Glasgow situiert Dickinson eine detailgetreue Rekonstruktion des historischen Originallabors, in dem Schauspieler Teile der umstrittenen Versuchsreihe wiederaufführen. Durch einseitig verspiegelte Glasscheiben in den Wänden des Labornach-

1 | Sean O'Hagan, »It's simply shocking«, in *The Observer*, 10. February 2002, http://www.guardian.co.uk/theobserver/2002/feb/10/features.review77, letzter Zugriff am 16.11.2010.

baus können die Zuschauer die Schauspieler beobachten. Das 220minütige Reenactment wird auf Video festgehalten.

Dickinson versteht Reenactment als einen exakten Rückgriff auf Vergangenheit, der in seiner Wiederholung stets eine bestimmte mediale Sichtweise auf ein Ereignis doppelt.[2] Über die Rolle des Reenactment in seinem Schaffen sagt der britische Künstler:

»I have very consciously focused on events that were heavily mediated in their original form. My hope with these pieces is that the audience's direct experience of the live performance is constantly undercut by their knowledge of the layers of mediation that are at play in both the original historical event and my double of it. I hope with pieces such as these that rather than making ›history‹ ›real‹ (often the declared aim of re-enactments found in other cultural spaces, such as TV or hobbyist recreations) history is actually experienced by the audience as deferred an displaced, but through the apparently immediate and direct lens of live performance.«[3]

In den 1960er Jahren unterlag die Dokumentation der Gehorsamkeitsstudie Stanley Milgram und seinen Mitarbeitern. Sie fertigten nicht nur schriftliche Versuchsprotokolle an, darüber hinaus filmten die Wissenschaftler das Experiment mit versteckten Kameras. Aus diesen Aufnahmen speist sich Milgrams Dokumentarfilm *Obedience* (1969) und Dickinsons *The Milgram Re-enactment.* Da Milgram in seinem Buch *Das Milgram-Experiment. Zur Gehorsamkeitsbereitschaft gegenüber Autorität* (1974) auf Fotos verzichtete und auf Tabellen und Diagramme setzte, ist Dickinsons Vorhaben der exakten Wiederholung auf die Filmbilder angewiesen. Jedoch betont Dickinson, in seiner Reinszenierung nicht allein auf den Film (und Milgrams Buch) zurückzugreifen. Vielmehr sei sein Reenactment als Versuch zu verstehen, das brachliegende Archiv über Milgrams Forschung an der Yale University wiederaufleben lassen. Seit 20 Jahren sei er die erste Person gewesen, die sich bei seiner Recherche für *The Milgram Re-enactment* wieder den historischen Transkripten des Experiments von 1963 zuwende.[4] Mit der wortwörtlichen Wiederaufführ-

---

**2** | Vgl. Tom McCarthy, »Interview with Rod Dickinson, artist«, www.necronauts.org/interviews_rod.htm, letzter Zugriff am 29.07.2014.

**3** | Dickinson zitiert in Arns 2007, S. 61.

**4** | Vgl. MacGilp 2010.

rung der Transkripte möchte Dickinson einen Perspektivwechsel in der herkömmlichen Betrachtungsweise des Experiments herbeiführen.

Diese sei maßgeblich von Milgrams eigener Lesart geprägt und fokussiere sich auf die Resultate der Studie. Als Lehrfilm sei *Obedience* Milgrams Bestreben untergeordnet, über die Struktur des Experiments zu informieren. Darüber hinaus konzentriere sich der Film auf die Minderheit der Versuchspersonen, die zum Widerstand gegen den Versuchsleiter fähig waren. Hingegen zeige *The Milgram-Re-enactment* die ganze Bandbreite des Versuchs, also auch gehorsame Personen.[5]

Nicht zuletzt schaffe die Wiederaufführung eines wissenschaftlichen Experiments in den Räumlichkeiten einer Kunstinstitution die Option, die publizistische Breitenwirkung der milgramschen Forschung und somit Fragen der medialen Vermittlung von Vergangenheit zu verhandeln.[6] Folgerichtig zitiert der Ausstellungstitel *The Tenth Level* den gleichnamigen Fernsehfilm mit Wiliam Shatner aus dem Jahr 1976 und verweist auf die zahlreichen filmischen Adaptionen des Experiments, die bis heute für einen hohen Bekanntheitsgrad der Versuchsreihe sorgen.[7] Von der Popularität seiner Vorlage profitiert *The Milgram-Re-enactment* zweifellos: Dickinsons Arbeit erregt nicht nur die Aufmerksamkeit der Presse, sondern auch die des Kunstbetriebs. Nach der Aufführung in der Galerie wird die Dokumentation des Reenactment, so Dickinson, seit ihrer Entstehung mehr als 20-mal in renommierten Kunstinstitutionen weltweit gezeigt.[8] Dort wird *The Milgram-Re-enactment* in zwei Varianten präsentiert:

a) Als Installation bestehend aus einer Videoprojektion in Farbe und Audioeinspielung des Reenactment sowie dem rekonstruierten Labor mitsamt seinen Gerätschaften und Einrichtungsgegenständen. Das Labor hat die Maße: 5,5 m x 3,6 m x 3 m. Ausstellungsbesucher können das Labor betreten und dort die Tonspur hören. Die Videoprojektion befindet

**5** | Vgl. ebd.

**6** | Vgl. ebd.

**7** | Neben *The Tenth Level* (Charles S. Dubin, 1976) und *I... comme Icare* (Henri Verneuil, 1979) sind *Atrocity* (Alan Kargman, 2005), *Das Spiel des Todes* (Christophe Nick, 2009) sowie *Experimenter* (Michael Almereyda, 2015) Verfilmungen des Milgram-Experiments.

**8** | Vgl. Rod Dickinson, »Projects/Artwork: The Milgram-Re-enactment 2002«, http://www.roddickinson.net/pages/milgram/project-synopsis.php, letzter Zugriff am 02.02.2011.

sich außerhalb des Labornachbaus, sie zeigt acht Versuchspersonen und gibt das Reenactment vollständig wieder.

b) Als Installation bestehend aus der Videoprojektion sowie 18 kleinen gerahmten Fotografien von Details des Labors, die nicht in dem Video zu sehen sind.

*Abbildung 10*

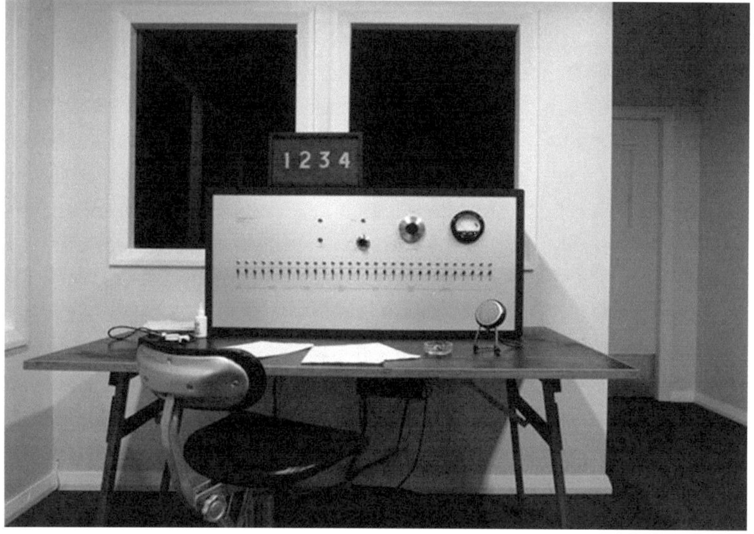


*The Milgram-Re-enactment*, 2002

Offensichtlich geht es Dickinson nicht darum, Milgrams Experiment mit ahnungslosen Probanden erneut duchzuführen. Sein Reenactment verweigert sich der Erhebung von weiteren Daten. Damit unterscheidet sich seine Annäherungsweise an das Original deutlich von der Artur Żmijewskis, der sich mit seiner Arbeit *Repetition* (2005) einem thematisch verwandten und ebenso umstrittenen Experiment widmet. Żmijewski greift das im wissenschaftlichen Rahmen als unwiederholbar geltende Stanford Prison Experiment (1971) von Philip Zimbardo auf und lässt es unter ähnlichen Bedingungen von Freiwilligen in Warschau durchführen. Im Unterschied zu Dickinsons Reinszenierung, die sich nicht vom Drehbuch des Originalexperiments entfernt, zielt Żmijewskis Reenactment darauf ab, dieses zu verlassen. Seine Arbeit zeigt eine Version des Stanford Prison Experiments, welche sich vom Original emanzipiert. Während dieses von außen abgebrochen werden muss, weil die als Wärter agierenden Versuchsteilnehmer zunehmend sadistische Züge aufweisen und die Inhaftierten unter starken Stresssymptomen leiden, kommt Żmijewskis Reinszenierung zu einem anderen Ergebnis. Hier beschließen Wärter und Gefangene einvernehmlich, das Experiment vorzeitig zu beenden.[9]

Außerdem scheint es fraglich, dass Dickinson mit *The Milgram-Re-enactment* einem ohnehin bekannten sozialpsychologischen Experiment zu einer breiteren Öffentlichkeit verhelfen will. Statt die überraschenden Resultate des Versuchs in den Mittelpunkt seines Reenactment zu stellen, widmet er sich den Kunstgriffen, die Milgram in seiner Untersuchung anwendet und stellt folgende Überlegungen in den Vordergrund: Neben der Tatsache, dass es sich bei dem Milgram-Experiment um ein stark medialisiertes Ereignis handelt, nennt Dickinson den abgezirkelten Ablauf des ursprünglichen Versuchaufbaus als ausschlaggebenden Antrieb für seine Entscheidung einer Reinszenierung.[10] Kennzeichnend für das historische Experiment sei dessen Aufführungscharakter, schließlich betreten zwei Schauspieler und ein ahnungsloser Proband die »Bühne« des Labors. Deswegen sei sein Anliegen zunächst, die Tricks deutlich zu machen, zu denen Milgram gegriffen habe. So zeige er mit *The Milgram Re-enactment* die theatralen Mechanismen des Ausgangsexperiments auf.

Folgerichtig findet in *The Milgram Re-enactment* ein Medienwechsel statt: Milgrams Film *Obedience* und die Protokolle des Experiments werden in einer detailgetreuen Inszenierung auf die Bühne des Labornachbaus transponiert. Dickinson führt das Experiment als ein Theaterstück vor einem Publikum aus Galeriebesuchern auf.

Darüber hinaus konzentriert sich Dickinson auf die Machtmechanismen von Überwachung und Sichtbarkeit, die in Milgrams Versuchsreihe zur Anwendung kommen. Mithilfe der versteckten Kamera setzt Milgram seine Testpersonen einem scheinbar neutralen Blick aus, der jedoch vornehmlich dazu dient, die Testpersonen miteinander zu vergleichen und einzuordnen. Das wissenschaftliche Experiment zielt auf die Normierung und Hierarchisierung der Versuchspersonen ab, macht sie dokumentier-

**9** | Vgl. Sebastian Cichocki, »Die Pathologie der Macht und die Verwaltung der Erniedrigung. Ein Experiment von Professor Zimbardo (Wiederholung)«, in Joanna Mytkowska (Hg.), *Artur Żmijewski, If it happens only once it's as if it never happened – Einmal ist keinmal*, Basel 2005, S. 45-55.

**10** | Vgl. McGilp 2010.

und damit registrierbar, was es nach Michel Foucault als Machttechnik ausweist.[11] In Dickinsons Sicht führe insbesondere das Milgram-Experiment vor Augen, wie sehr das Individuum als Effekt und Objekt von Disziplinarprozeduren begriffen werden könne.

Letztendlich stelle bereits das Milgram-Experiment ein Reenactment der autoritären Strukturen und Mechanismen der sozialen Kontrolle dar, die während des Zweiten Weltkriegs zum Holocaust führten.[12] Besondere Aufmerksamkeit widme er der Tatsache, dass es im Originalversuch keine Differenz zwischen der Illusion von Autorität und ihrer Manifestation gab. Das heißt, es machte keinen Unterschied, ob der Versuchsleiter im Laborkittel ein Schauspieler oder ein Wissenschaftler war. Die Reaktion des Probanden auf ihn waren durchaus real. Dies sei ein Aspekt, der in der gängigen Interpretation des Experiments keine Erwähnung finde. Außerdem begriffen nicht nur die freiwilligen Teilnehmer des Experiments, sondern vor allem Milgram selbst Wissenschaft als eine unanfechtbare Autorität, der zu gehorchen sei.

## Der Versuchsablauf

Im Jahr 1961 versprach ein Inserat in der Lokalzeitung der Stadt New Haven, Connecticut, Freiwilligen im Alter zwischen 20 und 50 Jahren eine Aufwandsentschädigung von vier Dollar die Stunde, wenn sie an einer Studie über »Gedächtnisleistung und Lernvermögen« der Yale University teilnahmen. Wer in die Räume des »Laboratoriums für zwischenmenschliche Beziehungen« eingeladen wurde, den begrüßte ein Mann im Laborkittel, der sich als Studienleiter vorstellte. Danach machte er die Testperson mit einem zweiten bereits anwesenden Mann in Zivil als weiteren Teilnehmer bekannt. Der Studienleiter erklärte den Probanden das Ziel dieser Studie sei es, die Auswirkungen von Bestrafung auf den Lernprozess zu erforschen. Der Versuch beinhalte, dass der »Schüler« eine Reihe von Wortpaaren auswendig lernen, der »Lehrer« ihn überprüfen und bei Fehlern mit einem elektrischen Schock strafen solle. Zu diesem Zweck zeigte der Studienleiter den Teilnehmern einen Schockgenerator mit 30

**11** | Vgl. Michel Foucault, *Überwachen und Strafen. Die Geburt des Gefängnisses* (1975), Frankfurt am Main 1994, S. 237-242.

**12** | Vgl. Dickinson, »Projects/Artwork: The Milgram-Re-enactment 2002«.

Kippschaltern, welche von 15 Volt bis zu einer Stärke von 450 Volt angeordnet waren. Per Losverfahren bekam ein Proband die Rolle des »Lehrers«, der andere die Rolle des »Schülers« zugewiesen. Dass es sich bei dieser Versuchsanordnung nur um einen Vorwand handelte, ahnten die Testpersonen zu diesem Zeitpunkt nicht. Ebenfalls entging ihnen, dass der Ablauf des Experiments inszeniert war. Bereits das Losverfahren war manipuliert, da in Wahrheit immer nur eine uninformierte Testperson (der »Lehrer«) an dem Experiment teilnahm. Der »Schüler« sowie der Experimentleiter wurden hingegen durch Schauspieler verkörpert.[13]

Nach der Auslosung führte der Studienleiter die Probanden in einen Nebenraum, wo er den Schüler an »eine an einen ›elektrischen Stuhl‹ erinnernde Apparatur«[14] fesselte und eine Elektrode an dessen Handgelenk anbrachte. Während dieser Prozedur wies der »Schüler« nachdrücklich auf eine leichte Herzschwäche hin. Der Versuchsleiter beruhigte ihn, dass die Schocks zwar schmerzhaft, aber nicht lebensgefährlich seien und die Fesseln vor allem dazu dienten, heftige Bewegungen aufgrund des elektrischen Schocks zu verhindern. Darüber hinaus erhielt der »Lehrer« zur Probe einen leichten Schock von 45 Volt, der die Echtheit des Generators untermauerte.

Danach verließen »Lehrer« und Studienleiter den Raum und nahmen ihre Positionen im angrenzenden Zimmer ein. Der »Lehrer« nahm vor dem Schockgenerator, der Studienleiter hinter ihm an einem Schreibtisch Platz. Der »Schüler« und »Lehrer« verständigten sich per Mikrofon und Lautsprecher. Im Test bestand die Aufgabe des »Schülers« darin, Assoziationspaare zu erfassen. Der »Lehrer« las ihm eine Reihe von Wortpaarungen vor und wiederholte den ersten Begriff des zuerst genannten Paares mit vier anderen Wörtern. Durch das Betätigen eines von vier Schaltknöpfen, die in einer nummerierten vierteiligen Antwortbox ein Feld aktivierten, teilte der »Schüler« seine Antwort mit. Sobald der »Schüler« sich in

**13** | Den Versuchsleiter spielte ein 31-jähriger Biologielehrer, den »Schüler« ein 47-jähriger Buchhalter. Beide wurden für ihre Rollen sorgfältig ausgebildet und auch ihr Erscheinungsbild war von Bedeutung: Der Versuchsleiter wirkte laut Milgram in seinem Laborkittel distanziert, leidenschaftslos und streng, der »Schüler« wurde dagegen von einem freundlich auftretenden Mann irisch-amerikanischer Abstammung gegeben. Vgl. Stanley Milgram, *Das Milgram-Experiment. Zur Gehorsamkeitsbereitschaft gegenüber Autorität*, Reinbek 1982, S. 33-35.

**14** | Ebd., S. 35.

der Zusammensetzung der vorgegebenen Wortpaare irrte, versetzte der »Lehrer« ihm einen elektrischen Schlag mit dem Schockgenerator. Bei Betätigung erwachte die Maschine sicht- und hörbar zum Leben: Kontrollampen blitzten auf, Relais klickten, es ertönte ein deutliches Summen und die Zeiger auf dem Voltmeter schlugen hektisch aus. Nach jedem Fehler des »Schülers« erhöhte der »Lehrer« die Spannung um 15 Volt. Ihm stand es frei zu wählen, zu welchem Zeitpunkt er das Experiment abbrechen wollte.[15]

In Wirklichkeit erhielt der »Schüler« keine elektrischen Schläge, sondern »reagierte« auf die Stromschläge mit zuvor auf Band aufgenommenen Schmerzensäußerungen, die abhängig von der eingestellten Spannung einem festgelegten Schema folgten. Flehte der Schauspieler beispielsweise noch bei 180 Volt von seinem Stuhl losgebunden zu werden, da er die Schmerzen nicht mehr aushalte, gab er nach wachsender Intensität seiner Reaktionen ab 330 Volt keine Antwort mehr. Wenn der verunsicherte »Lehrer« aufbegehrte, verlangte der Versuchsleiter, dass der Versuch zum Nutzen der Wissenschaft fortgeführt werden müsse. Stets im Rücken der Testperson verbleibend, forderte er diese in standardisierten Sätzen zum Weitermachen auf. Auf die Aussage des »Lehrers«, der »Schüler« wolle nicht weitermachen, antwortete der Studienleiter: »Ob es dem Schüler paßt oder nicht, Sie müssen weitermachen, bis er alle Wörterpaare exakt gelernt hat. Fahren Sie also fort!«[16] Wenn der Lehrer nach der Verantwortung seines Handelns fragte, erwiderte der Studienleiter, er übernehme die Verantwortung für alles was passiere.

## Kritik und Rechtfertigung

Die große Mehrheit der 40 Versuchspersonen, nämlich 62,5 Prozent ging bis zum Ende der Skala, auch wenn einige Teilnehmer durch den Studienleiter dazu verbal gedrängt werden mussten. Als Milgram 1963 mit den Ergebnissen der Versuchsreihe an die Öffentlichkeit trat,[17] erntete sein Vorgehen scharfe Kritik. Der Vorwurf an Milgram lautete, die Ethik des wissenschaftlichen Arbeitens verletzt zu haben. Schließlich sei es in der

**15** | Vgl. ebd., S. 36f.

**16** | Ebd., S. 38.

**17** | Siehe Stanley Milgram, »Behavioral study of obedience«, in *Journal of Abnormal and Social Psychology*, 67, 1963, S. 371-378.

Forschung unzulässig, die Versuchspersonen der über die eigentlichen Ziele des Experiments vorsätzlich zu täuschen. Ferner setze das Experiment die Probanden einem extremen psychischen Stress aus und verleite sie zu Handlungen, die sie im Nachhinein moralisch missbilligen könnten. Überdies schade Milgram seinen Probanden, da er ihnen eine Selbsterkenntnis aufzwinge, die ihnen ihr Selbstwertgefühl raube und so von einigen als traumatisch erlebt werde.

Milgram hielt diesen Vorwürfen entgegen, dass in Nachbefragungen 83,5 Prozent der gehorsamen und 83,3 Prozent der ungehorsamen Versuchspersonen angaben, sie seien froh, an dem Experiment teilgenommen zu haben. Abschließend habe mit jeder Versuchsperson ein aufklärendes Gespräch stattgefunden, in dem ihr offenbart wurde, dass der »Schüler« keine Elektroschocks erhalten habe. Jeder Testperson wurde zudem die Gelegenheit zur Aussöhnung mit dem »Schüler« und zu einem Gespräch mit dem Versuchsleiter gegeben. Nicht zuletzt wurde den Gehorsamkeit verweigernden Probanden das Experiment in einer Weise erklärt, die ihre Entscheidung positiv bewertete. Den gehorsamen Testpersonen versicherten Milgrams Mitarbeiter, dass ihre Reaktion normal gewesen sei. Außerdem erhielten die Teilnehmer einen ausführlichen Bericht sowie einen Fragebogen, indem sie ihre Gedanken und Gefühle bezüglich ihrer Teilnahme des Experiments ausdrücken konnten.[18] Ungeachtet der Kritik an seinem Vorgehen führte Milgram das Experiment mit jeweils anderen Rahmenbedingungen in den Folgejahren erneut durch.[19]

»Nichts ist so trostlos wie der Anblick eines Menschen, der in einer für ihn bedeutsamen Situation die Kontrolle über sein eigenes Handeln erringen will und es immer nur beinahe schafft«[20] schreibt Milgram in *Das Milgram-Experiment. Zur Gehorsamkeitsbereitschaft gegenüber Autorität*

---

**18** | Vgl. Milgram 1982., S. 41.

**19** | In den Replikationen des Experiments veränderte Milgram etwa die räumliche Distanz zwischen »Lehrer« und »Schüler«, wechselte das Personal oder änderte den institutionellen Zusammenhang. Grundsätzlich bestätigten die kontrollierten Variationen des Versuchs die ursprünglichen Resultate. Lediglich in Versuchsanordnungen, in denen der Versuchsleiter nicht im Raum war und seine Anweisungen per Telefon mitteilte, wagten deutlich mehr Versuchspersonen den Bruch mit der Autorität. Vgl. ebd., S. 73-91.

**20** | Ebd., S. 12.

(1974). Um die Allgemeingültigkeit seiner Ergebnisse zu unterstreichen, zieht er in seinem Buch ebenso Hannah Arendts Bericht zum Eichmann-Prozess wie das Massaker von My Lai (1968) während des Vietnamkrieges heran. Vor allem sieht Milgram seine Resultate durch Arendts Diktum »der Banalität des Bösen« bestätigt, das seinerseits Empörung auslöste. Statt eine Beschreibung eines anormalen Aussenseiters vorzulegen, provoziert Arendt mit der Feststellung, Eichmann sei ein gehorsamer und phantasieloser Bürokrat, der seine Pflicht getan habe. Sie charakterisiert Eichmann als Schreibtischtäter, der sich mit den radikal formalisierten Hierarchieverhältnissen des NS-Regimes arrangierte und gewissenhaft Befehle ausführte. Eichmann sei ein durchschnittlicher Mann, der zugunsten des eigenen Wohles das Böse nicht als solches wahrnehmen konnte oder wollre. Trotz seiner Verbrechen unterscheide sich Eichmann nicht grundsätzlich von anderen Menschen und sei genau genommen völlig normal. »Tatsache war ja«, schreibt Arendt, »daß er ›normal‹ und keine Ausnahme war und daß unter den Umständen des Dritten Reiches nur ›Ausnahmen‹ sich noch so etwas wie ein ›normales Empfinden‹ bewahrt hatten.«[21]

Vor Gericht brachte Eichmann zu seiner Verteidigung vor, er habe nur Befehle befolgt und es ist jene »Gedankenlosigkeit«, die Arendt beschäftigt. Mit Gedankenlosigkeit meint sie nicht etwa Unbesonnenheit, sondern die Unfähigkeit, einen anderen Standpunkt als den eigenen zu sehen. Obwohl Eichmann wusste, dass die von ihm angeordneten Transporte in die Vernichtung führten, stellte er sich niemals vor, was er eigentlich anrichtete.[22] Infolgedessen versuchte die Anklage in Arendts Worten vergeblich, »einen Massenmörder zu verstehen, der keinen Menschen getötet hatte.«[23]

Mit ihrer Einschätzung vertritt Arendt eine Position, die nicht leicht zu verstehen ist. Zudem sorgt sie mit der unglücklichen Wortwahl für Entrüstung, da diese vermittelt, dass Eichmann nicht nur das Bewusstsein, sondern auch die Absicht fehlte. In der Auffassung Arendts ist seine Anpassungsleistung das eigentlich Beunruhigende am Nationalsozialismus. Was das nationalsozialistische Regime kennzeichne, seien nicht nur die sadistischen Verbrechen, die sich unter seiner Herrschaft ereignen,

**21** | Arendt 1986, S. 100.

**22** | Vgl. ebd., S. 56f.

**23** | Ebd., S. 326.

sondern vor allem die Fähigkeit, das moralische Urteilsempfinden der Menschen zu untergraben.

Nach Milgrams Ansicht lassen sich Arendts Ausführungen auf sein Experiment übertragen. Schließlich waren seine Versuchsteilnehmer weder besonders aggressiv noch empfanden sie Vergnügen, als sie dem »Schüler« die Elektroschocks verabreichen. Viele wurden nervös, begannen zu schwitzen oder stritten sich mit dem Versuchsleiter, bis sie schließlich seinem Drängen nachgaben. Aufgrund dessen kommt Milgram zu folgendem Schluss:

»Dies ist vielleicht die fundamentalste Erkenntnis aus unserer Untersuchung: Ganz gewöhnliche Menschen, die nur schlicht ihre Aufgabe erfüllen und keinerlei persönliche Feindseligkeit empfinden, können zu Handlungen in einem grausigen Vernichtungsprozeß veranlasst werden. Schlimmer noch: selbst wenn ihnen die zerstörerischen Folgen ihres Handelns vor Augen geführt und klar bewußt gemacht werden und wenn man ihnen dann sagt, sie sollen Handlungen ausführen, die in krassem Widerspruch stehen zu ihren moralischen Grundüberzeugungen, so verfügen doch nur vereinzelte Menschen über genügend Standfestigkeit, um der Autorität wirksam Widerstand entgegenzusetzen. Eine Vielzahl von Hemmungen gegenüber dem Ungehorsam gegen Autorität spielt mit und sorgt erfolgreich dafür, daß einer nicht aufmuckt.«[24]

Milgram übersieht jedoch, dass Arendt mit ihrer berühmten Rede von der Banalität des Bösen eben nicht behauptet, dass ein »Eichmann in jedem von uns« schlummert, sondern Eichmanns Mangel an Empathie und Phantasie als einen erschreckenden Einzelfall darstellt.[25]

Dezidiert wendet sich Erich Fromm in *Anatomie der menschlichen Destruktivität* (1974) gegen Milgrams Schlussfolgerung, einen sozialpsychologischen Grundmechanismus nachgewiesen zu haben. Schließlich behauptet Milgram, seine unter Laborbedingungen gewonnenen Ergebnisse ließen sich umstandslos auf einen größeren Rahmen übertragen: »Die Färbung und Einzelheiten des Gehorsamsverhaltens sind vielleicht unter anderen Umständen anders, doch die fundamentalen Prozesse blei-

**24** | Ebd., S. 22.

**25** | Vgl. Steve Rushton, »Playing Dead«, in Bangma/ders./Wüst 2005a, S. 85-98, hier S. 89 sowie Milgram 1982, S. 22.

ben die gleichen, genau wie der Verbrennungsprozeß bei einem Streichholz und bei einem Waldbrand der gleiche ist.«[26]

Dem hält Fromm entgegen, dass das Milgram-Experiment als Laborsituation nicht dazu geeignet sei, Aussagen über das Verhalten im wirklichen Leben zu treffen.[27] Milgrams Untersuchung zeige nur die Wirkung von Konformitätsdruck in speziellen künstlich erzeugten Situationen. Nicht nur, dass Milgram für seine Forschung das Leben in die Laborräume seines Instituts hole, um dort soziale Situationen zu konstruieren. Darüber hinaus verkörpere Milgram als Vertreter der Wissenschaft selbst eine Autorität, der Gehorsam entgegenzubringen sei. Schließlich repräsentiere der Sozialpsychologe eine der angesehensten Universitäten des Landes und Wissenschaft werde in den heutigen Industriegesellschaften im allgemeinen als der höchste Wert angesehen. Somit sei es für den Durchschnittsbürger schwer zu glauben, dass das was die Wissenschaft befiehlt, falsch oder unmoralisch sein könnte.[28] Mit anderen Worten, Milgrams Versuchspersonen vermeiden es, während des Experiments als arrogant und unhöflich gegenüber dem Studienleiter zu erscheinen. Zudem wollen sie nicht als verantwortlich für das Scheitern eines wissenschaftlichen Experiments gelten oder unter den Augen der anderen versagen. Folglich sei das Handeln der Testpersonen nicht auf eine unmittelbare Einwirkung der Situation zurückzuführen, sondern ebenso unter Bedingungen des sozialen Drucks auf das subjektive Bewertungssystem des Handelnden selbst, der der Aufforderung der Autoritätsperson nachkommt.

In der Sicht Fromms reduziert Milgram die psychische Dymanik seiner Probanden auf die Frage, welcher der konkurrierenden Reize des Experiments sich als der Stärkere erweist, um eine entsprechende Wirkung hervorzurufen. Jedoch vernachlässige er den innerpsychologischen Konflikt, in dem sich die Versuchspersonen befänden. Somit bleibe Milgram eine Antwort auf die Frage schuldig, welcher Art die innere Instanz sei, die Menschen erlaube, der Autorität zu widerstehen. Während Milgram seine Ergebnisse dahingehend deutet, dass verinnerlichte moralische Anforderungen gegenüber der Dominanz von Autorität ausgesetzt werden,

**26** | Milgram 1982, S. 201.

**27** | Vgl. Erich Fromm, *Anatomie der menschlichen Destruktivität* (1974), Reinbek 1992, S. 70.

**28** | Vgl. ebd., S. 70f.

folgert Fromm im Gegensatz dazu, dass die Untersuchung auf die Stärke eines moralischen Bewusstseins betone:

»Das wichtigste Ergebnis aus Milgrams Untersuchung dürfte ein Resultat sein, auf das er nicht selbst nicht besonders hinwies: das Vorhandensein eines Gewissens bei den meisten Versuchspersonen und ihren Schmerz darüber, daß der Gehorsam sie zwang, gegen ihr Gewissen zu handeln. Während man daher das Experiment als neuen Beweis interpretieren kann, wie leicht der Mensch zu entmenschlichen ist, weisen die Reaktionen der Versuchspersonen eher auf das Gegenteil hin - auf das Vorhandensein starker innerer Kräfte, die ein grausames Verhalten unerträglich finden. Das legt nahe, daß es bei der Untersuchung der Grausamkeit im realen Leben wichtig ist, nicht nur das grausame Verhalten, sondern auch das - oft unbewußte - schlechte Gewissen derer, die der Autorität gehorchen, zu berücksichtigen.«[29]

Im Vordergrund von *The Milgram-Re-enactment* steht nicht die Interpretation der Daten des Experiments. Vielmehr ist Dickinsons Anliegen das der detailgetreuen Rekonstruktion und Recherche der historischen Vorlage. Scheinbar ohne jede ästhetische Haltung bemüht er sich um die Vollständigkeit des wiederholten Originals. Angesichts der nüchternen Genauigkeit von Dickinsons Arbeit scheint ein weiterer Kritikpunkt des Milgram-Experiments auf. So ließe sich mit Ulf Otto in Bezug auf *The Milgram Re-enactment* fragen,

»ob hier tatsächlich die Aktualität der behavioristischen Erklärung des Faschismus deutlich wird, oder nicht vielmehr hervortritt, wie romantisch diese behavioristische und statische Reduktion des Faschismus auf die kontextlose und autonome Entscheidung Einzelner im Grunde ist.«[30]

## Achtmal in Echtzeit

Im Folgenden soll *The Milgram Re–enactment* unter folgenden Gesichtspunkten diskutiert werden: a) Dem Anliegen Dickinsons, mit dem Reenactment von Milgrams bekannter Gehorsamkeitsstudie den Aufführ-

**29** | Ebd., S. 72.

**30** | Otto 2012, S. 250.

rungscharakter des historischen Originalexperiments in den Vordergrund zu rücken. Dieses erscheine rückwirkend als »a piece of scripted theatre«[31].

b) Dem Anspruch des Künstlers, mit der performativen Wiederaufführung des Milgram-Experiments dessen mediale Verfasstheit seinem Publikum kenntlich und nachvollziehbar zu machen. Dieses soll aus dieser neugewonnenen Perspektive zur Reflexion über die Art und Weise, wie sich ein historisches Ereignis allein über medial vermittelte Szenen erschließe und forme, angestiftet werden.

c) Dem Entwurf eines idealen Teilnehmers, der im subjektiven Selbsterleben und der Identifikation das historische Subjekt heraufbeschwört. In diesem Erleben ist der emphatische Zuschauer in der Lage, kritisch über medial vermittelte Geschichtsbilder nachzudenken.

d) Der Wertung des Reenactment als Kommentar zu Panoptismus (Foucault) und Kontrollgesellschaft (Deleuze), die als Machtinstanzen/-mechanismen die Gegenwartskultur mit einer permanenten Sichtbarkeit des Subjektes prägen und durchdringen.

Zunächst werde ich auf die Rolle des Publikums eingehen, um mich dann nach einem Exkurs zu Dickinsons Vorgänger- und Nachfolgeprojekten den philosophischen Anleihen an Foucault und Deleuze zuzuwenden, die von Dickinson selbst mit *The Milgram-Re-enactment* verknüpft werden.

In der CCA Gallery können die Zuschauer das Reenactment durch einseitig verspiegelte Fensterscheiben in den Wänden des nachgebauten Labors beobachten. Im Dunkel des Zuschauerraums bleiben sie außerhalb des Geschehens, das sich achtmal mit verschiedenen Versuchspersonen vor ihren Augen entfaltet. Seinerseits bleibt das Publikum den Blicken der Schauspieler (und später denen der Betrachter der Videoprojektion) weitestgehend verborgen. Während der Aufführung in der Galerie ist es den Zuschauern jedoch möglich, durch die Scheiben des Labors hindurch

**31** | Vivienne Gaskin, »Subjects in Search of an Author«, in Steve Rushton (Hg.), *The Milgram Re-enactment. Essays on Rod Dickinson's re-enactment of Stanley Milgram's obedience to authority experiment*, Frankfurt am Main 2003, S. 6-16, hier S. 7.

*Abbildung 11*

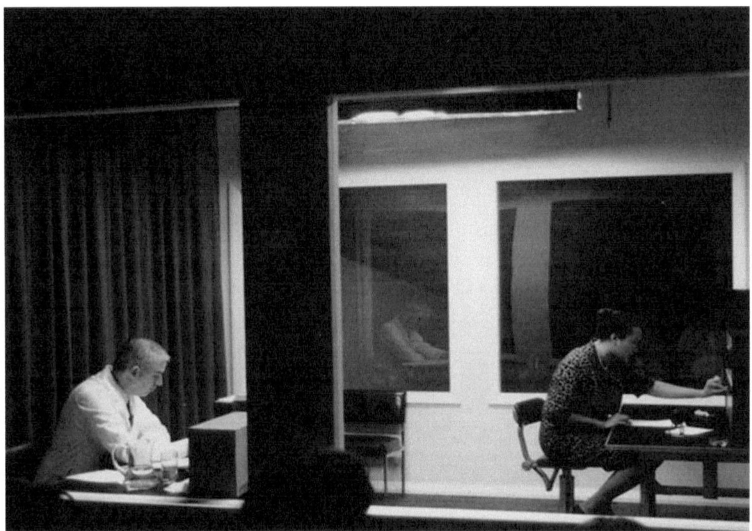

*The Milgram-Re-enactment*, 2002

Personen auf der gegenüberliegenden Seite zu erkennen und deren Reaktionen mit den eigenen abzugleichen.

Bei der Konstruktion der Situation und dem Ablauf der Aufführung handelt es sich um ein strenges Setting, das während des gesamten Reenactment aufrecht erhalten wird. Die Rollenverteilung von Zuschauer und Schauspieler ist in *The Milgram-Re-enactment* die eines klassischen Theaterstücks: Die Trennung zwischen Bühne und Zuschauerraum ist strikt, die Schauspieler agieren in dem geschlossenen Raum des Labornachbaus. Im Gegensatz zu den Teilnehmern des Originalexperiments wissen die Galeriebesucher, dass es sich um eine Aufführung mit einem von vorneherein festgelegten Ablauf und Ausgang handelt. In der Wiederaufführung gibt es keine unwissenden Teilnehmer, weder vor noch hinter den Überwachungsfenstern.[32] Die Zuschauer wissen, dass sie den Lauf der Ereignisse nicht ändern oder gar aufhalten können. Nicht zuletzt

**32** | Dazu schreibt Tom McCarthy: »Nobody was expected to believe in the charade - and to foreground this, Dickinson had given both the teacher's and the learner's rooms glass walls, so we could see the latter operating the machinery of deception, pressing the buttons that transmitted his prerecorded cries.«

findet *The Milgram-Re-enactment* in einer Galerie statt, die es als Kunstprojekt definiert und vor dem Publikum als solches legitimiert. Welche Form der Auseinandersetzung mit, über und durch Kunst bietet *The Milgram-Re-enactment* seinen Zuschauern an? Schließlich beabsichtigt Dickinson, nicht nur die zeitliche Distanz zu seiner historischen Vorlage deutlich zu machen, sondern er stellt das Milgram-Experiment nach, weil die Wiederholung für die Zuschauer eine für sie im Jetzt wichtige Funktion erfüllen soll.

*Abbildung 12*

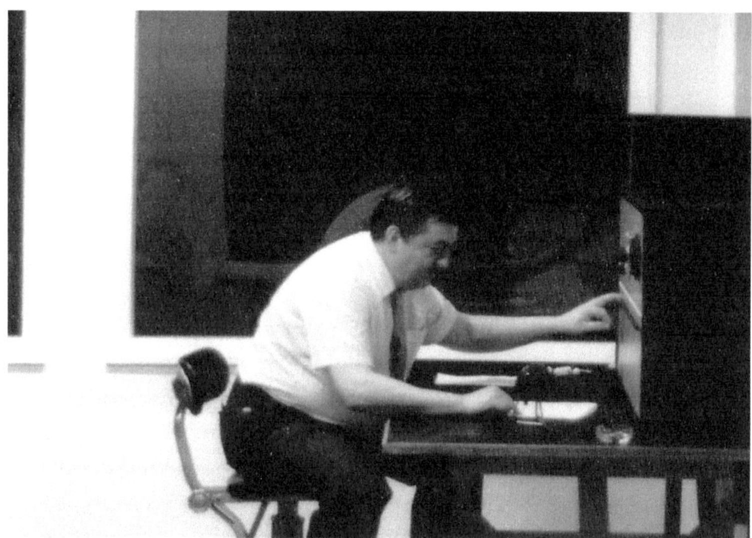

*The Milgram-Re-enactment*, 2002

Reenactments im Kunstkontext, schreibt Inke Arns, »transformieren Repräsentation in Verkörperung, distanzierte Mittelbarkeit in – manchmal unangenehme – Unmittelbarkeit und wandeln so den passiven Leser oder Betrachter in einen aktiven Zeugen bzw. Teilnehmer um.«[33] Laut Arns machen die Zuschauer in der CCA Gallery eine Erfahrung, die sich von der gewohnten Annäherung an das Milgram-Experiment deutlich un-

Tom McCarthy, »Between Pain and Nothing«, in Rushton 2003, S. 16-32, hier S. 27.

**33** | Vgl. Arns 2007, S. 58.

terscheidet. Statt wie gewohnt Abbildungen zu betrachten oder die Transkripte des Experiments zu lesen, wohnen sie einem Live-Erlebnis bei, das das Experiment detailgetreu wiedergibt.[34] Hieraus folgert Arns, dass die Betrachter von *The Milgram-Re-enactment* sich in die Position des Probanden hineinversetzen und eine Rückübersetzung des Gesehenen auf ihren eigenen Alltag vornehmen. Aufgrund ihres Einfühlungsvermögens würden sie zu Teilnehmern der wiederholten historischen Handlung.[35]

Arns zufolge appelliere künstlerisches Reenactment an den Betrachter auf zwei koexistierenden Ebenen. Nämlich eineseits an seine Empathie, er soll nachvollziehen, wie es der historischen Testperson im Experiment erging. Anderseits spreche Reenactment die Fähigkeit des Betrachters an, sich nicht in ihrer Imagination zu verlieren und das im Sehen Erlebte aus der Distanz zu betrachten. In der Annahme Arns formulieren sich überaus hohe Ansprüche den Betrachter, in der Selbstaufgabe soll dieser Selbstüberprüfung üben können.

Laut Vivienne Gaskin werden die Beobachter des Reenactment in ihrer Abgeschiedenheit im Galerieraum zu einer ästhetischen Gemeinschaft verbunden, wozu die schemenhafte Wahrnehmung des Publikums auf der gegenüberliegenden Seite des Labornachbaus beiträgt.[36] Ebenso wie Arns geht die Kuratorin von einer aktiven Teilnahme der anwesenden Zuschauer aus, die von Fragen wie zum Beispiel »Wie viele Elektroschocks hätte ich gegeben?« bestimmt werde. So wägten die Zuschauer in einem inneren Dialog ab, inwieweit sie im Alltag unhinterfragt Autoritäten folgen würden und ob sie die Gewissheit für sich aufrecht erhalten könnten, zu Widerstand gegen eine soziale Autorität in der Lage zu sein.[37]

Arns und Gaskin zeichnen in ihren Texten ein Bild eines Betrachters, der zwischen Kontemplation und Intervention permanent schwankt. Während *The Milgram-Re-enactment* rücke für den Betrachter das selbstreflexive Bewusstsein für die eigene Wahrnehmung und die eigene Leistung des Herstellens von Beziehungen in den Fokus. Damit bestimmen sie die Position des Betrachters als partizipierend: In einer gemeinschaftlichen Aktivität nimmt der »Zeuge« an der Wiederaufführung des Bühnenstücks Milgram-Experiment teil. Der Betrachter entwickelt sich

**34** | Vgl. ebd., S. 44.

**35** | Vgl. ebd, S. 58 sowie Rushton 2005, S. 7.

**36** | Vgl. Gaskin 2003, S. 13.

**37** | Vgl. ebd.

von einem vermeintlich passiven Rezipienten zu einem Beteiligten, der das Gesehene aktiv reflektiert. Mit anderen Worten, Arns und Gaskin beschwören einen produktiven Zuschauer, dessen ungeteilte Aufmerksamkeit dem knapp vierstündigen Reenactment gilt. Er ist nicht passiver Empfänger des Werks, sondern ein Akteur. In ihrer Interpretation wird der Zuschauer hinter den Wänden des Labornachbaus nicht nur produktiv, sondern auch zum Mitwirkenden des Reenactment. Die begriffliche Gegenüberstellung von »aktiven« und »passiven« Rezipienten zweifelt Sandra Umathum zu Recht an. Letztlich sei jeder Galerie- oder Museumsbesucher auf mentaler und physischer Ebene involviert und zwar unabhängig davon, ob er dezidiert als partizipierender Akteur entworfen werde oder nicht. Die Theaterwissenschaftlerin erläutert:

> »Und zwar nicht nur deshalb, weil bereits jede Wahrnehmungsleistung ihrerseits eine Handlung darstellt, sondern weil sie ohne begleitende Aktivitäten, wie etwa orientierende Bewegungen im Raum, nicht zu haben ist. Im Endeffekt bedeutet dies, dass im Grunde jeder Betrachter immer schon ein Akteur und umgekehrt: jeder Akteur stets ein Betrachter ist.«[38]

Darüber hinaus liegt die Frage nahe, ob sich eine Identifikation mit den acht Testpersonen des Reenactment und damit die Partizipation des Betrachters quasi von selbst einstellt, wie es die oben genannten Positionen vermuten lassen? Die Journalistin Elisabeth Mahoney verneint dies. In ihrem Artikel für »The Guardian« beschreibt sie ihre Anwesenheit bei *The Milgram-Re-enactment* zunächst als rigoros reglementiert: »A leaflet at the CCA gallery gives strict instructions: ›You will not be able to leave the space unless in the case of emergency‹, ›Turn off your watch alarm‹, and ›Anyone using flash photography will be asked to leave‹.«[39]

Dann schildert Mahoney die Langeweile vor Beginn des Reenactment und erwähnt die (wie sie vermutet) mit Absicht äußerst unbequemen Sitze im Zuschauerraum ebenso wie die Kameras in dessen Ecken, die auf

**38** | Sandra Umathum, *Kunst als Aufführungserfahrung. Zum Diskurs intersubjektiver Situationen in der zeitgenössischen Ausstellungskunst. Felix Gonzalez-Torres, Erwin Wurm und Tino Sehgal*, Bielefeld 2011, S. 10.

**39** | Elisabeth Mahoney, »If you think this looks boring...«, in *The Guardian* vom 21. Februar 2002, http://www.theguardian.com/culture/2002/feb/21/artsfeatures2, letzter Zugriff am 21.02.2011.

das Publikum gerichtet sind und das hektische Hantieren der Galeriemitarbeiter an den technischen Geräten. Das Reenactment beginnt mit einer Stunde Verspätung. Nach etwa zwei Stunden spielt die Journalistin mit dem Gedanken, einen Ohnmachtsanfall vorzutäuschen, um der Situation zu entkommen und verdächtigt den Künstler, selbst ein heimtückisches Experiment an den Zuschauern vorzunehmen: »Dickinson is testing us, seeing if we'll stave off boredom, nicotine cravings, and the lure of the busy bar just beyond the gallery door, just because we've been told to stay where we are.«[40]

Wie Mahoneys Bericht zeigt, stellen Arns und Gaskin eine idealisierte Erfahrung in Aussicht. Beinhahe vier Stunden Reenactment ohne Fluchtmöglichkeit sind für den Zuschauer eine bisweilen quälend zähe Herausforderung, in der das Nachdenken über moralische Fragen und das bewusste Erfahren von Geschichte am eigenen Leib durchaus zeitweise ausgesetzt werden können. Letztendlich lautet Mahoneys Fazit des Reenactment:

> »What the onset of ennui and mad escape fantasies tells the audience most winningly on the night (or when watching the tapes of the re-enactment now showing in the gallery) is how dreary it is to watch scientific experiments – something I'd forgotten from late-night Open University broadcasts of old, when only the fashions kept you awake.«[41]

Im Anschluss an Mahoneys Resümee möchte ich auf den Bühnenraum des Reenactment zurückkommen, der nach Dickinson eine detailgetreuen Reproduktion des historischen Labors darstellt. Jedoch ist der Nachbau eher eine Idee der Räumlichkeiten an der Yale University als ein exakter Abbild, denn der Raum stellt eine Schnittmenge der Informationen dar, die Dickinson dem Film *Obedience* entnommen hat. In seiner Rekonstruktion lässt er sich von Aufnahmen leiten, die zweidimensional sind und oftmals nur Ausschnitte des Labors zeigen. Insbesondere das Farbkonzept vermittelt den Zuschauern auf den ersten Blick, dass sie sich in den 1960er Jahren befinden. Die gedämpften Grau-, Braun- und Ockertöne, die sich in der Inneneinrichtung des Labors und in den Kostümen der Schauspieler wiederfinden, bringen eine Beschwörung des Vergangenen

**40** | Ebd.

**41** | Ebd.

mit dem unmittelbaren Gefühl einer verflossenen Zeit zusammen. Die Farbigkeit, die in dem Video des Reenactment wiedergegeben wird, lässt sich nicht aus der in Schwarzweiß gehaltenen Vorlage des Films erschließen.

Schließlich rekonstruiert *The Milgram-Re-enactment* nicht den Raum selbst, sondern die im Film transportierte Atmosphäre des Raums. Hier erscheint die Reproduktion des Labors nicht mehr elegant, wie Milgram die Räumlichkeiten in dem Prolog seines Films bezeichnet. Seine dunklen Vorhänge, die wuchtigen Apparate, die zusammengewürfelten Stühle und Tische, das Buch mit Titel *The Teaching-Learning Process* auf dem Schreibtisch des Studienleiters wirken vielmehr artifizell und unterstreicht die Anmutung einer Kulisse. In Dickinsons Reenactment sieht das Labor wie etwas aus, das aus einer anderen Zeit herausgeschnitten ist. Infolgedessen wirkt der Illusionsraum des Reenactment surreal überhöht.

Aufgrund dessen liegt es nahe, *The Milgram-Re-enactment* einen »Verfremdungseffekt«[42] im Sinne Brechts zuzuschreiben. Als Folge des Medienwechsels werden formale Details für die Zuschauer der Wiederaufführung interessant, die ihnen im Film vielleicht selbstverständlich vorgekommen wären. Die Atmosphäre, der historische Index der Kostüme und der Ausstattung, alles wird auffällig und begünstigt eine rationale Distanz zu dem Geschehen in dem Labornachbau, welche die Zuschauer zu der Frage anstiften kann, ob sie einer gelungenen Darstellung von Wahrheit oder einer profunden Wahrheit über die Beeinflussbarkeit von Menschen beiwohnen.

Allerdings wird diese Fragestellung in Mahoneys Artikel nicht geschildert. Stattdessen verweist der Artikel darauf, dass das Milgram-Experiment ein Experiment im Experiment war und dies sich im Reenactment unter veränderten Vorzeichen wiederholt. In der kontrollierten Situation des historischen Versuchs registrierten versteckte Kamera das Verhalten der ahnungslosen Testpersonen. Im Reenactment platziert Dickinson sein Publikum an die Position, die im Originalversuch Milgram und seinen Mitarbeitern vorbehalten war. Zugleich versteckt Dickinson die Kameras nicht, sondern richtet sie auf die Zuschauer, die anstelle der Testpersonen gefilmt werden. Im Galerieraum werden die Beobachter zu

**42** | Vgl. Bertolt Brecht, »Kleines Organon für das Theater« (1948), in ders., *Schriften zum Theater*, Band 7, 1948-1956, Frankfurt am Main 1964, S. 7-67.

Beobachteten, die ebenso strikten Anweisungen gehorchen wie die »Lehrer« in Milgrams Studie. Indem die Zuschauer wie Milgrams Versuchspersonen gehorsam die gesamte Spanne von beinahe vier Stunden hinter den Fenstern ausharren, spiegeln sie auf Geheiß des Künstlers die historischen Probanden, welche im Originalexperiment vor dem Schockgenerator »gefangen« sind. Ebenso wie diese sind Dickinsons Zuschauer als eigentliche »Versuchspersonen« unfähig, während des Reenactment den auf sie gerichteten Kameras und dem Zustand des Beobachtetwerdens zu entkommen.

## In search of an author

Dickisons Wiederaufführung des Milgram-Experiments hat zudem mit seinem historischen Vorbild gemein, dass weder Milgram noch Dickinson persönlich als Autoren des Experiments bzw. des Reenactment in Erscheinung treten. Der Künstler delegiert die Aufführung an die Schauspieler und zeigt sich nicht seinem Publikum in der Galerie, ebenso wie der Wissenschaftler hinter den verspiegelten Scheiben des Labors verblieb und die Ausführung des Experiments an seine Mitarbeiter bzw. Schauspieler übertrug. Dementsprechend schlägt Gaskin vor, die Zuschauer als Koautoren von Dickinsons Projekt zu werten. Da der Künstler nicht in Erscheinung trete, könne die individuelle Einbildungskraft der Zuschauer das Reenactment aktiv mitgestalten. Gerade Dickinsons Ausbleiben fordere sie heraus, sich ihrer eigenen subjektiven Bedeutungsproduktion gewahr zu werden. Jedoch sind es nicht nur die Zuschauer, denen Gaskin die Mitautorschaft von *The Milgram-Re-enactment* zuerkennt. Den Schauspielern misst sie ebenfalls die Rolle von Koautoren bei. Diese erlangen sie jedoch nicht durch den Einsatz ihrer Imagination, sondern durch die Überzeugungskraft ihres Spiels.[43] In der Argumentation Gaskins haben neben dem Initiator Dickinson die Zuschauer und Schauspieler von *The Milgram Re-enactment* gleichberechtigten Anteil an der künstlerischen Arbeit.

Kritik an dem Modell der gleichberechtigen Mitautorenschaft des partizipierenden Zuschauers übt Claire Bishop in *Artificial Hells. Participatory Art and the Politics of Spectatorship* (2012). Je nachdem in welchem

**43** | Vgl. Gaskin 2003, S. 10.

historischen Moment des 20. Jahrhunderts partizipatorische Kunstprojekte die Hinwendung zu sozialen Kontexten erforderten, wurde laut Bishop das Idealbild des teilnehmenden Zuschauers neu gestaltet und auf verschiedene Gesellschaftsgruppen projiziert. So adressierte der Futurismus in den 1910er Jahren »die Menge« und die Proletkult-Spektakel der 1920er Jahren aktivierten »die Masse«. In den 1970er Jahren rückten »die Leute«, in den 1980er Jahren »die (von der bürgerlichen Gesellschaft) Ausgeschlossenen« und in den 1990er Jahren »die Gemeinschaft« als Koproduzent in den Fokus des künstlerischen Interesses. In der Gegenwart münde die historische Entwicklung schließlich in der Figur des Freiwilligen, dessen Teilnahme sich aus einer Kultur speise, die von Reality TV und sozialen Netzwerken geprägt sei. Mit Blick auf den historischen Wandel der Zielgruppen partizipatorischer Kunstprojekte weist Bishop darauf hin, dass die Einbettung des Publikums in die künstlerische Praxis nicht nur als Reduzierung und Aufgabe von Autorschaft, sondern als Ausweitung von Macht gedeutet werden kann:

»From the audience's perspective, we can chart this as a shift from an audience that demands a role [...], to an audience that enjoys its subordination to strange experiences devised for them by an artist, to an audience that is to be encouraged to be a co-producer of the work [...]. This could be seen as an heroic narrative of the increased activation and agency of the audience, but we might also see it as a story of our ever-increasing voluntary subordination to the artist's will, and of the commodification of human bodies in a serve economy (since voluntary participation is also unpaid labor).«[44]

Tatsächlich begründet Dickinson seinen Rückzug als Autor damit, dass er die Distanz zwischen Betrachter und Werk aufheben wolle.[45] Entsprechend der Argumentation Bishops tritt Dickinson jedoch weiterhin als Autorität auf. Nicht zuletzt ist er Urheber der Vorgabe, des Konzepts des Reenactment und des gesamten Kontextes und unterwirft Zuschauer und Schauspieler gleichermaßen seinem Willen. Darüber hinaus zielt Dickinson mit der mehrstündigen Dauer und der systematischen Beeinflussung der Rahmenbedingungen im Zuschauerraum auf die emotionale Intensität des Originalexperiments ab. In seinem beinahe quälenden Effekt

**44** | Bishop 2012, S. 277.

**45** | Vgl. McCarthy 2001.

für das Publikum, das die Galerie während der Wiederaufführung nicht verlassen darf, kommt *The Milgram-Re-enactment* seiner historischen Vorlage nahe. Unter dem Gesichtspunkt einer massiven Beeinflussung des Publikums erweist sich Gaskins Interpretation als fragwürdig. Künstler und Zuschauer sind in *The Milgram-Re-enactment* insofern keine gleichgestellten Kooperationspartner, weil Dickinson die emotionale Beteiligung seines Publikums in eine bestimmte Richtung zu lenken versucht. Wie Dickinson weiterhin angibt, beabsichtigt er mit seiner künstlerischen Arbeit, die Wechselwirkung von »medialen Feedbacksystemen«[46] und sozialen Kontexten zu beleuchten. Der folgende Exkurs zu *The Jonestown Re-enactment* (2000) sowie *Nocturn: The Waco Re-enactment* (2004) zeigt, dass sich Dickinson diese spezifische Rolle seines Publikums im Laufe seiner künstlerischen Arbeit erarbeitet und erweitert. Die absichtlich herbeigeführte Zwangslage des Publikums in der CCA Gallery findet in dem Nachfolgeprojekt *Nocturn: The Waco Re-enactment* ihre Fortsetzung und eine signifikante Zuspitzung.

## Exkurs: The Jonestown Re-enactment/ Nocturn: The Waco Re-enactment

*The Milgram Re-enactment* bildet das Mittelstück einer Trilogie, die von 2000 bis 2004 entsteht. Alle drei Reenactments zeugen von Dickinsons Vorliebe für Ereignisse der jüngeren Geschichte, die ein starkes Medienecho hervorriefen und sind jeweils durch eine männliche Autoritätsfigur bestimmt. Neben den Wissenschaftler Milgram sind dies die Sektenführer Jim Jones in *The Jonestown Re-enactment* (2000) und David Koresh in *Nocturn: The Waco Re-enactment* (2004).[47] Zudem betont Dickinson, dass jeder historischer Moment, den er für seine Reenactments

---

**46** | Rod Dickinson, »Artist statement«, http://www.roddickinson.net/pages/index.php, letzter Zugriff am 17.03.2016.

**47** | Rod Dickinson, *The Jonestown Re-enactment/The Promised Land*, 2000, Performance, 45 Minuten, Video/Fotografien sowie *Nocturn: The Waco Re-enactment*, 2004, Live Event und Video Dokumentation, Software Version des Events und Fotografien.

ausgewählt habe, um bestimmte »Glaubenssysteme« kreise, die er in seiner Wiederaufführung untersuchen will.[48]

Vor allem die Anfänge seines künstlerischem Schaffen bieten sich an, um sein Verständnis von diesen Glaubenssystemen zu beleuchten. Ersten Ruhm erntete Dickinson in den 1990er Jahren mit Kornkreisen, die er gemeinsam mit befreundeten Künstlern nachts in Englands Felder schnitt. In seiner Sicht dienen die Kreise als ein leeres Blatt, das die »Glaubenssysteme« verschiedener sozialer Gruppen aufnehmen kann. Sind die Kornkreise außerirdischen Ursprungs, Ergebnis spontaner Wetterkapriolen oder künstlerischen Handelns? Jede Interessensgemeinschaft bzw. soziale Gruppe hält eine voneinander abweichende Antwort auf diese Frage parat, die ihnen Sinn und Glauben stiftet. So bejahen Esoteriker, dass die methodisch umgeknickten Kornhalme als Zeichen von Außerirdischen zu verstehen seien. Hingegen bekräftigen Medienvertreter, dass es sich bei ihnen lediglich um die Spuren einer sprunghaften Windhose handele und Dickinson betont seinerseits, Kornkreise seien Kunst. Nach seiner Auffassung handelt er als Mittler zwischen den Parteien: Aus seiner Position als Künstler und Produzent der Kreise heraus möchte er diese Überkreuzung der Sichtweisen deutlich machen.[49]

Erstmals wendet sich Dickinson mit *The Jonestown Re-enactment* der Strategie des Nachspielens zu. Ausschlaggebend hierfür nennt er die starke soziale Dynamik, die der hobbyistischen Reenactment-Bewegung innewohnt sowie die anhaltende Popularität der Aufführungen historischer Schlachten in Großbritannien.[50] *The Jonestown Re-enactment* stützt sich auf die Ereignisse am 18. November 1978 um Jim Jones, bei denen sich in der Gemeinde Jonestown in Guyana über 900 Mitglieder der Sekte Peoples Temple das Leben nahmen. Die Arbeit ist zweiteilig geplant und beginnt mit der 45-minütigen Performance *The Promised Land*, die am 26. Mai 2000 am Institute for Contemporary Art« in London stattfindet. Hier spielt der Schauspieler Graeme Edler eine Predigt des Sektengründers nach, in der sich Jones als Wunderheiler inszenierte. Der Performance soll mit *The White Nights Re-enactment* eine großangelegte Wiederaufführung der Ereignisse in Guyana folgen. Als »Höhepunkt« der 24-stündi-

**48** | Vgl. McCarthy 2001.

**49** | Vgl. ebd.

**50** | Vgl. ebd.

gen Rekonstruktion ist die Nachstellung des Massensuizids von Jonestown in einem Londoner Park geplant.

Unter dem Motto »reliving the past... to survive the future« rief Dickinson im Internet zur Teilnahme auf und warb mehr als 900 Personen für sein Projekt an. Wie Dickinson betont, war sein Anliegen in *The Jonestown Re-enactment*, nicht allein die Wiederaufführung des historischen Ereignisses, sondern eben auch die soziale Dynamik der Reenactment-Bewegung nachzuahmen:

»The idea behind the piece was to simulate the societies that put on historical reenactments. So I went about simulating not just the event, but also the process by which it comes about. The historical reenactments you might see of, say, battles between Cavaliers and Roundheads are put on by groups made up by enthusiasts who are often very knowledgeable. So I tried to put together a group of people who were similarly involved in the events that took place around the People's Temple, and to a degree the subject in a wider scope than that, and bring them together – not just to create the performances, but also to create a dialogue about what it meant to them.«[51]

*Nocturn: The Waco Re-enactment* basiert auf der Belagerung der Siedlung Mount Carmel in der Nähe von Waco, Texas, über die weltweit in den Medien berichtetet wurde. Am 28. Februar 1993 durchsuchte das Bureau of Alcohol Tobacco and Firearms das Hauptquartier der Davidianer-Sekte (Branch Davidians) aufgrund des Verdachts auf illegalen Waffenbesitzes, bei einem Schusswechsel starben neun Menschen. Eine Belagerung durch das FBI folgte, welches unter anderem die Strom- und Wasserversorgung der Siedlung kappte, sie mit lauter Musik beschallte und nachts in grelles Scheinwerferlicht tauchte. Nach sieben Wochen stürmte das FBI das Gelände, die Mehrheit der Sektenanhänger sowie ihr Anführer David Koresh starben.

In den Mittelpunkt seines Reenactment rückt Dickinson die Belagerungstaktik des FBI. Sein »Psychological Warfare Reenactment« stellt Dickinson unter das Motto »History = Mind Control«[52]. Am Abend des 16. September 2004 leiten Männer in schwarzen Kampfanzügen 160

**51** | Ebd.

**52** | Vgl. Rod Dickinson, »Nocturn: The Waco-Re-enactment 2004«, http://www.wacoreenactment.org, letzter Zugriff am 29.07.2014.

Galeriebesucher aus den Räumen des Institute of Contemporary Arts, London und bringen sie zu mehreren Reisebussen. Vor dem Betreten der Fahrzeuge erhalten die Besucher Listen mit Regeln und werden aufgefordert, eine Einverständniserklärung zu unterschreiben, mit der sie auf ihre Rechte verzichten. Danach trennen die schwarzgekleideten Wächter Männer und Frauen voneinander. Über ihr Reiseziel im Unklaren gelassen, werden die Teilnehmer zu einem etwa eine Stunde von London entfernten Go-Kart Stadion in Thurrock, Essex gefahren. Nach ihrer Ankunft eskortieren die Männer die Galeriebesucher zu der Mitte des Stadions, die mit Flutlicht von allen Seiten angestrahlt wird, als sie diese erreichen. Die Wächter nehmen ihre Plätze am Rande des Stadions ein, von denen aus sie die Gruppe beaufsichtigen. Kamerateams umkreisen das Geschehen. Die nächste Stunde verharren die Zuschauer des Reenactment im gleißenden Licht und werden einer Rekonstruktion der 100 Dezibel lauten Soundcollage ausgesetzt, die das FBI 1993 bei der Belagerung der Siedlung in Mount Carmel nutzte. Die Collage enthält neben Nancy Sinatras Song *These Boots are Made for Walking*, der in verschiedenen Geschwindigkeiten gespielt wird, unter anderem Babygeschrei, Möwenkreischen, Helikopterlärm, Telephonklingeln, Polizeisirenen, Zahnarztbohrergeräusche und hohe Kaninchenschreie.[53] Durchsetzt wird die Collage mit dem Dialog der Verhandlungen zwischen David Koresh (gesprochen von Graeme Edler) und dem Vermittler des FBI Byron Sage (gesprochen von Stuart Milligan).

In seinem Essay *Playing Dead* (2005) interpretiert Steve Rushton die abgeschiedene Lebensweise der Davidianer-Sekte als eine Verweigerung von einer gesellschaftlich eingeforderten Sichtbarkeit.[54] Der Provokation der Sektenmitglieder, innerhalb einer modernen Medienkultur nicht sichtbar zu sein und sich so deren Kontrolle zu entziehen, sei als der eigentliche Gegenstand von Dickinsons künstlerischer Arbeit zu betrachten. Demzufolge lasse Dickinson mit *Nocturn: The Waco Re-enactment* die Zuschauer im Stadion die Gewalttätigkeit der Sichtbarmachung durch das FBI nacherleben. Sein Reenactment lasse die Zuschauer nicht unbehelligt, sondern fordere den Verlust der tradierten Zuschauerrolle heraus, auch wenn dies ungemütlich zu werden verspricht. Tatsächlich erzeugt

**53** | Vgl. Rushton 2005a, S. 85.

**54** | Vgl. ebd., S. 87.

Dickinson getreu seinem Motto von Anfang an Unbehagen, kontrolliert sein Publikum und setzt es nervenzehrenden Lärm, blendenden Licht und der Kälte einer Herbstnacht aus, um es dann nach dem Reenactment in die Normalität einer Go-kart Bahn in Essex zurückfallen zu lassen. Jene Krisen erzeugende Zumutung löse auf Seiten des Publikums eine tiefgreifende Reflexion über die eigene Position im Reenactment aus, wie Rushton folgert:

»Where the audience is placed in this drama shows a high dramaturgical sophistication; because we are outside, we might consider ourselves safely on the side of the FBI but because we are being barraged with light and sound we might be on the side of the Davidians, and consequently we are placed in the spectacular position of witnesses.«[55]

Doch werden die Zuschauer zu aktiven Zeugen, die den historischen Moment der Vorlage imaginieren, wie Rushton konstatiert? Ein weiterer Teilnehmer an *Nocturn: The Waco Re-enactment* bestreitet dies. Da Dickinson nicht das historische Ereignis, sondern vielmehr seine massenmediale Dokumentation nachahmt und zu unterminieren sucht, werden sie in der Sicht von Mark Blacklock zu Zeugen eines Reenactment, das eigentlich keines ist. In seinem Artikel für »The Telegraph« schreibt der Journalist:

»The audience are actively involved only in so much as they provide the material for the documentation of the event [...]. But does Dickinson blur the lines? Are the audience made into performers? Not exactly. The audience are ›subjects‹, on the receiving end of re-enacted history. The artist adopts the persona of megalomaniac cult leader, controlling his cult of participants in a God-like fashion. [...] While he certainly doesn't expect those who have happily volunteered to be under the influence of his mind-control, Dickinson does use them for his own purposes.«[56]

Im Gegensatz zu Arns, Gaskins und Rushtons Schlussfolgerung, dass Dickinsons Reenactments die Zuschauer zum Akteursein motiviere, de-

**55** | Ebd., S. 87.

**56** | Mark Blacklock, »Rewriting art history«, in *The Telegraph* vom 30.09.2004, http://www.telegraph.co.uk/culture/art/3624769/Rewriting-art-history.html, letzter Zugriff am 31.07.2014.

finieren Mahoney und Blacklock sich nicht als aktive Zeugen. Ihre Artikel beschreiben kein Kollabieren des Gegensatzes zwischen Handeln und Zuschauen oder bilden eine tiefgehende Reflexion der medialen Vermittlung von Geschichte ab. Ebensowenig begreifen sich als gleichberechtigte Kooperationspartner des Künstlers, wie Gaskin dies vorschlägt. Vor allem erleben die Journalisten die demonstrative Sichtbarmachung als ihrer Einflussnahme entzogen und reagieren auf den didaktischen Impetus der Arbeiten mit Skepsis. Beide thematisieren Dickinsons Rolle als unsichtbare, aber alles bestimmende Autorität, die die Zuschauer reglementiere und diziplniere. So spiegele Dickinson In *The Milgram Re-enactment* die Vorgehensweisen des Wissenschaftlers. Während des Versuchsablaufs ignorierte der Studienleiter auf Anweisung Milgrams die nervösen Zustände der Testpersonen zugunsten des Erfolgs der Studie. Ebenso vermittelt Dickinson seinem Publikum durch präzise Instruktionen den Eindruck, dass es seine Befindlichkeiten zugunsten des Reenactment hintenan stellen muss und setzt sie dem Test des Betrachtwerdens aus. Milgram begriff Wissenschaft als absolute Autorität, die die fragwürdigen Methoden seiner Studie rechtfertigte. Ebenso postuliert Dickinson in *The Milgram Re-enactment* Kunst als legitime Autorität und probates Mittel, um sein Publikum in eine missliche Lage zu bringen. Kurz, Dickinson ersetzt das »Glaubenssystem Wissenschaft« durch das »Glaubenssystem Kunst«.

Gewissermaßen lasse Dickinson nach Arns, Gaskin und Rushton die Zuschauer seiner Reenactments in einem Selbstversuch herausfinden, welche Erfahrungen fremde (massenmediale) Blicke auszulösen vermögen. Die Rezensionen von Blacklock und Mahoney zeugen jedoch davon, dass für die anwesenden Journalisten eine Emanzipation des Künstlers von seinem Vorbild in Bezug auf die kontrollierende Machtausübung im Reenactment nicht spürbar wird. Sicherlich ließe sich diese Haltung Dickinsons ebenfalls als ein detailgetreues Reenactment der Autoritätsperson des Sozialpsychologen (und des Sektenoberhaupts) durch den Künstler deuten. Aber was ließe sich dann nicht alles durch künstlerische Intention bzw. Reenactment erklären? Im Folgenden möchte ich aufzeigen, wie die Grenzen zwischen Werk und Kommentar, Werk und Interpretation, Werk und Kontext zunehmend verwaschen, wenn der zum eigenen Krtiker gewordene Künstler zum Kommentar und Kontextualisierung seiner selbst herangezogen wird.

## Versteckte Kamera

Wie Dickinson hervorhebt, ist der Gegenstand seiner Reenactment-Trilogie eine durch Bilder und Dokumente geformte/fundierte Wirklichkeit, deren Heraufbeschwörung/Entstehen er seine Zuschauer aus dem Blickpunkt der Kunst noch einmal ansehen und nacherleben lassen will. Er sieht eine maßgebliche Aufgabe der Kunstpraxis Reenactment darin, den Zuschauer sich den medialen Schichtungen und Verwerfungen des eigenen Geschichtsverständnisses und -bildes bewusst werden zu lassen. Unübersehbar kreisen sowohl *Nocturn: The Waco Re-enactment* als auch *The Milgram Re-enactment* um die Sichtbarmachung und Überwachung des Subjekts durch Autoritätsinstanzen. In beiden Reenactments richtet Dickinson demonstrativ Kameras auf sein Publikum und inszeniert einen hierarchischen Blick, dessen Aus- und Nebenwirkungen in der Rezeption der Arbeiten widersprüchlich interpretiert wird. Die Auswirkungen von Autorität und Überwachung auf das Subjekt sind ein Thema, auf das Dickinson im Rekurs auf Foucault wiederholt selbst verweist und das ebenso von Rushton in seiner Interpretation von *The Milgram Re-enactment* aufgegriffen wird.

Das Reenactment stellt die Prüfungssituation des historischen Experiments nach. In *Überwachen und Strafen. Die Geburt des Gefängnisses* (1975) beschreibt Foucault die Prüfung als eine Spielart der Macht, die ihre Wirksamkeit aus dem Zusammenspiel des hierarchischen Blicks und normierender Sanktion bezieht.[57] Nach Foucault erfüllt die Prüfung drei Funktionen: Sie macht den Prüfling sichtbar, dokumentierbar und zu einem als Fall zu behandelnden Individuum. Indem der Kandidat sich der Sichtbarkeit, den Regeln und der Ordnung der Prüfung unterwirft, wird er zu einem belegbaren Objekt, an dem Wissen erhoben wird und an dem sich Erkenntnisbildung vollzieht. Letztendlich stelle der »Objektivierungsmechanismus«[58] einer Prüfung einen neuen Machttyp dar, der mit der Klassifikation des zu Prüfenden auf dessen Individualisierung abzielt. Jedem Kandidat wird in der fallweisen Auswertung seine eigene Individualität als Stand zugewiesen, »in der er auf die ihn cha-

**57** | Vgl. Foucault 1994, S. 238.

**58** | Ebd., S. 241.

rakterisierenden Eigenschaften, Maße, Abstände und ›Noten‹ festgelegt wird.«[59]

Mit anderen Worten, die Prüfung macht eine Person differenzier- bzw. klassifizierbar und unterwirft sie einer individualisierenden Kontrolle. Der Disziplinarapparat, in dessen Zentrum Foucault die Prüfung rückt, verbindet das Einmalige mit dem Vielfältigen, untersucht den Einzelnen einer Vielheit, vergleicht und ordnet ein. Zugleich macht der Disziplinarapparat die Kategorien, in die der Charakter, die Fähig- und Fertigkeiten des Individuums eingeordnet wird, in diesem erst sichtbar. Das heißt, Disziplinarprozeduren wie die Prüfung schaffen die Individualität der Person.[60] Indem Machttechniken das Leben des Indiviuums vollkommen durchwirken, wird dieses gewisser Weise in der Form der disziplinären Sichtbarkeit erst gegeben. Was für dieses jedoch nicht ausschließlich nachteilig sein muss, wie Foucault schreibt:

»Man muß aufhören, die Wirkungen der Macht immer negativ zu beschreiben, als ob sie nur ›auschließen‹, ›unterdrücken‹, ›verdrängen‹, ›zensieren‹, ›abstrahieren‹, ›maskieren‹, ›verschleiern‹ würde. In Wirklichkeit ist die Macht produktiv; und sie produziert Wirkliches. Sie produziert Gegenstandsbereiche und Wahrheitsrituale: das Individuum und seine Erkenntnis sind Ergebnisse dieser Produktion.«[61]

Mit Blick auf Foucault argumentiert Steve Rushton in seinem Essay, dass sich seit Milgrams Studie sozialpsychologische Experimente und Fernsehsendungen mit versteckter Kamera zunehmend ähneln. Schließlich gründen sowohl Experiment als auch Unterhaltungsshow auf der Annahme, dass Menschen nur zu sehen geben, wie sie wirklich sind, wenn sie sich unbeobachtet glauben. Folglich gilt die versteckte (im Englischen »candid«, die ehrliche) Kamera als Aufzeichnungsmedium des »normalen« Menschen. Nicht nur in wissenschaftlichen Experimenten, sondern auch im Unterhaltungsfernsehen soll sie unverfälschte Reaktionen dokumentieren. Das erfolgreiche Format *Candid Camera* folgt dem Prinzip, ahnungslose Personen mit einer meist absurden arrangierten Szene zu konfrontieren. Dies geschieht immer in der Hoffnung, dass diese überrascht zu unplanbaren Reaktionen greifen, um die Kontrolle über die

**59** | Ebd., S. 247.

**60** | Vgl. ebd., S. 247f.

**61** | Ebd., S. 250.

Situation wiederzuerlangen. Der Ausruf »Smile! You're on *Candid Camera!*« ist das unverkennbare Markenzeichen der Unterhaltungsshow.

In Rushtons Sicht ist die Nähe von Milgrams sozialpsychologischen Experiment zu dem Konzept von *Candid Camera* nicht von der Hand zu weisen. Beide suchen anhand von künstlich konstruierten Szenarien einzelne Personen kurzzeitig mit Situationen zu konfrontieren, die aus ihrem Alltag herausfallen. Die wechselseitigen Beziehungen von Experiment und Unterhaltungsformat belegen nach Rushton nicht allein die zahlreichen Adaptionen des Milgram-Experiments in Film und Fernsehen. Vielmehr sieht er sie in erster Linie durch die späteren Forschungen Milgrams bestätigt. Rushton führt für seine Argumentation eine weniger bekannte Versuchsreihe des Sozialpsychologen an, die Fernsehen und Versuchsanordnung miteinander verquickte: Ein Jahrzehnt nach dem Milgram-Experiment führte der Sozialpsychologe in Kollaboration mit dem Fernsehsender CBS eine Untersuchung über den Zusammenhang von antisozialem Verhalten und Fernsehkonsum durch und vollzog den Schritt von einer psychologischen zu einer medienbezogenen Versuchsanordnung.

Im Rahmen der Fernsehserie *Medical Center* strahlte CBS 1971 vier Versionen der Episode »Countdown« aus, deren Handlung Milgram zusammen mit einem Drehbuchautor entwickelte. Zunächst zeigt jede Version, wie der Krankenpfleger Tom Desmond seine Arbeit verliert und daraufhin auf sein gechartertes Boot als Einkommensquelle zurückzugreifen will, um seine kranke Frau und sein Kind zu versorgen. Jedoch scheitert Desmonds Plan, weil sein Boot kurzfristig gepfändet wird. Um die Behandlung seiner Frau zu bezahlen und sein Boot auszulösen, zerstört Desmond im Krankenhaus die Sammelbox eines Wohltätigkeitsvereins und stiehlt deren Inhalt. In der ersten Variante verhaftet ihn die Polizei, in der zweiten kommt er mit dem Diebstahl davon. In der dritten Version sieht der Krankenpfleger im letzten Moment davon ab, die Sammelbox zu zerstören und steckt eine Münze hinein. Schließlich zeigt die vierte Version ein neutrales Ende.

Unter dem Vorwand einer Testvorführung für CBS nahmen Milgrams Versuchspersonen an einer Publikumsbefragung teil. Zur Belohnung wurde ihnen ein kostenloses Transistorradio versprochen, das sie ein paar Tage später an einer Ausgabestelle abholen könnten. Als die Testpersonen ein leeres Büro im 10. Stock eines New Yorker Hochhauses betraten, fanden sie statt der versprochenen Belohnung lediglich ein Schild mit der Aufschrift »We have no more transistor radios to distribute. The distribution center is closed until further notice« vor. Neben dem Schild stand die sichtbar gefüllte Spendenbox der Organisation »Project Hope«. Die Testperson ist allein und frustriert, was wird sie tun? Wird sie wie Desmond nach dem Geld in der Box greifen? Dies waren die Fragen, die Milgram und R. Shotland in ihrer Studie beschäftigten, als sie das Verhalten der Testperson im Nachbarraum beobachteten und mit versteckten Kameras aufzeichneten. Gleich dem Milgram-Experiment war die vermeintliche Publikumsbefragung in eine ganz andere Untersuchung eingebettet, die dem Versuchsteilnehmer verborgen blieb und an der er ohne sein Wissen teilnahm.[62]

Rushton zufolge spiegele Milgrams Einsatz der verborgenen Kamera in seinen Experimenten nicht nur einen festen Bestandteil der Fernsehunterhaltung, *Candid Camera* wurde in den USA erstmals im Oktober 1948 ausgestrahlt. Obendrein fänden seit den 1960er Jahren Elemente von kontrollierten Laborsituationen ihren Eingang in das Repertoire der Fernsehsender und sorgten dafür, dass sich im Laufe der Zeit die wissenschaftlichen Methoden und massenmedialen Dramaturgien zunehmend überschneiden. So sei der Laborraum, in den die Testpersonen in Milgrams Studien trete, als Prototyp der Settings der gegenwärtigen Reality TV-Formate zu betrachten.[63] Im Rekurs auf Foucault folgert Rushton, dass die Sehgewohnheiten und der Selbstentwurf der Person durch das Wissen um eine unsichtbare, aber gleichsam ununterbrochene Beobachtung durch das Kameraauge beeinflusst werde. Es lerne, den fremden Blick auf sich in sein Selbstbild zu integrieren.

**62** | Insgesamt brachen 5,2% der Versuchspersonen die Sammelbox auf und zwar unabhängig davon, ob sie eine anti- oder prosoziale Version der Folge sahen. Letztendlich verfehlte die Studie den beabsichtigten Nachweis einer durch Fernsehen erhöhten Gewaltbereitschaft. Vgl. Stanley Milgram und R. Lance Shotland, *Television and Antisocial Behavior. Field Social Experiments*, London/New York 1973.

**63** | Rushton 2005a, S. 91

## Panoptismus und Kontrollgesellschaften

Am Beispiel eines Gefängnisbaus erläutert Foucault, dass Macht in der Disziplinargesellschaft nicht durch Präsenz und physische Gewalt ausgeübt wird, sondern durch die Art und Weise, wie der einzelne die Fertigkeit der Selbstüberwachung lernt. Mit dem Panopticon entwirft Jeremy Bentham 1791 einen mehrstöckiges ringförmiges Gebäude, in dessen Mitte sich ein Turm befindet. Der Turm ist mit Fenstern versehen, die sich zu der Innenseite des Gefängnisses hin öffnen. Der Durchmesser des Turmbaus entspricht dem Raummaß einer Zelle. Die Zellen des Ringgebäudes erstrecken sich durch die gesamte Tiefe des Gebäudes, jede von ihnen ist mit zwei Fenstern ausgestattet. Das eine Fenster weist auf den Turm zu, das andere nach außen. So ist dafür gesorgt, dass die Häftlinge tagsüber aufgrund des Lichteinfalls von hinten deutlich zu sehen sind.

Von entscheidender Bedeutung ist für Foucault jedoch nicht, dass der Wächter im Turm jederzeit alle Gefängnisinsassen auf einmal sehen kann. Vielmehr sei maßgeblich, dass diese sich aufgrund der Konstruktionsweise des Turmes, der über ein aufwendiges System von Jalousien verfügt, nie sicher sein könnten, ob sie in einem bestimmten Augenblick tatsächlich überwacht werden oder nicht. Da die Gefangenen aber bereits die Erfahrung gemacht hätten, dass sich dort von Zeit zu Zeit sehr wohl jemand aufhält, müssten sie von einer permanenten Überwachung ausgehen. Letztendlich verhielten sich die Häftlinge entsprechend der Normen, die der Wächter, ob anwesend oder nicht, ihnen vorgebe. Folglich lerne der Inhaftierte, sich mit den Augen des Wächters zu sehen und verinnerlicht dessen Sicht. Er beginne den Blick des Wächters auf sich anzuwenden und sich auf einen imaginären Platz zwischen Turm und Zelle zu projezieren. Als virtuelles Doppel, das zwischen beiden Positionen changiert, wird der Gefange zum Subjekt und Objekt seines eigenen Blickes und »zum Prinzip seiner eigenen Unterwerfung«[64].

Als Ordnungssystem, das die Gesellschaft gleichermaßen organisiere und erkläre, ummantele und forme der Panoptismus das Individuum.[65] Es wechsele von einer Einschließung zur nächsten und durchliefe verschiedenen Institutionen wie die Schule, die Armee oder das Spital, die

**64** | Foucault 1994, S. 260.

**65** | Vgl. ebd., S. 269.

jeweils über eigene Gesetze verfügen und ein lückenloses Systeme von kalkulierten hierarchischen Blicken etablieren.

Es ist die Definition bzw. Umwertung des Selbst unter dem Eindruck von Autorität, auf die Rushton in seinem Essay abzielt. Sowohl das Experiment als auch die Reality TV-Show stellen in seiner Sicht eine Bühne dar, auf der Realität zur Aufführung gebracht werden und sich das Individuum auf den Blick einer omnipräsenten Machtinstanz hin entwerfen kann.[66] Auf dieser Bühne sorgen Techniken der Erfassung und Überwachung dafür, dass sich die Teilnehmer aus dem Wunsch nach Rollenanpassung »selbst improvisieren«[67]. Mit anderen Worten, unter den Augen des Studienleiters spielen sich Milgrams Probanden in einer den hierarchischen Strukturen des Experiments angepassten Subjektivität selbst (nach). Ebenso inszenieren sich die Kandidaten eines Reality-TV-Formats für den unsichtbaren Blick der Überwachungskameras bzw. des Zuschauers. Sowohl Proband als auch Showkandidat sind nicht frei in ihrem Tun, sondern beugen sich dem panoptischen Blick einer Autoritätsinstanz und orientieren sich an der Vorstellung, dass bestimmte soziale Rollen von ihnen erwartet werden.

Darüber hinaus machen *The Milgram-Re-enactment* und *Nocturn: The Waco Reenactment* Rushton zufolge deutlich, dass die Kontrollgesellschaft im Sinne Deleuzes zunehmend die Gegenwart bestimme.[68] In seinem Text *Postskriptum über die Kontrollgesellschaften* (1990) schildert Deleuze den Wandlungsprozess von der Disziplinargesellschaft hin zu der heutigen Kontrollgesellschaft. Erhebt Foucault den Anfang des 20. Jahrhunderts zur Blütezeit der Disziplinargesellschaft, sieht Deleuze diese zu diesem Zeitpunkt bereits schrittweise verblassen und nach dem Zweiten Weltkrieg in eine Krise stürzen. An diesem Wendepunkt betrachtet er die grundlegende Umwälzung zur Kontrollgesellschaft als abgeschlossen. Sie manifestiert sich in verschiedenen Symptomen: Während sich die Disziplinargesellschaft durch Einschließungsmilieus auszeichnet, entlässt die neu entstandene Gesellschaftsform ihre Teilnehmer in »Kontrollformen mit freiheitlichem Aussehen«[69]. In der Kontrollgesellschaft

**66** | Vgl. ebd.

**67** | Vgl. Rushton 2005, S. 98.

**68** | Ebd., S. 87f.

**69** | Gilles Deleuze, »Postskriptum über die Kontrollgesellschaften«, in ders., *Unterhandlungen 1972-1990*, Frankfurt am Main 1993, S. 254-262, hier S. 255.

ist die stringente Abfolge der vielfältigen Disziplinierungsinstanzen wie Familie, Schule, Fabrik, Krankenhaus etc. unterbrochen und das Modell der Einschließungsmilieus hinfällig. Waren die Arten der Machtausübung früher statisch (Deleuze vergleicht sie mit Gussformen), flottieren sie in der Kontrollgesellschaft frei (sie werden zur Modulation). Mit anderen Worten, war die Ausübung von Macht in der Disziplinargesellschaft noch eng mit Institutionen und Orten verbunden, welche das Individuum unterzuordnen suchten, wird sie in der Kontrollgesellschaft diffus.

Als ein Beispiel für diese Entwicklung nennt Deleuze Veränderungen, die im Bereich des Strafvollzugs verstärkt Anwendung finden: Bei leichten Vergehen geht man in einigen Staaten dazu über, von der Inhaftierung in Gefängnissen abzusehen, und stattdessen Hausarrest einer elektronischer Fußfessel zu erteilen, die der Straftäter nicht ablegen darf. Hier wird deutlich, wie das Gefängnis als Institution an Relevanz verliert, während eine erhöhte Kontrolle des Individuums mittels einem »Elektronischem Halsband« (Deleuze) bzw. einer elektronischer Fußfessel, die bisherige Einschließung ersetzt. Kurzum, die Idee des Panopticons hat heutzutage örtliche Einschränkungen hinter sich gelassen. Stand das Panopticon für die Disziplinargesellschaft, wird der Computer zum Symbol der neuen Ordnung. Als neuer Kontrollmechanismus spaltet er das Subjekt in numerische Codes, welche uns je nachdem mit Informationen versorgen oder sie uns vorenthalten. Zugleich dient er dazu, die Position des Einzelnen zu erfassen und eine »universelle« Modulation durchzuführen (zum Beispiel mit GPS Systemen).

Sowohl in Foucaults als auch in Deleuzes Überlegungen sind es technische Verfahren, die spezifische Machteffekte auf das Individuum ausüben. Dienen Focault die Erfindung von Teleskop und Mikroskop als Paradigma, welches in der Disziplinargesellschaft den Stellenwert des Visuellen im Wissen und damit in der Macht verändert, transformiert bei Deleuze die Entstehung des Internets die Wirkung der Machtmechanismen. Folglich reiht Rushton die versteckte Kamera in diese Serie ein. Als bevorzugtes technisches Hilfsmittel von Experiment und Sendung spalte sie das Individuum kontinuierlich in sich selbst, diszipliniere und konstituiere dies gleichermaßen. Letztendlich läuft Rushtons Interpretation von *The Milgram Re-enactment* darauf hinaus, das Dickinson die verborgenen Überwachungsstrategien den Zuschauern sicht- und erlebbar mache. Damit enthülle Dickinson die bis dahin unmerkliche Fortschreibung von historischen Gewaltstrukturen in die Gegenwart: »The experiments and the reenactments make a series of circles in time [...] the Milgram experiment and Dickinson's re-enactments are always remembering the mistakes from the past and always repeating them.«[70]

## Zivilisationsbeweise

Die akribische Wiederholung des historischen Originalexperiments in *The Milgram-Re-enactment* markiert für Milo Rau

»einen fundamentalen Neubeginn – einen Neubeginn im Namen eines extremen Realismus, der keinen Unterschied mehr macht zwischen Dingen und Menschen, zwischen Zufall und Geschichte, zwischen Freiheit und Zwang, sondern sie blind für alle dramatischen Hierarchien auf einer gemeinsamen Ebene anordnet.«[71]

In seinem Aufsatz *Die seltsame Kraft der Wiederholung* (2012) interpretiert der Theatermacher Dickinsons Strategie der exakten Nachstellung als radikale Absage an jeden Anspruch von Innovation und damit an jeden Avantgarde-Gedanken. Jedoch ist Dickinson keineswegs blind gegenüber der theoretischen Verortung und Kontextualisierung seiner Reenactments, sondern geradezu beflissen, diese in seinem Sinne voranzutreiben.

Wie Michel de Certeau in *Theoretische Fiktionen. Geschichte und Psychoanalyse* (1997) mit seinem Kommentar zu *Überwachen und Strafen* deutlich macht, gibt Foucault mit dem Konzept des Panoptismus ebenso seinem Diskurs eine alles erfassende und erklärende Form. De Certeau schreibt:

»In ihnen [den Überwachungstechniken, H.E.] sieht Foucault, wie in einem Spiegel, alles und kann deshalb auch alles mit ihnen erklären. Sie geben seinem theoretischen Diskurs selbst eine panoptische Form. Dieses seltsame Verfahren besteht darin, verborgene sprachlose Taktiken zum Angelpunkt einer Theorie werden zu lassen, indem dies nächtliche Volk als Spiegel dient, in dem das entscheidende Moment des Diskurses erstrahlt, das ihre Erklärung liefert. [...]

**70** | Steve Rushton »Agentic States«, in ders. 2003, S. 49-63, hier S. 63.
**71** | Milo Rau, »Die seltsame Kraft der Wiederholung«, in Roselt/Otto 2012, S. 71-78, hier S. 77.

Seine eigene Analyse beruht [...] auf einer ähnlichen Maschinerie wie die, deren Funktionsweise sie aufgezeigt hat.«[72]

Mit de Certeau ließe sich ohne weiteres unterstellen, dass sowohl Dickinsons Technik des exakten Reenactment als auch Rushtons Interpretation ihrerseits panoptische Züge annehmen. Dickinson scheint jeden Aspekt der historischen Vorlage zu durchdringen und nachzustellen. Rushtons Argumentation sucht Dickinsons Arbeit quasi als Bebilderung von Foucaults und Deleuzes Überlegungen zu positionieren und in ein Erklärungsmodell einzuspeisen, das keine Leerstelle zulässt.

Darüber hinaus bezeichnet Rushton Dickinsons Arbeiten als eine »Untersuchung der Ethik von Repräsentation«[73], die an die Fähigkeit des Betrachters appelliere, die doppelte Wahrheit des durch reproduktive Techniken erzeugten Bildes zu erkennen: Kein Bild entsteht aus sich selbst heraus, sondern ist unter historischen, kulturellen, ökonomischen und politischen spezifischen Bedingungen gemacht. Angesichts des komplizierten Bildstatus müsse der Betrachter der Reenactments lernen, nicht nur die Manipulationsanfälligkeit von Bildern, sondern auch seine eigene Verführbarkeit stets mitzudenken. In diesem Sinne fordere *The Milgram-Re-enactment* nach Rushton den (idealen) Betrachter heraus, seinen ethischen Standpunkt zu einem vergangenen Ereignis in Einklang mit seinen Befürchtungen bezüglich der Authentizität seiner Repräsentation zu bringen.[74] Seinem Publikum biete Dickinson die Mittel für eine Erfahrung, die anders nicht möglich wäre und schaffe so ein erhöhtes Bewusstsein gegenüber Bildern und deren Verwendungskontexten bzw. »medialen Feedbacksystemen«. Somit stelle Dickinson seinen Rezipienten einen aufklärerischen Moment in Aussicht, der die Kenntnis der Wirkweise von massenmedialen Bildproduktionen steigern soll.

Dagegen ist mit Tom Holert einzuwenden, dass eine kritische Aufmerksamkeit gegenüber der Art, wie »die Medien« Geschichte(n) erzählen, weniger ein anzugehender Lernprozess darstellt, sondern längst zum Repertoire des Betrachters zählt. Maßgeblich werde das Misstrauen des Betrachters gegenüber Bildern durch die Begleittexte zum Werk gelenkt

**72** | Michel de Certeau, *Theoretische Fiktionen. Geschichte und Psycholanalyse*, Wien 1997, S. 39.

**73** | Rushton 2003, S. 50.

**74** | Rushton 2005a, S. 89.

und normativ vorgegeben. Dazu merkt Holert in *Regieren im Bildraum* (2008) an:

»Es gibt kaum noch einzelne oder in visuellen Assemblagen angeordnete Bilder, die nicht durch Kommentare eskortiert und von Kontextualisierungsangeboten flankiert würden. Produzent/innen ebenso wie Betrachter Konsument/innen sollen sich nicht die Blöße geben der Naivität geben. Die so erreichte (oder lediglich imaginierte) Kontrolle über die Wirkmacht der Bilder gilt als Zivilisationsbeweis. Dieses Macht-Wissen um die Kontrollierbarkeit der Bilder ist intakt, solange deren Instrumentalität und die kulturellen Vereinbarungen über das Verhältnis von Bild, Repräsentation und Erfahrung akzeptiert werden; die Kommentare und Erläuterungen lenken die Bedeutungsproduktion, legen eine Folie der aufgeklärten Manipulation über die vermeintlich manipuliert-manipulierenden Bilder.«[75]

In diesem Zusammenhang scheint mir bemerkenswert, dass die Texte der Publikationen zu *The Milgram Re-enactment* mehrheitlich aus der Feder der Autoren Tom McCarthy und Steve Rushton sowie der Kuratorin Vivienne Gaskin stammen. McCarthy und Dickinson entwickelten gemeinsam die Installation *Greenwich Degree Zero* (2006), Rushton produzierte mit Dickinson neben *The Milgram Re-enactment* noch die Arbeiten *Closed Circuit* (2010) und *Who, What, Where, When, Why and How* (2009). Gaskin kuratierte die Ausstellungen zu Dickinsons Reenactment-Trilogie. Zudem verfasst Dickinson selbst Katalogbeiträge und äußert sich in Interviews.[76] Er produziert die Lesart seiner künstlerischen Arbeit mit, autorisiert und lenkt diese. Die weitestgehend einheitliche Auslegung des Reenactment scheint deswegen überzeugend, weil Kunstvermittlung und Kunstkritik, wie sie in Ausstellungen, Katalogen, Monografien, Zeitschriftenartikeln oder Fernsehbeiträgen stattfinden zur Wiederholung des bereits Gesagten und Geschriebenen einladen – mit geringfügigen Variationen und Ergänzungen der bereits bekannten Argumente und Leitthemen.[77] Da dieses Wissensgefälle um die »richtige« Form von

**75** | Holert 2008, S. 34.

**76** | Wie zum Beispiel für die Ausstellung *Re:akt! Reconstruction, Re-enactment, Re-Reporting*, National Museum of Contemporary Art Bucharest vom 22.01. bis 13.03.2009. Vgl. Dickinson 2014.

**77** | Vgl. Tom Holert, *Übergriffe, Zustände und Zuständigkeiten der Gegenwartskunst*, Hamburg 2014, S. 74.

Kunstrezeption weitestgehend unhinterfragt bleibt, bildet sich ein Kanon heraus, der immer wieder reproduziert wird.

Beispielhaft hierfür ist der Pressetext der Ausstellung *Evil To The Core* (2009)[78] am The Israeli Center for Digital Art, der eine Interpretation bietet, die sicherlich nicht im Sinne von Dickinson ist, aber sich auf Versatzstücke aus den Texten zu *The Milgram Re-enactment* zurückführen lässt. Er gelangt einer diffusen, wenn nicht gar problematischen Aussage und lautet:

»The reenactment used by Dickinson [...] may be construed as a staged, ritual modus operandi at work in many apparatuses. It is intended to cleanse the collective conscience and heal the wounds. The reenactment has a symbolical theatrical dimension: taking an intricate, often emotional event, encoding it into an easily digestible product and providing local rationalization, a process which makes for an illusion of order. The reenactment dissociates the past from any sentiment in an attempt to rejuvenate reality which has crumbled at that point; therefore it occurs outside time, as it were.«[79]

Hier wandelt sich die kritische Analyse der »Ethik von Repräsentation« in eine zweifelhafte »Säuberung des kollektiven Bewusstseins und Heilung der Wunden«, da künstlerisches Reenactment das komplexe historische Original zwar in ein überzeitliches, aber dafür »leicht verdauliches« Theaterstück verdichtet. Der Pressetext legt nahe, dass Dickinsons Wiederaufführung eine der kritisch-reflektierenden Geste gegenüber medialen Feedbacksystemen widerläufigen Entwicklung unterliegt. Ein historisches Ereignis, das sich als emotional widerborstig (erschütternd, überraschend, desillusionierend) erweist, wird in eine popularisierende Vermittlung künstlerischer Intentionen und Konzepte überführt. Somit läuft *The Milgram Re-enactment* in Gefahr, als eine weitere institutionalisierte Form der Erinnerung in das kollektive (Kunst-)Gedächtnis einzugehen und statt Unsicherheit zu streuen, diese auszuräumen.

---

**78** | *Evil To The Core*, The Israeli Center for Digital Art, Holon, Israel, vom 31. Oktober 2009 bis 16.Januar 2010.

**79** | Galit Eilat und Ran Kasmy Ilan, »Evil to the Core«, http://www.digitalartlab.org.il/ExhibitionPage.asp?id=372&path=level_1, letzter Zugriff am 08.04.2013.

# Schluss

In erster Linie nimmt meine Position Abstand von Inke Arns Engführung eines heterogenen Phänomens auf die strikte Gegenüberstellung von Reenactment in der Gegenwartskunst und Reenactment als Freizeitgestaltung. Zudem ziehe ich eine Definition in Zweifel, derzufolge Reenactment in der Gegenwartskunst im Sinne einer Kritik des Spektakels vorrangig auf die sinnlich-körperliche Wiederaneignung eines medial entremdeten Wissens abziele. Mein Einwand gegen diese Engführung leitet sich aus der Beobachtung ab, dass es in keinem der von mir diskutierten Reenactments ausschließlich darum geht, mithilfe der Kunst auf eine defizitäre, weil entsinnlichte Welterfahrung in einer modernen Medienkultur hinzuweisen oder im Rahmen der Kunst die Beseitigung dieser Defizite durch die Etablierung authentischere, weil leibhaftigere Erlebnisse zu bewirken.

Die »grundlegende Verunsicherung über den Status und die Authentizität der Bilder« versucht keines der von mir thematisierten Beispiele auszuräumen. Das hat seinen Grund nicht zuletzt darin, dass die hier vorgestellten Reenactments immer zugleich eingebunden sind in kultur- und kunstgeschichtliche Diskurse über die Relation von Fakt und Fiktion, von Archivierungstechniken und Macht, von Macht und Subjektivität, die über eine solche Engführung hinausweisen.

Gemeint ist damit nicht, dass es nicht Künstler gibt, die dieses Ziel mit dem Einsatz von Reenactment verfolgen. Gemeint ist damit lediglich, dass Fast, Geyer und Dickinson es nicht tun. Ihre Reenactments sind für mich aus dem Grund interessant, weil sie keinesfalls in den Dichotomien von Identifikation gegen Distanz, Erlebnis gegen Repräsentation und individuelle gegen mediale Erinnerung aufgehen. Nach meinen Dafürhalten machen die variablen Untertitel in Omer Fasts *Spielberg's List*, die ausgestellte Künstlichkeit in Andrea Geyers *Criminal Case 40/61: Reverb*, aber auch Rod Dickinsons Streben nach einer »authentischen« Wiederholung in *The Milgram Re-enactment* deutlich, dass die Korrespondenzen und Komplizenschaften zwischen Kunst und Hobby, aber auch Kunst und medialen Geschichtemachen weit weniger eindeutig eingeordnet werden können, als dies bisher geschehen ist.

Wie der vergleichende Blick auf Fasts, Geyers und Dickinsons je spezifische künstlerischen Haltung zeigt, liegt die kritische Dimension dieser Werke nicht darin, dass sie einfach nur einen direkteren Umgang mit Geschichte entwerfen, sondern dass sie Verhandlungsräume eines historisch Imaginären (Leeb) eröffnen, in denen Distanz und Teilhabe in Spannung stehen (Muhle). Omer Fast, Andrea Geyer und Rod Dickinson gestalten diese Verhandlungsräume nicht dadurch, dass sie »falsche«, weil medial gestützte und manipulierbare Erinnerungen gegen »echte«, weil physische Erinnerungen gegeneinander ausspielen oder nach einem anderen, alternativen Archiv fahnden. Und gerade weil sie darauf verzichten, mediale Mechanismen der Geschichtsvermittlung per se zurückzuweisen und zu entkräften, gelingt es ihnen, die Frage nach dem Paradoxon des Reenactment anders als Arns zu adressieren. Was sie nämlich im Spiel mit diesen Mechanismen zutage treten lassen, sind die Brüche, die Leerstellen und das Moment der Projektionen, die mit der Verfertigung von Geschichte einhergehen.

Zusammenfassend lässt sich festhalten, dass sich der Anspruch auf die Einführung von Ambivalenz und Mehrdeutigkeit in der performativen Wiederholung von Geschichte in den von mir exemplarisch untersuchen Reenactments nicht an die Wiederherstellung eines Urzustandes jenseits der von Guy Debord konstatierten Überformung gesellschaftlicher Kommunikation durch Medien knüpft. Vielmehr ist der Umgang mit dem Topos der Löschung der Distanz zu den Geschichtsbildern bei gleichzeitiger Distanzierung von diesen Bildern äußerst heterogen. Denn selbst dort, wo sich zwischen Fast, Geyer und Dickinson Übereinstimmungen in Bezug auf ihren kritischen Umgang mit der medialen Verfasstheit von Geschichte ergeben, weichen die Konsequenzen, die sie hieraus ziehen, voneinander ab: Während Fasts betrogener/betrügender Zeuge einen »Zeitraum der dritten Art« als Effekt einer Selbstkonstruktion mithilfe von medialen Bildern verkörpert, in dem der Gegensatz von Fakt und Fiktion hinfällig ist, verweist Geyer den Betrachter durch das Einfügen einer ostentativen Lücke in der Wiederaneignung von historischen Archivmaterial auf den Platz des Augenzeugen und öffnet so den Interpretationsraum von Geschichte ins Vielfache und Vielschichtige. Mit Dickinsons

Reenactment kommt ein Konzept von Zeugenschaft ins Spiel, das durch die Teilnehmer unterlaufen wird und die Umwertung eines passiven Zuschauers in einen Akteur in einem unvorhergesehen Ergebnis münden lässt. Dickinsons Absichtserklärung mittels Nacherleben das Selbst des Betrachters in etwas Fragwürdiges zu verwandeln, so dass dieser sich in der Erfahrung fremd werde und sich selbst in ein reflexives Verhältnis zu der historischen Person setze, endet nicht in der Frage, was der Betrachter anstelle derer im Milgram-Experiment getan hätte. Vielmehr evoziert sein Projekt Skepsis gegenüber der Rolle, die der in seiner Abwesenheit omnipräsente Künstler einnimmt. In diesem Zusammenhang habe ich versucht herauszuarbeiten, dass Dickinson sein Reenactment in Theoriediskurse über scheinbar ungreifbare Machtverhältnisse im Zuge fortgeschrittener Modernisierungsprozesse einbindet. Jedoch verselbständigen sich seine dezidierten Definitionen und nehmen mitunter konträre Bedeutungen an, so dass sich *The Milgram Re-enactment* in einen Schauplatz verwandelt, auf dem unterschiedliche Interessen, Haltungen und Befindlichkeiten zusammentreffen.

Bei allem kritischen Potenzial, das die diskutierten künstlerischen Arbeiten kennzeichnet, lassen sich an ihnen in erster Linie die Ambivalenzen und Widersprüchlichkeiten nachzeichnen, die die künstlerische Reformulierung eines bestimmten historischen Moments als Reenactment ausmachen. Denn allen gemeinsam ist der Versuch, mit Reenactment die Bedeutung des reinszenierten historischen Ereignisses für die Gegenwart als nicht gesichert erscheinen zu lassen. Indem die von mir thematisierten Beispiele an einer Verunsicherung beharrlich festhalten, statt sie auszuräumen, eröffnen sie einen Möglichkeitsraum, der sich widerständig gegen die Vorwegnahme ihrer Bedeutung und Wirkung zeigt.

# Literatur


Agnew, Vanessa, »Introduction: What is Reenactment?«, in *Criticism*, 46/3, 2004, S. 327-339.

Allen, Jennifer, »Omer Fast: Der Geschichte zuschauen«, in Isabel Podeschwa (Hg.), *ars viva 03/04 – Film, facing footage: Omer Fast – Jeanne Faust*, Berlin 2003, S. 31-40.

Anderson, Jay, *Time machines: The World Of Living History*, Nashville/TN 1984.

Arendt, Hannah, *Eichmann in Jerusalem. Ein Bericht von der Banalität des Bösen* (1964), München 1986.

Arns, Inke, »History will repeat itself. Strategien des Reenactment in der zeitgenössischen (Medien-)Kunst und Performance«, in dies. und Gabriele Horn (Hg.), *History will repeat itself. Strategien des Reenactment in der zeitgenössischen (Medien-)Kunst und Performance*, Frankfurt am Main 2007, S. 37-64.

Arns, Inke und Gabriele Horn, »Vorwort und Dank«, in dies. (Hg.), *History will repeat itself Strategien des Reenactment in der zeitgenössischen (Medien-)Kunst und Performance*, Frankfurt am Main 2007, S. 6-12.

Assmann, Aleida, *Erinnerungsräume: Formen und Wandlungen des kulturellen Gedächtnisses*, München 2006.

Assmann, Jan, »Kollektives Gedächtnis und kulturelle Identität«, in ders. und Tonio Hölscher (Hg.), *Kultur und Gedächtnis*, Frankfurt am Main 1998, S. 9-19.

Assmann, Jan, *Das kulturelle Gedächtnis: Schrift, Erinnerung und politische Identität in frühen Hochkulturen*, München 1992.

Auslander, Philip, *Liveness: Performance in a Mediatized Culture*, New York 2008.

Auslander, Philip, »Zur Performativität der Performancedokumentation«, in Barbara Clausen (Hg.), *After the Act. Die (Re)Präsentation der Performancekunst*, Wien 2006, S. 21-34.

Barthes, Roland, *Mythen des Alltags* (1957), Frankfurt am Main 1964.

Bataille Waterloo 1815, VoG, »Pressemitteilung«, https://www.waterloo2015.org/sites/default/files/20140651 8_WAT_Pressemitteilung_DE_DEF.pdf, 10.06.2015.

Benamou, Catherine L., »Andrea Geyer: Criminal Case 40/61: Reverb«, in *X-TRA Contemporary Art Quarterly*, Volume 13, Number 4, Summer 2011, http://xtraonline.org/article/andrea-geyer-criminal-case-4061-reverb/, 09.03.2016.

Benjamin, Walter, »Kleine Geschichte der Photographie«, in ders., *Das Kunstwerk im Zeitalter seiner technischen Reproduzierbarkeit*, Frankfurt am Main 1977, S. 45-64.

Benjamin, Walter, »Das Kunstwerk im Zeitalter seiner technischen Reproduzierbarkeit« (Erste Fassung), in Rudolf Tiedemann und Hermann Schweppenhäuser (Hg.), *Walter Benjamin, Gesammelte Schriften*, Band I.2, Frankfurt am Main 1974, S. 435-450.

Benjamin, Walter, »Das Kunstwerk im Zeitalter seiner technischen Reproduzierbarkeit« (Dritte Fassung), in Rudolf Tiedemann, und Hermann Schweppenhäuser (Hg.), *Walter Benjamin, Gesammelte Schriften*, Band I.2, Frankfurt am Main 1974b, S. 473-509.

Benjamin, Walter, »Erkenntnistheoretisches, Theorie des Fortschritts«, in Hermann Schweppenhäuser und Rolf Tiedemann (Hg.), *Walter Benjamin, Gesammelte Schriften*, Band V.1, Frankfurt am Main: 1974c, S. 570-611.

Bishop, Claire, *Artificial Hells: Participatory Art and the Politics of Spectatorship*, London 2012.

Bishop, Claire, »The Social Turn: Collaborations and Its Discontents«, in *Artforum*, Februar 2006, S. 178-183.

Bismarck, Beatrice von, »Der Teufel trägt Geschichtlichkeit oder Im Look der Provokation: When Attitudes Become Form – Bern 1969/Venice 2013«, in Eva Kernbauer (Hg.) *Kunstgeschichtlichkeit, Historizität und Anachronie in der Gegenwartskunst*, Paderborn 2015, S. 233-248.

Blacklock, Mark, »Rewriting art history«, in *The Telegraph* vom 30.09.2004, www.telegraph.co.uk/culture/art/3624769/Rewriting-art-history. html, 31.07.2014.

Blackson, Robert, »Once More... With Feeling: Reenactment in Contemporary Art and Culture«, in *Art Journal*, 66/1, 2007, S. 28-40.

Bossart, Rolf und Milo Rau, »Jener 25. Dezember 1989«, in Milo Rau, *Die letzten Tage der Ceausescus: Materialien, Dokumente, Theorie*, Berlin 2010, S. 35-40.

Bourriaud, Nicholas, »The Reversibility of the Real: Nicholas Bourriaud on Pierre Huyghe«, in *Tate Etc.*, issue 7, Summer 2006, http://www.tate.org.uk/context-comment/articles/reversibility-real, 27.03.2016.

Brecht, Bertold, »Kleines Organon für das Theater« (1948), in ders., *Schriften zum Theater*, Band 7, 1948-1956, Frankfurt am Main 1964, S. 7-67.

Brink, Cornelia, *Ikonen der Vernichtung. Öffentlicher Gebrauch von Fotografien aus nationalsozialistischen Konzentrationslagern nach 1945*, Berlin 1998.

Brückle, Wolfgang, »Jeremy Dellers *Battle of Orgreave*, Realismus und Realität im Reenactment«, in Uta Daur (Hg.), *Authentizität und Wiederholung. Künstlerische und kulturelle Manifestationen eines Paradoxes*, Bielefeld 2013, S. 123-145.

Bruns, Claudia, Asal Dardan und Anette Dietrich, »Zur filmischen Erinnerung an den Holocaust«, in dies. (Hg.), *Welchen der Steine du hebst – Filmische Erinnerung an den Holocaust*, Berlin 2012.

Certeau, Michel de, *Theoretische Fiktionen. Geschichte und Psycholanalyse*, Wien 1997.

Cichocki, Sebastian, »Die Pathologie der Macht und die Verwaltung der Erniedrigung. Ein Experiment von Professor Zimbardo (Wiederholung)«, in Joanna Mytkowska (Hg.), *Artur Żmijewski, If it happens only once it's as if it never happened – Einmal ist keinmal*, Basel 2005, S. 45-55.

Collingwood, Robin George, *The Idea of History*, Revised Edition with Lectures 1926-1928, Ed. with an Introduction by Jan van der Dussen, Oxford/New York 1994.

Correia, Alice, »Interpreting Jeremy Deller's ›The Battle of Orgreave‹«, in *Visual Culture in Britain*, 7/2, 2006, S. 93-112.

Dannatt, Adrian, »Where Fact and Fiction Meet«, in *The Art Newspaper*, New York 2002, www.theartnewspaper.com/news/article.asp?idart=4510, 31.08.2011.

Deák, František, »Russian Mass Spectacles«, in *The Drama Review*, 19/2, 1975, S. 7-22.

Debord, Guy, *Die Gesellschaft des Spektakels* (1967), Hamburg 1978.

Deleuze, Gilles, *Differenz und Wiederholung* (1968), übers. von Joseph Vogl, 3. Aufl., München 2007.

Deleuze, Gilles, »Postskriptum über die Kontrollgesellschaften (1990)«, in ders., *Unterhandlungen 1972-1990*, Frankfurt am Main 1993, S. 254-262.

Deller, Jeremy, »The Battle of Orgreave, 2001«, http://www.jeremydeller.org/TheBattleOfOrgreave/TheBattleOfOrgreave.php, 20.05.2015.

Deller, Jeremy, »The English Civil War: Part II. Personal Accounts of the 1984-85 Miners' Strike«, http://www.artangel.org.uk//projects/2001/the_battle_of_orgreave/background/the_english_civil_war_part_ii, 26.08.2015.

Derrida, Jacques, *Dem Archiv verschrieben – Eine Freudsche Impression*, Berlin 1997.

Derrida, Jacques, *Aufzeichnungen eines Blinden: das Selbstporträt und andere Ruinen*, München 1997.

Derrida, Jacques und Bernard Stiegler, in Peter Engelmann (Hg.), *Echographien, Fernsehgespräche*, Wien 2006.

Dickinson, Rod, »Fair Companions... Adventure is Dead«, in Antonio Caronia, Janez Janša und Domenico Quaranta (Hg.), *Re:akt! Reconstruction, Re-enactment, Re-reporting*, Brescia 2014, S. 33-42.

Dickinson, Rod, »Projects/Artwork: The Milgram-Re-enactment 2002«, http://www.roddickinson.net/pages/milgram/project-synopsis.php, 02.02.2011.

Dickinson, Rod, »Artist Statement«, http://www.roddickinson.net/pages/index.php, 17.03. 2016.

Dickinson, Rod, »Nocturn: The Waco-Re-enactment 2004«, http://www.wacoreenactment.org/, 29.07.2014.

Didi-Huberman, Georges, *Wenn die Bilder Position beziehen*, München 2011.

Didi-Huberman, Georges, *Das Nachleben der Bilder. Kunstgeschichte und Phantomzeit nach Aby Warburg*, Berlin 2010.

Didi-Huberman, Georges, *Bilder trotz allem*, München 2007.

Didi-Huberman, Georges, »Das Öffnen der Lager und das Schließen der Augen«, in Ludger Schwarte (Hg.), *Auszug aus dem Lager: zur Überwindung des modernen Raumparadigmas in der politischen Philosophie*, Bielefeld 2007a, S. 11-45.

Didi-Huberman, Georges, »Das Archiv brennt«, in ders. und Knut Ebeling, *Das Archiv brennt*, Berlin 2007b.

Dijck, José van, *Mediated Memories in the Digital Age*, Stanford 2007.

Donovan, Thom, »5 Questions for Contemporary Practice with Andrea Geyer«, in *art21 magazine*, 28. Februar 2012, http:// blog.art21.org/ 2012/02/28/5-questions-for-contemporary-practice-with-andrea-geyer, 25.07.2014.

Ebeling, Knut, »Die Asche des Archivs«, in Georges Didi-Huberman und ders., *Das Archiv brennt*, Berlin 2007.

Eilat, Galit und Ran Kasmy Ilan, »Evil to the Core«, http://www.digitalartlab.org.il/ExhibitionPage.aspid=372&path=level_1, 08.04.2013.

Erickson, Ruth, »The Real Movie: Reenactment, Spectacle, and Recovery in Pierre Huyghe's The Third Memory«, in *Framework: The Journal of Cinema and Media*, Volume 50, Nr. 1 & 2, 2009, S. 107-124.

Fischer-Lichte, Erika, »Die Wiederholung als Ereignis. Reenactment als Aneignung von Geschichte«, in Jens Roselt und Ulf Otto (Hg.), *Theater als Zeitmaschine. Zur performativen Praxis des Reenactments. Theater- und kulturwissenschaftliche Perspektiven*, Bielefeld 2012, S. 13-52.

Fischer-Lichte, Erika, *Performativität. Eine Einführung*, Bielefeld 2012a.

Foucault, Michel, *Überwachen und Strafen. Die Geburt des Gefängnisses* (1975), Frankfurt am Main 1994.

Foucault, Michel, *Archäologie des Wissens* (1969), Frankfurt am Main 1981.

Freud, Sigmund, *Das Unbehagen in der Kultur und andere kulturtheoretische Schriften* (1930), Frankfurt am Main 2004.

Freud, Sigmund, »Das Unheimliche« (1919), in Alexander Mitscherlich, Angela Richards und James Strachey (Hg.), *Sigmund Freud, Studienausgabe*, Bd. IV., Psychologische Schriften, Frankfurt am Main 1982, S. 241-274.

Freud, Sigmund, »Die Verdrängung« (1915), in Anna Freud et al. (Hg.), *Sigmund Freud – Gesammelte Werke*, Band 10, Frankfurt am Main 1976, S. 248-261.

Freud, Sigmund, »Jenseits des Lustprinzips« (1920), in ders., *Das Ich und das Es. Metapsychologische Schriften*, Frankfurt am Main 2009, S. 193-249.

Fromm, Erich, *Anatomie der menschlichen Destruktivität* (1974), Reinbek 1992.

Gapps, Stephen, »On Being a Mobile Monument: Historical Reenactments and Commemorations«, in Iain McCalman und Paul A. Pickering (Hg.), *Historical Reenactment – From Realism to the Affective Turn*, Hampshire/England 2010, S. 50-62.

Gaskin, Vivienne, »Subjects in Search of an Author«, in Steve Rushton (Hg.), *The Milgram Re-enactment. Essays on Rod Dickinson's re-enactment of Stanley Milgram's obedience to authority experiment*, Frankfurt am Main 2003, S. 6-16.

Gerould, Daniel, »Historical Simulation and Popular Entertainment: The ›Potemkin‹ Mutiny from Reconstructed Newsreel to Black Sea Stunt Men«, in *The Drama Review*, 33/2, 1989, S. 161-184.

Geyer, Andrea, »Criminal Case 40/61: Reverb, 2009«, http://www.andreageyer.info/projects/criminal_case/CriminalCase.htm, 11.07.2014.

Geyer, Andrea, »Conversations With Contemporary Artists: Andrea Geyer«, Vortrag vom 31.10.2010 am MoMA New York, www.moma.org/explore/multimedia/videos/5/599, 10.07.2014.

Glassberg, David, *American Historical Pageantry: The Uses of Tradition in the Early Twentieth Century*, Chapel Hill/London 1990.

Godfrey, Mark, »The Artist as Historian«, in *October*, Nr. 120, 2007, S. 140-172.

Grierson, John und Forsyth Hardy (Hg.), *John Grierson on Documentary* (1946), London 1979.

Halbwachs, Maurice, *Das kollektive Gedächtnis* (1939), Frankfurt am Main 1985.

Halbwachs, Maurice, *Das Gedächtnis und seine sozialen Bedingungen* (1925), Frankfurt am Main 1985.

Hattendorf, Manfred, *Dokumentarfilm und Authentizität. Ästhetik und Pragmatik einer Gattung*, Konstanz 1999.

Hausner, Gideon, *Gerechtigkeit in Jerusalem*, München 1967.

Haustein, Lydia, *Videokunst*, München 2003.

Heeg, Günther, »Reenacting History: Das Theater der Wiederholung«, in ders. et al. (Hg.), *Reenacting History: Theater & Geschichte*, Berlin 2014, S. 10-39.

Heeg, Günther et al., »Geschichte Aufführen: LeipzigÜberLeben«, in ders. et al. (Hg.), *Reenacting History: Theater & Geschichte*, Berlin 2014a, S. 157-178.

Heeg, Günther, »Vorwort«, in ders. et al. (Hg.), *Reenacting History: Theater & Geschichte*, Berlin 2014b, S. 6-9.

Hochbruck, Wolfgang, »Reenacting Gettysburg 1863-2013«, Vortrag auf der Konferenz *Geschichte als Erlebnis. Performative Praktiken in der Geschichtskultur* vom 3. bis 5. Juli 2014 am Zentrum für Zeithistorische

Forschung Potsdam, http://www.livinghistory.uni-tuebingen.de/?page_id=1541, 14.08.2015.

Hochbruck, Wolfgang, *Geschichtstheater, Formen der »Living History«. Eine Typologie*, Bielefeld 2013.

Hochbruck, Wolfgang, »Reenactments als Freilufttheater und Gedenkort«, in Jens Roselt und Ulf Otto (Hg.), *Theater als Zeitmaschine. Zur performativen Praxis des Reenactments. Theater- und kulturwissenschaftliche Perspektiven*, Bielefeld 2012, S. 189-211.

Hochbruck, Wolfgang, »Belebte Geschichte. Deliminationen der Anschaulichkeit«, in Barbara Korte und Sylvia Paletschek (Hg.), *History Goes Pop. Zur Repräsentation von Geschichte in populären Medien und Genres*, Bielefeld 2009, S. 215-230.

Hohenberger, Eva und Judith Keilbach (Hg.): *Die Gegenwart der Vergangenheit. Dokumentarfilm, Fernsehen und Geschichte*, Berlin 2003.

Hohenberger, Eva, »Dokumentarfilmtheorie. Ein historischer Überblick über Ansätze und Probleme«, in dies. (Hg.), *Bilder des Wirklichen. Texte zur Theorie des Dokumentarfilms*, Band 3, Berlin 1998.

Holert, Tom, *Übergriffe, Zustände und Zuständigkeiten der Gegenwartskunst*, Hamburg 2014.

Holert, Tom, »Aufmerksamkeitsspanne«, in Sabine Schaschl (Hg.), *Zur Erinnerung – Omer Fast*, Berlin 2010, S. 130-171.

Holert, Tom, *Regieren im Bildraum*, Berlin 2008.

Kant, Immanuel, *Kritik der reinen Vernunft*, herausgegeben von Wilhelm Weischedel, Band 1, Frankfurt am Main 1996.

Keilbach, Judith, *Geschichtsbilder und Zeitzeugen. Zur Darstellung des Nationalsozialismus im Bundesdeutschen Fernsehen*, Münster 2008.

Keilbach, Judith, »Zeugen der Vernichtung. Zur Inszenierung von Zeitzeugen in Bundesdeutschen Fernsehsendungen«, in Eva Hohenberger und dies. (Hg.), *Die Gegenwart der Vergangenheit. Dokumentarfilm, Fernsehen und Geschichte*, Berlin 2003, S. 155-174.

Kitamura, Katie, »›Recreating Chaos‹. Jeremy Deller's ›The Battle of Orgreave‹«, in Iain McCalman und Paul A. Pickering (Hg.), *Historical Reenactment – From Realism to the Affective Turn*, Hampshire/England 2010, S. 39-49.

Koch, Gertrud, *Die Einstellung ist die Einstellung. Visuelle Konstruktionen des Judentums*, Frankfurt am Main 1992.

Landsberg, Alison, *Prosthetic Memory. The Transformation of American Remembrance in the Age of Mass Culture*, New York 2004.

Lanzmann, Claude, »Ihr sollt nicht weinen. Einspruch gegen Schindlers Liste«, in *Frankfurter Allgemeine Zeitung* vom 05.03.1994, nachgedruckt in Christoph Weiss (Hg.), *Der gute Deutsche. Dokumente zur Diskussion um Steven Spielbergs ›Schindlers Liste‹ in Deutschland*, St. Ingbert 1995, S. 173–178.

Leeb, Susanne, »Flucht nach nicht ganz vorn – Geschichte in der Kunst der Gegenwart«, in *Texte zur Kunst*, Heft 76, 2009, S. 29-45.

Loreck, Hanne, »Diskrete Manöver zwischen Modul und Modell«, in Georg Kargl Fine Arts und Nadim Vardag (Hg.), Nadim Vardag, *Wiederholen und Ausblenden – Repeat and Fade*, Nürnberg 2013, S. 13-20.

Lütticken, Sven und Omer Fast, »E-mail-Auszüge«, in Matthias Michalka (Hg.), *Omer Fast. The Casting*, Köln 2007, S. 143-159.

Lütticken, Sven, »An Arena in which to reenact«, in ders. (Hg.), *Life, Once More. Forms of Reenactment in Contemporary Art*, Rotterdam 2005, S. 17-60.

Lukas, Anton und Silvie Naunheim, »Diese unheimliche Verdoppelung«, in Milo Rau, *Die letzten Tage der Ceausescus: Texte und Materialien*, Berlin 2009, S. 244-247.

Lury, Celia, *prosthetic culture. photography, memory and identity*, London/New York 1998.

Lyotard, Jean-François, *Heidegger und »die Juden«*, Wien 1988.

Lyotard, Jean-François, *Der Widerstreit*, München 1987.

MacGilp, Ali, »Interview with Rod Dickinson, The Milgram Re-Enactment (2002)«, in *Artvehicle*, issue 47, 2010, http://www.artvehicle.com/interview/15, 07.02.2016.

Mahoney, Elisabeth, »If you think this looks boring...«, in *The Guardian*, 21. February 2002, http://www.theguardian.com/culture/2002/feb/21/artsfeatures2, 21.2.2011.

Martínez, Matías, »Authentizität als Künstlichkeit in Steven Spielbergs Film *Schindler's List*«, in *Augen-Blick*, Heft 36, 2004, S. 39-60.

Matuszewski, Boleslas, »Eine neue Quelle für die Geschichte. Die Einrichtung einer Aufbewahrungsstätte für die historische Kinematographie« (1898), in *montage/av*, 7/2, 1998, S. 6-13.

McCarthy, Tom, »Between Pain and Nothing«, in Steve Rushton (Hg.), *The Milgram Re-enactment. Essays on Rod Dickinson's Re-enactment of Stanley Milgram's obedience to authority experiment*, Frankfurt am Main 2003 S. 16-32.

McCarthy, Tom, »Interview with Rod Dickinson, artist«, www.necronauts.org/interviews_rod.htm, 29.07.2014.

McLuhan, Marshall, *Understanding media – The extensions of man* (1964), London/New York 2001.

McLuhan, Marshall und Quentin Fiore, *Das Medium ist Massage* (1967), Berlin/Frankfurt am Main 1984.

Mellencamp, Patricia, »Video Politics: Guerrilla TV, Ant Farm, Eternal Frame«, in dies., *Indiscretions: avant-garde film, video & feminism*, Bloomington 1990, S. 45-63.

Mersch, Dieter, *Medientheorien zur Einführung*, Hamburg 2006.

Mersch, Dieter, »Geschieht es? Ereignisdenken bei Derrida und Lyotard«, http://www.momo-berlin.de/Mersch_Ereignis.html, 29.11.2012.

Michalka, Matthias, »›The Casting reviewed‹«, in ders. (Hg.), *Omer Fast. The Casting*, Köln 2007, S. 121-140.

Milgram, Stanley, *Das Milgram-Experiment. Zur Gehorsamkeitsbereitschaft gegenüber Autorität* (1974), Reinbek 1982.

Milgram, Stanley, »Behavioral study of obedience«, in *Journal of Abnormal and Social Psychology*, 67, 1963, S. 371-378.

Milgram, Stanley und R. Lance Shotland, *Television and Antisocial Behavior. Field Social Experiments*, London/New York 1973.

Muhle, Maria, »History will repeat itself, für eine (Medien-)Philosophie des Reenactment«, in Lorenz Engell, Frank Hartmann und Christian Voss (Hg.), *Körper des Denkens. Neue Positionen der Medienphilosophie*, München 2013, S. 113-134.

Muhle, Maria, »Reenactments der Macht. Überlegungen zu einer medialen Historiographie«, in *Zeitschrift für Ästhetik und Allgemeine Kunstwissenschaft*, Band 56/2, 2011, S. 263–275.

Muhle, Maria, »Omer Fast: When Images Lie… About The Fictionality of Images«, in *Afterall Journal*, Nr. 20, 2009, S. 36-44.

Nichols, Bill, *Representing Reality. Issues and Concepts in Documentary*, Bloomigton/Indianapolis 1991.

Noack, Johannes-Michael, *Schindlers Liste – Authentizität und Fiktion in Spielbergs Film: eine Analyse*, Leipzig 1998.

O'Hagan, Sean, »It's simply shocking«, in *The Observer*, 10.02.2002, www.guardian.co.uk/theobserver/2002/feb/10/features.review77, 16.11.2010.

Ott, Michaela, *Gilles Deleuze zur Einführung*, Hamburg 2005.

Otto, Ulf »Reenactment«, in Erika Fischer-Lichte, Doris Kolesch und Matthias Warstat (Hg.), *Metzler Lexikon Theatertheorie*, Stuttgart/Weimar 2014, S. 287-290.

Otto, Ulf, »Re: Enactment. Geschichtstheater in Zeiten der Geschichtslosigkeit«, in Jens Roselt und ders. (Hg.), *Theater als Zeitmaschine. Zur performativen Praxis des Reenactments – Theater und Kulturwissenschaftliche Perspektiven*, Bielefeld 2012, S. 229-251.

Otto, Ulf, »Die Macht der Toten als das Leben der Bilder. Praktiken des Reenactments in Kunst und Kultur«, in Jens Roselt und Christel Weiler (Hg.), *Schauspielen heute. Die Bildung des Menschen in den performativen Künsten*, Bielefeld 2011, S. 185-202.

Otto, Ulf, »Gegen Vergegenwärtigung. Zur Geste und Genese des Reenactments«, in Matthias Mertens (Hg.), *Vergegenwärtigung*, Jahrbuch für Kulturwissenschaft und ästhetische Praxis 4, Tübingen 2010, S. 95-110.

Otto, Ulf, »Krieg von Gestern – Die Verkörperung von Geschichtsbildern im Reenactment«, in Kati Röttger (Hg.), *Welt – Bild – Theater, Politik des Wissens und der Bilder*, Tübingen 2010a, S. 77-88.

Paulsen, Kris, »Omer Fast and Kris Paulsen: A Conversation«, wexarts.org/blog/omer-fast-and-kris-paulsen-conversation, 22.02.2016.

Phelan, Peggy, *Unmarked. The Politics of Performance*, New York 1993.

Pückler-Muskau, Hermann von, *Briefe eines Verstorbenen* (1830). Vollständige Ausgabe der vier Teile, herausgegeben von Karl-Maria Guth, Berlin 2015.

Prada, Miucca, »Foreword«, in Germano Celant und Chiara Costa (Hg.), *When Attitudes Become Form – Bern 1969/Venice 2013*, Milan 2013, S. 377-379.

Rancière, Jacques, *Der emanzipierte Zuschauer*, Wien 2009.

Rancière, Jacques, *Die Aufteilung des Sinnlichen*, Berlin 2008.

Rancière, Jacques, *Die Politik der Bilder*, Zürich/Berlin 2005.

Rancière, Jacques, »Eine Fabel ohne Moral: Godard, das Kino, die Geschichten«, in *montage/av*, 14/2, 2005a, S. 153-180.

Rancière, Jacques, »Fiktion der Erinnerung«, in Natalie Binczek und Martin Rass (Hg.), *...sie wollen eben sein, was sie sind, nämlich Bilder... Anschlüsse an Chris Marker*, Würzburg 1999, S. 27-38.

Rau, Milo, »Die seltsame Kraft der Wiederholung. Zur Ästhetik des Reenactments«, in Jens Roselt und Ulf Otto (Hg.), *Theater als Zeitma-*

*schine. Zur performativen Praxis des Reenactments. Theater- und kulturwissenschaftliche Perspektiven*, Bielefeld 2012, S. 71-78.

Ricoeur, Paul, »Die Wirklichkeit der historischen Vergangenheit«, in ders., *Zeit und Erzählung*, Band III: Die erzählte Zeit, München 1991, S. 222-252.

Roelstraete, Dieter, »Wessen ›Ende der Geschichte‹? Eine unzeitgemäße Betrachtung zur Kunst und Historiografie«, in Yilmaz Dziwior (Hg.), *Wessen Geschichte. Vergangenheit in der Kunst der Gegenwart*, Köln 2009, S. 76-85.

Roselt, Jens und Ulf Otto, »Nicht hier, nicht jetzt. Einleitung«, in dies. (Hg.), *Theater als Zeitmaschine. Zur performativen Praxis des Reenactments. Theater- und kulturwissenschaftliche Perspektiven*, Bielefeld 2012, S. 7-12.

Rosenthal, Alan, *Jerusalem, Take One! Memoirs of a Jewish Filmmaker*, Carbondale/Illinois: Southern Illinois University Press 2000.

Runow, Tanja, »Wie ein Vampir – Omer Fast im Gespräch mit Tanja Runow«, http://www.dradio.de/dlf/sendungen/corso/1645487/, 10.10.2012.

Rushton, Steve, »Tweedledum And Tweedeledee Resolved To Have A Battle«, in Anke Bangma, ders. und Florian Wüst (Hg.), *Experience, Memory, Re-enactment*, Frankfurt am Main 2005, S. 5-12.

Rushton, Steve, »Playing Dead«, in Anke Bangma, ders. und Florian Wüst (Hg.), *Experience, memory, re-enactment*, Frankfurt am Main 2005a, S. 85-98.

Rushton, Steve, »Agentic States«, in ders. (Hg.), *The Milgram Re-enactment. Essays on Rod Dickinson's Re-enactment of Stanley Milgram's obedience to authority experiment*, Frankfurt am Main 2003, S. 49-63.

Samida, Stefanie, »Krieg(s)|spiele(n)«, in *Forum Kritische Archäologie*, 4, 2015, S. 13-15.

Schaerf, Eran, »fm-scenario – Die Stimme des Hörers«, www.fm-scenario.net, 07.12.2015.

Schaub, Mirjam, *Gilles Deleuze im Wunderland: Zeit- als Ereignisphilosophie*, München 2003.

Schmid Noerr, Gunzelin, »Vom Widerstand gegen soziale Aurotität. Die Milgram-Experimente«, in Gerhard Gamm und Jens Kertscher (Hg.), *Philosophie in Experimenten. Versuche explorativen Denkens*, Bielefeld 2011, S. 235-258.

Schneider, Rebecca, *Performing Remains. Art and War in Times of Theatrical Reenactment*, London/New York 2011.

Schwarz, Anja, »A Study on Memory, Erinnerung und Trauma in Rod Dickinsons The Milgram-Reenactment«, in Aleida Assmann, Karolina Jeftic und Friederike Wappler (Hg.), *Rendezvous mit dem Realen. Die Spur des Traumas in den Künsten*, Bielefeld 2014, S. 119-140.

Seeßlen, Georg, *Steven Spielberg und seine Filme*, Marburg 2001.

Segev, Tom, *Die siebte Million. Der Holocaust und Israels Politik der Erinnerung*, Reinbek 1995.

Sextro, Maren, *Mockumentaries und die Dekonstruktion des klassischen Dokumentarfilms*, Berlin 2009.

Silverman, Kaja, »Dem Blickregime begegnen«, in Christian Kravagna (Hg.), *Privileg Blick. Kritik der visuellen Kultur*, Berlin 1997, S. 41-65.

Smith, Gavin, »Interview: Jean-Luc Godard«, in *Film Comment*, March/April 1996 issue, http://www.filmcomment.com/article/jean-luc-godard-interview-nouvelle-vague-histoires-du-cinema-helas-pour-moi, 03.09.2014.

Sontag, Susan, *Das Leiden anderer betrachten*, München 2003.

Sontag, Susan, *Über Fotografie*, Frankfurt am Main 1984.

Sontag, Susan, »Gedanken zu Hochhuths ›Der Stellvertreter‹«, in dies., Kunst und Antikunst. 24 literarische Analysen, Frankfurt am Main 1982.

Spielmann, Yvonne, *Video – Das reflexive Medium*, Frankfurt am Main 2005.

Stakemeier, Kerstin, »Reenacting: Aneignen und Abweisen. Zu künstlerischen ›Reenactments‹ als performtem Historismus«, in *phase 2*, Nr. 32, 2009, http://phase2.nadir.org, 04.12.2015.

Steinle, Matthias, »Geschichte im Film: Zum Umgang mit den Zeichen der Vergangenheit im Dokudrama der Gegenwart«, in Barbara Korte und Sylvia Paletschek (Hg.), *History Goes Pop. Zur Repräsentation von Geschichte in populären Medien und Genres*, Bielefeld 2009, S. 147-166.

Steyerl, Hito, *Die Farbe der Wahrheit. Dokumentarismen im Kunstfeld*, Wien 2008.

Steyerl, Hito, »Politik der Wahrheit – Dokumentarismen im Kunstfeld«, in *Springerin*, Heft 3, 2003, S. 18-21.

Sturken, Marita, *Tangled Memories. The Vietnam War, the AIDS Epidemic and the Politics of Remembering*, Los Angeles 1997.

Thompson, Jenny, *Wargames. Inside the World of 20th-Century War Reenactors*, Washington 2004.

Umathum, Sandra, »Seven Easy Pieces oder von der Kunst, die Geschichte der Performance Art zu schreiben«, in Jens Roselt und Ulf Otto (Hg.), *Theater als Zeitmaschine. Zur performativen Praxis des Reenactments – Theater und Kulturwissenschaftliche Perspektiven*, Bielefeld 2012, S. 101-124.

Umathum, Sandra, *Kunst als Aufführungserfahrung. Zum Diskurs intersubjektiver Situationen in der zeitgenössischen Ausstellungskunst. Felix Gonzalez-Torres, Erwin Wurm und Tino Sehgal*, Bielefeld 2011.

Weber, Elisabeth und Georg Christoph Tholen (Hg.): *Das Vergessen(e). Anamnesen des Undarstellbaren*, Wien 1997.

Weingart, Brigitte, »Zwischenräume – Ein Annäherungsversuch«, in Isabel Podeschwa (Hg.), *ars viva 03/04 – Film, facing footage: Omer Fast – Jeanne Faust*, Berlin 2003, S. 17-28.

Welzer, Harald, *Das kommunikative Gedächtnis. Eine Theorie der Erinnerung*, München 2002.

Wetzel, Michael, »Der Denker als Zeit-Zeuge. Derrida über Zeugnis und Beweis«, in Hans-Joachim Lenger und Georg Christoph Tholen (Hg.), *Mnema. Derrida zum Andenken*, Bielefeld 2007, S. 209-220.

Widrich, Mechthild, »Ge-Schichtete Präsenz und zeitgenössische Performance, Marina Abramovićs *The Artist is Present*«, in Uta Daur (Hg.), *Authentizität und Wiederholung. Künstlerische und kulturelle Manifestationen eines Paradoxes*, Bielefeld 2013, S. 147-166.

Wieviorka, Annette, »Die Entstehung des Zeugen«, in Gary Smith (Hg.), *Hannah Arendt Revisited: »Eichmann in Jerusalem« und die Folgen*, Frankfurt am Main 2000, S. 136-159.

White, Hayden, *Auch Klio dichtet oder die Fiktion des Faktischen. Studien zur Tropologie des historischen Diskurses*, Stuttgart 1986.

# Abbildungen

Abbildung 1, S. 106: *Spielberg's List*, 2003, in Lütticken 2005, S. 127.
Abbildung 2, S. 106: *Spielberg's List*, 2003, in ebd., S. 133.
Abbildung 3, S. 107: *Spielberg's List*, 2003, in ebd., S. 127.
Abbildung 4, S.107: *Spielberg's List*, 2003, in ebd., S. 133.
Abbildung 5, S. 168: *Criminal Case 40/61: Reverb*, 2009, Screenshot von Andrea Geyer, »Criminal Case 40/61: Reverb (one channel edit of six channel installation)«, https://vimeo.com/28419956, 29.03.2016.
Abbildung 6, S. 168: *Criminal Case 40/61: Reverb*, 2009, ebd.
Abbildung 7, S. 169: *Criminal Case 40/61: Reverb*, 2009, ebd.
Abbildung 8, S. 169: *Criminal Case 40/61: Reverb*, 2009, ebd.
Abbildung 9, S. 199: *The Milgram-Re-enactment*, 2002, in Lütticken 2005, S. 114.
Abbildung 10, S. 202: *The Milgram-Re-enactment*, 2002, in Arns/Horn 2007, S. 95.
Abbildung 11, S. 213: *The Milgram-Re-enactment*, 2002, in Lütticken 2005, S. 110f.
Abbildung 12, S. 214: *The Milgram-Re-enactment*, 2002, in ebd., S. 113.

## Danksagung

Mein Dank für ihre Betreuung gilt Prof. Dr. Michaela Ott und Prof. Dr. Hanne Loreck. Ich danke dem Projekt *Pro Exzellenzia – Hamburger Hochschulen für Frauen,* das mich während der Promotion mit einem Stipendium großzügig gefördert hat. Über die finanzielle Hilfe hinaus waren vor allem die bereichernden Erfahrungen und Begegnungen im Rahmen des Förderprogramms prägend. Für die vielen Diskussionen, Kommentare, Fragen, ihre Hilfe, Geduld und nicht zuletzt für das Korrekturlesen danke ich herzlich Dr. Birte Pusback, Margit Meister, Tanja Neubert und Kai Schwabe. Ganz besonderen Dank geht an meine Familie für ihre Begleitung und Bestärkung in dieser Zeit.